非日常事项会计

张莉萍 编著

中国统计出版社
China Statistics Press

图书在版编目(CIP)数据

非日常事项会计/张莉萍编著．—北京：中国统计出版社，2019．2

ISBN 978-7-5037-8783-6

Ⅰ．①非…　Ⅱ．①张…　Ⅲ．①会计—资格考试—教材　Ⅳ．①F23

中国版本图书馆 CIP 数据核字(2019)第 021381 号

非日常事项会计

作　　者/张莉萍
责任编辑/杨映霜
封面设计/李　静
出版发行/中国统计出版社
通信地址/北京市丰台区西三环南路甲 6 号　邮政编码/100073
电　　话/邮购(010)63376909　书店(010)68783171
网　　址/http://www.zgtjcbs.com
印　　刷/河北鑫兆源印刷有限公司
经　　销/新华书店
开　　本/787×1092mm　1/16
字　　数/390 千字
印　　张/16.5
版　　别/2019 年 2 月第 1 版
版　　次/2019 年 2 月第 1 次印刷
定　　价/52.00 元

目　录

第一章

绪　论

【学习目标】

通过学习，你应该：

1. 了解财务报告的目标；
2. 了解财务报表体系的逻辑架构；
3. 理解会计等式教学模板。

从农学院果蔬栽培专业毕业不久的小王开了家网店，帮助乡下的亲戚卖苹果。因为苹果的品质、卖相都很好，所以小王的生意越做越红火。于是他跟几位朋友一起注册成立了名为"玫瑰园"的水果经销公司。经过几年的发展，公司业务逐渐从销售领域扩展到苹果生产和果苗培育，公司员工也从过去的几个人发展到上百人。为了满足经营扩张的需要，玫瑰园公司向银行贷款。银行非常欢迎玫瑰园公司这样获利能力强、现金流转速度快的优质客户。玫瑰园公司还是当地的纳税大户，小王（现在的王总）也被评选为当地的政协委员。

第一节　财务报告的目标、组成与逻辑架构

一、财务报告的目标

（一）财务报告主要服务于财务资本的提供者

企业是拥有法人资格[①]、以盈利为目的的组织。它将人力、财力、物力等多种生产要素结合起来，通过向社会销售商品、提供劳务或者提供其它服务而获利。

企业的运营过程，是拥有财务资本和人力资本等生产要素的所有者，为谋求自身所拥有的生产要素的保值和增值，而共同订立的一组生产要素使用权交易合约的履行过程[②]。而生产要素的所有者之所以订立这个合约，是因为多种生产要素互相合作，能充分发挥不同要素

---

① 本书所指的"企业"，如果不特别说明，是指具有法人资格的公司制企业。

② 周其仁．市场里的企业：一个人力资本与非人力资本的特别合约．经济研究：1996年第6期

的比较优势并形成互补，从而取得比不合作时更大的效益，实现各自要素的最大增值。

这些生产要素的提供者，称作企业的“利益相关者”。他们向企业投入的生产要素不同，与企业订立的合约不同，取得回报的方式也不同。主要的利益相关者包括提供财务资本所有权的股东、提供财务资本使用权的银行、提供人力资本的员工以及提供社会基本安全保障的政府。除此之外，还包括其他利益相关者，比如供应商和客户，他们基于商品或劳务购销合同而与企业形成利益关系。

不同的利益相关者都会关心企业的经营现状和发展前景。股东关心自己投入企业的资产是否安全，是否能保值增值；银行提供财务资本的使用权，关心是否能从企业收回本金和利息；员工关心自己的薪酬福利是否有保障，将来是否有发展通道；员工中有一部分群体，他们作为管理层受股东委托管理企业的日常经济活动，要对日常活动进行决策；政府的相关部门关心企业的经济活动状况，为政府制定征税政策和开展国民经济统计提供依据。

企业的经营环境是复杂的、不确定的，外部受到政治、法律、经济周期、竞争对手等因素的影响，内部受到管理水平、人员素质等因素的影响，所以财务资本、人力资本等各种生产要素结合在一起所创造的财富在规模上也是不确定的。这些财富，按照合约在各生产要素的提供者之间分配。银行、员工、政府拿走的财富，其金额是固定或者相对确定的，剩余的部分留给了股东。从这个意义上说，银行、员工、政府的性质相同，他们都是企业的债权人。企业的经营风险首先由股东承担，股东承担不了的部分，才由债权人来承担。所以，在各类利益相关者中，股东和企业最为休戚与共。

财务报告以货币作为主要计量工具来反映企业的经营状况。与其他和企业有关的信息相比，比如新闻发布会，媒体报导，纳税申报单，履行社会责任情况的披露，等等，财务报告提供的信息最全面、最系统，内在逻辑性最强，于是也最为可靠和有用。所有的利益相关者，包括股东、银行、政府、员工、供应商和客户，都能从财务报告中挖掘自己需要的信息。

（二）财务报告目标的受托责任观和决策有用观

由于不同利益相关者对企业经营管理方面的信息需求各有侧重，而股东是承担企业最大经营风险的利益相关者，所以在确定财务报告的目标时，以满足股东需要为核心。

财务报告目标有两种观点：一是财务报告目标的受托责任观，二是财务报告目标的决策有用观。

财务报告目标的受托责任观主要形成于公司制企业的发端与盛行时期。公司制企业的所有权与经营权分离。公司的股东凭借其持有的股权，按照法律程序通过参加股东大会等形式间接管理企业，公司的日常管理交由董事会及其聘用的高级管理人员进行。董事会作为企业资产的法定管理者，对资产具有自主经营权和处置权，同时负有定期向股东报告其受托责任履行情况的义务。这时，财务报告作为连接股东和董事会的桥梁，其基本目标是反映过去管理层所从事的经营活动的结果以及受托资产的保值增值情况，其突出特点是：(1)强调会计信息的可靠性；(2)以历史成本为主要计量属性；(3)利润表是财务报表体系中最重要的报表，是评价管理层过去受托责任履行情况的重要依据。

财务报告目标的决策有用观主要源于资本市场的发展。随着公司制企业的发展，股权的交换和流通变得越来越重要，于是兴起了与股权流通有关的市场——资本市场。股东持有股权的目的不仅仅是从公司分得现金红利，更重要的是从股票在资本市场的价格波动中获取利益。所以股东从关注公司资产的保值增值，转向关注公司股票的市场表现。如果管理层的业绩不佳，股东不是用手投票来决定是否撤换，而是用脚投票，在资本市场上出售该公司的股票。于是财务报告就要向股东提供与其决定买卖股票决策相关的信息，这就是财务报告的决策有用观。财务报告决策有用观的核心内容是：财务报告应当向投资者等外部信息使用者提供决策有用的信息，尤其是提供与企业财务状况、经营成果、现金流量等相关的信息，从而有助于使用者评价公司未来现金流量的金额、时间和不确定性。财务报告的决策有用观除了反映过去的经营业绩，还需要提供有助于未来决策的相关信息。相比财务报告的受托责任观，财务报告决策有用观的特点是：(1)强调会计信息的相关性；(2)除了历史成本，公允价值也是重要的计量属性；(3)资产负债表是企业最重要的报表，用以预测企业的未来。

我国基本会计准则明确了企业财务报告的目标：向财务报告使用者提供与企业财务状况、经营成果和现金流量等有关的会计信息，反映企业管理层受托责任履行情况，有助于财务报告使用者做出经济决策。

二、财务报告的组成

财务报告包括“四表一注”。四表是指：资产负债表、利润表、现金流量表和所有者权益变动表，一注是指财务报表附注。

(一)资产负债表

资产负债表是反映会计期末企业资产、负债和所有者权益情况的报表。该报表体现了会计期末企业所拥有和控制的所有经济资源，以及股东、银行、员工、政府、供应商和客户等在内的全部利益相关者在该时点所享有的经济利益，其反映的信息与所有利益相关者有关。

某股份有限公司 2017 年度资产负债表见表 1—1。

表 1—1 资产负债表

编制单位：＊＊＊股份有限公司　　2017 年 12 月 31 日　　单位：千元　币种：人民币

项　目	期末余额	期初余额	项　目	期末余额	期初余额
流动资产：			流动负债：		
货币资金	25,586,692	65,602,666	短期借款	12,174,152	7,136,786
交易性金融资产	316,259	250,848	交易性金融负债	38,010	32,218
应收票据	28,046,281	28,681,395	应付票据	9,123,099	10,045,471
应收账款	1,384,794	1,029,623	应付账款	38,206,787	41,793,337
预付账款	8,728,589	7,336,374	预收款项	16,548,929	14,791,379
应收利息	1,666,284	1,289,155	应付职工薪酬	808,745	733,819
应收股利	0	0	应交税费	2,848,508	1,875,320
其他应收款	2,554,031	848,175	应付利息	184,231	43,053
存货	10,803,399	7,847,311	应付股利	603	603
持有待售资产	0	0	其他应付款	598,325	560,376

续表

项　目	期末余额	期初余额	项　目	期末余额	期初余额
一年内到期的非流动资产	0	0	持有待售的非流动负债	0	0
其他流动资产	77,503,837	28,857,786	一年内到期的非流动负债	0	0
流动资产合计	156,590,165	141,743,334	其他流动负债	60,900,715	60,107,150
非流动资产：			流动负债合计	141,432,105	137,119,511
其他债权投资	493,798	0	非流动负债：		
债权投资	0	0	长期借款	0	0
长期应收款	0	0	应付债券	0	0
长期股权投资	8,459,425	7,713,333	长期应付款	0	0
投资性房地产	29,080	30,325	长期应付职工薪酬	112,709	117,732
固定资产	3,367,991	3,482,273	专项应付款	0	0
在建工程	115,844	92,157	预计负债	0	0
工程物资	0	0	递延收益	27,781	130,350
固定资产清理	312	28,267	递延所得税负债	254,611	232,396
无形资产	513,798	526,592	其他非流动负债	0	0
开发支出	0	0	非流动负债合计	395,100	480,478
商誉	0	0	负债合计	141,827,206	137,599,989
长期待摊费用	0	0	股东权益：		
递延所得税资产	10,512,001	9,063,947	股本	6,015,731	6,015,731
其他非流动资产	122,822	243,649	资本公积	190,973	190,973
非流动资产合计	23,615,071	21,180,543	其他综合收益	－69,906	－18,337
			盈余公积	3,497,114	3,497,114
			未分配利润	28,744,119	15,638,407
			所有者权益合计	38,378,031	25,323,888
资产合计	180,205,237	162,923,877	负债和所有者权益合计	180,205,237	162,923,877

（二）利润表

利润表反映了一个会计期间内企业的经营成果。该报表体现了公司的管理层通过组织各类经济资源开展经营活动，在一个会计期间内为公司的股东创造的财富。

按照我国现行会计准则的规定，利润表除了报告当期管理层的经营业绩，还要报告当期其他综合收益的增减变化。如果根据报告的内容，这张表被称为“综合收益表”更合适。这张包括其他综合收益在内的利润表，反映了当期企业管理层的经营管理活动以及资本市场等外部因素所带来的所有者权益的变化。这些引起所有者权益变化的因素，是最活跃的因素。其他变化因素包括股东投资、撤资、分配红利等。

表1—2是该股份有限公司2017年度利润表。

表1—2　利润表

编制单位：＊＊＊股份有限公司　　2017年度　　单位：千元　币种：人民币

项　　目	本期发生额	上期发生额
一、营业收入	133,341,973	100,196,023
减：营业成本	99,824,352	74,157,492
税金及附加	776,986	775,948
销售费用	15,281,079	15,982,757
管理费用	2,178,003	2,018,742
财务费用	445,738	−5,474,191
资产减值损失	22,622	100
加：公允价值变动收益（损失以"—"号填列）	−246,882	316,202
投资收益（损失以"—"填列）	11,373,774	3,133,376
其中：对联营企业和合营企业的投资收益	6,487	8,034
资产处置收益（损失以"—"）号填列	−492	497
其他收益	163,132	
二、营业利润	26,102,725	16,185,250
加：营业外收入	23,308	96,359
减：营业外支出	3,154	682
三、利润总额（亏损总额以"—"号填列）	26,122,879	16,280,927
减：所得税费用	2,188,852	1,725,512
四、净利润（净亏损以"—"号填列）	23,934,027	14,555,415
（一）持续经营净利润（净亏损以"—" 号填列）	23,934,027	14,555,415
（二）终止经营净利润（净亏损以"—" 号填列）		
五、其他综合收益的税后净额	−51,569	36,421
（一）以后不能重分类进损益的其他综合收益	6,603	−8,413
1. 重新计量设定受益计划净负债或净资产的变动	6,603	−8,413
2. 权益法下在被投资单位不能重分类进损益的其他综合收益中享有的份额		
（二）以后将重分类进损益的其他综合收益	−58,172	44,834

续表

项目	本期发生额	上期发生额
1. 其他债权投资公允价值的变动损益	—62,868	
2. 权益法下在被投资单位以后将重分类进损益的其他综合收益中享有的份额	—9	
3. 债权投资重分类为其他债权投资损益		
4. 现金流量套期损益的有效部分	4,705	44,834
5. 外币财务报表折算差额		
6. 其他		
六、综合收益总额	23,882,458	14,591,836

表1—2显示，2017年度该公司除了实现净利润23,934,027千元，还实现其他综合收益—51,569千元，当年度实现的综合收益总额为23,882,458千元。

（三）现金流量表

现金流量表是反映一个会计期间内现金和现金等价物增减变动情况的报表。现金是企业流动性最强、最容易转换成其他资产，最能在当下满足利益相关者要求的资产，所以也是最能体现企业是否陷入生存困境的资产。现金流量表是除了客户以外，几乎其他所有的利益相关者关心的报表。

该公司2017年度现金流量表见表1—3。

表1—3 现金流量表

编制单位：＊＊＊股份有限公司　　2017年度　　单位：千元　币种：人民币

项目	本期发生额	上期发生额
一、经营活动产生的现金流量		
销售商品、提供劳务收到的现金	97,723,784	73,772,247
收到的税费返还	1,411,864	892,479
收到的其他与经营活动有关的现金	1,830,313	2,776,456
现金流入合计	100,965,960	77,441,183
购买商品、接受劳务支付的现金	58,716,405	47,666,643
支付给职工以及为职工支付的现金	3,135,458	2,461,754
支付的各项税费	8,769,149	7,790,648
支付的其他与经营活动有关的现金	13,669,947	7,822,013
现金流出小计	84,290,960	65,741,057
经营活动产生现金流量净额	16,675,000	11,700,125
二、投资活动产生的现金流量		
收回投资所收到的现金	0	0

续表

项　　目	本期发生额	上期发生额
取得投资收益所收到的现金	14,417	0
处置固定资产、无形资产和其他长期资产所收回的现金净额	1,860	2,817
处置子公司及其他营业单位收到的现金净额	0	0
收到的其他与投资活动有关的现金	680,972	6,500
现金流入小计	697,248	9,317
购建固定资产、无形资产和其它长期资产所支付的现金	422,892	487,438
投资所支付的现金	6,228,154	850,420
取得其他营业单位支付的现金净额	0	0
支付的其它与投资活动有关的现金	43,617,033	24,401,261
现金流出小计	50,268,078	25,739,118
投资活动产生的现金流量净额	−49,570,830	−25,729,801
三、筹资活动产生的现金流量		
吸收投资所收到的现金	0	0
取得借款所收到的现金	16,322,199	8,351,425
发行债券收到的现金	0	0
收到的其它与筹资活动有关的现金	1,386,995	2,110,523
现金流入小计	17,709,194	10,461,948
偿还债务所支付的现金	10,911,556	6,765,973
分配股利、利润或偿付利息支付的 现金	11,029,438	9,108,489
支付的其它与筹资活动有关的现金	0	10,272
现金流出小计	21,940,994	15,884,734
筹资活动产生的现金流量净额	−4,231,800	−5,422,787
四、汇率变动对现金的影响	−2,888,344	4,034,988
五、现金及现金等价物净增加额	−40,015,974	−15,417,475
期初现金及现金等价物余额	65,602,666	81,020,140
期末现金及现金等价物余额	25,586,692	65,602,666

(四)所有者权益变动表

所有者权益变动反映了一个会计期间内企业所有者权益的增减变动。该表是特别为承担了最大经营风险的利益相关者——股东设置的,反映了一个会计期间内股东享有的经济利益的变化。

该公司所有者权益变动表见表1—4。

表 1—4 所有者权益变动表

编制单位:＊＊＊股份有限公司　　2017 年度　　单位:千元　币种:人民币

本期数

项　目	股　本	资本公积	其他综合收益	盈余公积	未分配利润	所有者权益合计
一、上年年末余额	6,015,731	190,973	—18,337	3,497,114	15,638,407	25,323,888
加:会计政策变更						
前期差错更正						
二、本年期初余额	6,015,731	190,973	—18,337	3,497,114	15,638,407	25,323,888
三、本年度增减变动额						
(一) 综合收益总额			—51,569		23,934,027	23,882,458
(二)所有者投入资本或减少资本						
1. 股东投入资本						
2. 其他						
(三)利润分配					—10,828,316	—10,828,316
1. 提取盈余公积						
2. 对股东的分配					—10,828,316	—10,828,316
(四)所有者权益内部结转						
1. 资本公积转增股本						
2. 盈余公积转增股本						
3. 分配股票股利						
4. 盈余公积补亏						
(五)专项储备						
1. 本期提取						
2. 本期使用						
(六)其他						
四、本年年末余额	6,015,731	190,973	—69,906	3,497,114	28,744,119	38,378,031

上期数

项　目	股　本	资本公积	其他综合收益	盈余公积	未分配利润	所有者权益合计
一、本年年末余额	6,015,731	190,973	—54,758	3,497,114	10,106,588	19,755,648
加:会计政策变更						
前期差错更正						
二、本年期初余额	6,015,731	190,973	—54,758	3,497,114	10,106,588	19,755,648

续表

项 目	股 本	资本公积	其他综合收益	盈余公积	未分配利润	所有者权益合计
三、本年度增减变动额						
(一)综合收益总额			36,421		14,555,415	14,591,836
(二)所有者投入资本或减少资本						
1. 股东投入资本						
2. 其他						
(三)利润分配					−9,023,596	−9,023,596
1. 提取盈余公积						
2. 对股东的分配					−9,023,596	−9,023,596
(四)所有者权益内部结转						
1. 资本公积转增股本						
2. 盈余公积转增股本						
3. 分配股票股利						
4. 盈余公积补亏						
(五)专项储备						
1. 本期提取						
2. 本期使用						
(六)其他						
四、本年年末余额	6,015,731	190,973	−18,337	3,497,114	15,638,407	25,323,888

(五)财务报表附注

财务报表附注是对四张主要报表所列报项目进行的文字描述或更加细致的说明，以及对未能在这些报表中列报的事项的说明。具体包括对遵循持续经营假设的声明、财务报表中各重要项目所使用的会计政策或会计估计、报表中重要项目期初期末增减变动情况以及报表无法反映的重要交易或事项的概述。

三、财务报告的逻辑架构

包括资产负债表在内的四张主要财务报表，从不同侧面反映了企业在同一个会计期间内发生的经营活动。由这些报表组成的财务报表体系具有严密的逻辑架构。理清财务报表的逻辑架构，读者就能从会计分录的枝节中解放出来，从财务报表的高度掌握复式记账法记录交易和事项的规律，并进而培养透过财务报表解读企业经济活动的能力。

在财务报表体系的逻辑框架中，资产负债表是核心，其他报表都是为了满足特定利益相关者的需要，针对资产负债表中某一类或某几类项目，报告其如何从期初变化到期末。

人们通常根据财务报表在使用者制定决策时发挥作用的重要程度，按照资产负债表、利润表、现金流量表和所有者权益变动表的顺序来列示。其中所有者权益变动表虽然在作用方面不比其他报表，但在逻辑上却是连接资产负债表和利润表之间的桥梁，所以本书先阐述所有者权益变动表跟资产负债表的勾稽关系。

(一)所有者权益变动表和资产负债表的勾稽关系

资产负债表只报告了期初期末这两个时点所有者权益各项目的金额，而所有者权益变动表则细致地报告了所有者权益的各个项目如何从期初变化到期末。所有者权益变动表和资产负债表之间存在勾稽关系，如表1—4显示。＊＊＊股份有限公司2017年初所有者权益各项目金额分别为："股本"6,015,731千元，"资本公积"190,973千元，"其他综合收益"—18,337千元，"盈余公积"3,497,114千元，"未分配利润"15,638,407千元，所有者权益总额为25,323,888千元；2017年末所有者权益各项目金额分别为："股本"6,015,731千元，"资本公积"190,973千元，"其他综合收益"—69,906千元，"盈余公积"3,497,114千元，"未分配利润"28,744,119千元，所有者权益总额为38,378,031千元。与表1—1该公司资产负债表2017年年初和年末所有者权益各项目金额完全一致。所有者权益变动表中"本年度增减变动额"是主体，详细报告了当期资产负债表所有者权益各项目的金额如何从期初变化到期末。

所有者权益变动表和资产负债表的勾稽关系如图1—1的右半部分所示。

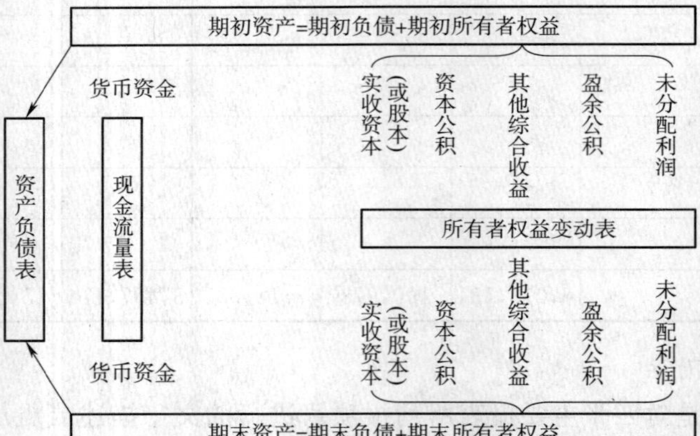

图1—1 所有者权益变动表、现金流量表和资产负债表的勾稽关系

(二)利润表与所有者权益变动表的勾稽关系

利润表对所有者权益变动表的局部予以了细化。

所有者权益变动表报告了一个会计期间内引起所有者权益变化的所有原因，而其中最活跃同时也是最关键的因素是企业的经营管理活动。如表1—4，＊＊＊股份有限公司2017年所有者权益变动表的本期数，"综合收益总额"行"未分配利润"列中填报的金额23,934,027千元，就代表了当期企业经营管理活动带来的股东财富的变化额。

而利润表所重点反映的就是一个会计期间内，企业的经营管理活动究竟是如何为股东创造财富的。如表1—2，＊＊＊股份有限公司2017年利润表细致地显示了当年实现的净利润23,934,027千元的构成：营业收入做出了多大贡献，营业成本、税金及附加、销售费用、管理费用、财务费用、资产减值损失等费用和损失各为多少，对外投资产生了多少投资收益，资产处置收益对利润影响如何，营业外收入和支出情况怎样，所得税费用又是多少，等等。

所有者权益变动表还报告了资本市场等股东和经营管理活动之外其他因素带来的所有者权益变化，即其他综合收益的变化。表1—4中，＊＊＊股份有限公司2017年所有者权益变动表的本期数中，“综合收益总额”行的“其他综合收益”列中填报的金额为—51,569千元。同期利润表也在“其他综合收益”项目细致地反映出其构成：其中以后重分类进损益的有—58,172千元，以后重分类不能进损益的有6,603千元，合计—51,569千元。

利润表与所有者权益变动表的勾稽关系如图1—2。

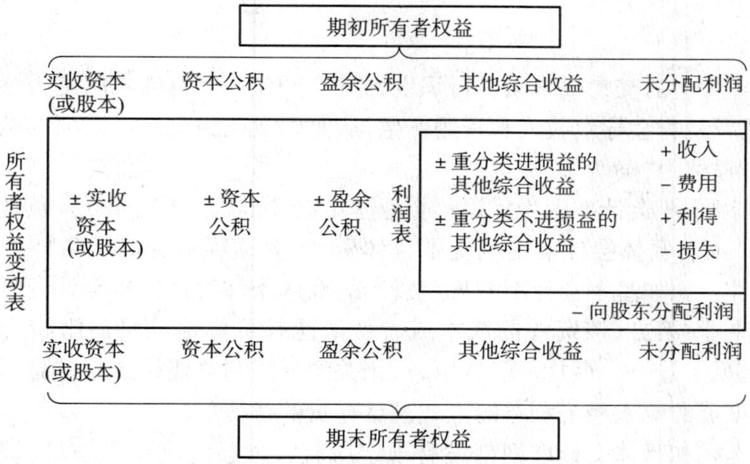

图1—2 利润表和所有者权益变动表的勾稽关系

(三)现金流量表与资产负债表的勾稽关系

现金流量表的“现金”，除了现金，即资产负债表中的货币资金，还包括现金等价物。现金等价物是指企业持有的期限短、流动性强、易于转换为已知金额现金、价值变动风险很小的投资。通常三个月内到期的国债投资被认为是现金等价物。这样的资产在资产负债表“交易性金融资产”项目下报告。所以现金流量表反映了资产负债表中“货币资金”和“交易性金融资产”项目里所报告的现金等价物，如何从期初变化到期末。考虑到实务中极少企业有现金等价物，于是实务中现金流量表通常是“货币资金变动表”，反映了资产负债表中“货币资金”项目从期初变化到期末的原因。

表1—3的现金流量表中，2017年度的“期初现金及现金等价物余额”和“期末现金及现金等价物余额”两个项目的金额分别是65,602,666千元和25,586,692千元，与表1—1的资产负债表“货币资金”项目的期初期末余额一致。

不包含现金等价物的现金流量表与资产负债表的勾稽关系如图1—1的左半部分所示。

从逻辑上看，针对货币资金之外任意一种资产的增减变化，都应该编制像现金流量表一样的资产流量表；针对股东以外任何一种利益相关者权益的变化，也都应该编制像所有者权益变动表一样的利益相关者权益变动表。实务中考虑到这些报表的实用价值不那么大，没有把它们作为像资产负债表等这样的主表对外报告，而是与其它众多信息一起放在财务报表附注了。

如果随着社会的发展，资产负债表哪个项目在两个资产负债表日之间的增减变化成为影响外部投资决策的重要信息，那么这个项目的增减变化就可能不再作为报表附注而是编制成主表对外报告。那时的财务报表可能不是四张，而是更多。

第二节　编制财务报表的逻辑顺序

编制财务报表的逻辑顺序依次是财务报表要素的确认、计量、记录与报告。

一、确认

企业对已经发生的交易或事项进行识别、分析与判断，以明确它们是否会导致资产和负债发生变化，或者是否会导致收入和费用产生，从而确定这些交易或事项的结果是否纳入财务报表，这一过程称为“确认”。

“确认”，要以企业会计准则为依据。企业基本会计准则规定了资产、负债、收入、费用的一般确认条件，而各具体会计准则规定了具体资产、负债项目的确认条件以及收入和各种费用的确认条件。比如基本会计准则规定资产的确认条件为：第一，与该资源有关的经济利益很可能流入企业；第二，该资源的成本或者价值能够可靠地计量。比如具体会计准则的《企业会计准则第 1 号——存货》规定：第一，相关的经济利益能够流入；第二，成本能够可靠地计量；第三，该资源流入经济利益的方式满足存货的特征。

基本会计准则和具体会计准则都没有规定所有者权益的确认条件，这是因为所有者权益作为剩余权益，其确认依赖于资产和负债的确认；也没有规定利润的确认条件，这是因为利润是收入扣减费用的结果，其确认依赖于收入和费用的确认。

交易或事项发生以后，只有符合企业会计准则规定的确认条件，才能在财务报表中将其结果反映出来，所以“确认”决定了财务报表要素受影响的时间。什么时候确认，什么时候就纳入财务报表来反映。

与“确认”相反的会计程序是“终止确认”。终止确认仅针对资产负债表项目而言。终止确认是指原先纳入资产负债表报告的资产、负债和所有者权益项目，由于后续交易或事项的发生而不再满足确认条件，从而不再在资产负债表中报告。

二、计量

交易或事项发生以后，以货币度量相应资产、负债、收入和费用，称作“计量”。

计量有多种属性。比如，某汽车经销商以 5 万元单价从汽车制造商购入 10 台小汽车准备出售。这种小汽车的市场销售价格为 6 万元。那么这 10 台小汽车至少有两种计量属性，一种以购入成本 5 万元/台计量，另一种以售价 6 万元/台计量。

基本会计准则规定了五种计量属性，分别是历史成本、重置成本、可变现净值、现值和公允价值。具体会计准则规定了具体资产、负债允许采用的计量属性。

(一)历史成本

历史成本,又称为实际成本,就是取得或制造某项财产物资时所实际支付的现金或者其他等价物。在历史成本计量下,资产按照其购置时支付的现金或者现金等价物的金额,或者按照购置资产时所付出的对价的公允价值计量。负债按照其因承担现时义务而实际收到的款项或者资产的金额,或者承担现时义务的合同金额,或者按照日常活动中为偿还负债预期需要支付的现金或者现金等价物的金额计量。

在上述例子中,小汽车以购入成本 5 万元/台计量,采用的是历史成本计量属性。历史成本计量属性最大的优点是——可靠。因为相关的交易或事项已经发生,资产的取得成本以及因承担义务而实际收到的款项的金额有书面材料加以佐证。

在五种计量属性中,历史成本是最基本的,多数资产和负债以这种计量属性来计量。

(二)重置成本

重置成本又称现行成本,是指按照当前市场条件,重新取得同样一项资产所需支付的现金或现金等价物金额。在重置成本计量下,资产按照现在购买相同或者相似资产所需支付的现金或者现金等价物的金额计量。负债按照现在偿付该项债务所需支付的现金或者现金等价物的金额计量。

重置成本适用于盘盈资产的计量。

(三)可变现净值

可变现净值,就是处置资产所产生的净现金流入。在可变现净值计量下,资产按照其正常对外销售所能收到现金或者现金等价物的金额扣减该资产至完工时估计将要发生的成本、估计的销售费用以及相关税费后的金额计量。

上述例子中,如果小汽车售价 6 万元/辆,而每卖出一辆,经销商平均还要承担 1 000 元的销售费用,那么 5.9 万/台就是小汽车的可变现净值。因为没有实际发生销售活动,采用可变现价值计量不如采用历史成本可靠。

会计准则规定,当存货的可变现净值低于历史成本时,以可变现净值计量。

(四)现值

现值是指对未来现金流量以恰当的折现率进行折现后的价值,是考虑货币时间价值因素的一种计量属性。在现值计量下,资产按照预计从其持续使用和最终处置中所产生的未来净现金流入量的折现金额计量,负债按照预计期限内需要偿还的未来净现金流出量的折现金额计量。

例如,出租汽车公司以 5 万元/辆从汽车经销商购入了小汽车,用于出租。假定通常这种汽车预计使用 6 年,假设每年带来的现金流都是 4 万元,同期利率是 7%,那么这辆小汽车的现值就是 6 年中每年 4 万元现金以 7%的折现率折合的现值之和,即 19.066 万元。

采用现值计量,对资产而言,不仅要对未来产生现金流入的时间、金额进行估计,而且折现率的选择也有很大弹性;对负债而言,虽然未来产生现金流出的时间、金额通常是确定的,但是所选择的折现率不同,计量结果也不同。所以,采用现值这一计量属性,计量结果具有较大不确定性。

资产和负债采用现值计量的情形比较复杂。大致包括以下情形:

(1)长期资产出现了减值迹象,于是进行减值测试,比较其可变现净值和现值,选择其中较高者作为可收回金额。如果可收回金额低于资产以历史成本持续计算的当期期末的余额(以固定资产为例,是其原值扣除累计折旧后的差额),就采用可收回金额计量。

(2)融资租入固定资产,最低租赁付款额的现值与所租入的固定资产的公允价值中较低者,就是固定资产的入账价值。

(3)长期负债的历史成本不能可靠计量时,比如购买商品,以采用长于一般信用期限从而具有融资性质分期付款,而商品的购买成本又不能可靠计量,这笔负债就要以未来支付现金的现值计量。

(五)公允价值

《企业会计准则第 39 号——公允价值计量》对"公允价值"的定义是:"公允价值,是指市场参与者在计量日发生的有序交易中,出售一项资产所能收到或者转移一项负债所需支付的价格。"

上述定义中的"市场参与者",是指相互独立、熟悉情况并且有能力自愿进行相关资产和负债交换的买方和卖方;"有序交易"是指在计量日之前一段时期内相关资产和负债具有惯常市场活动的交易,而不是指清算交易。

公允价值反映了企业持有的一项资产或承担的一项负债在有序交易中能够收到或者所需支付的价格,不是这项资产或者负债实际出售的价格。

从资产角度看,上述五种计量属性可以划分为两大类:第一大类包括历史成本和重置成本两种计量属性,它反映资产的取得成本;第二大类包括可变现净值、现值和公允价值三种计量属性,它反映资产将要带来的经济利益

三、记录

交易或事项发生以后,采用会计特有的方式将其结果记录下来,这一过程称为"记录"。

与确认和计量不同,确认和计量是以会计准则为依据,会计人员在头脑中进行的职业判断,而"记录"是一个连续的、操作性的信息处理过程,包括:根据原始凭证编制记账凭证,根据记账凭证登记分类账,根据分类账结出本期的发生额和期末余额等。

为了使"记录"的结果在程序上可靠,会计人员采用科学的记录方法——借贷记账法。为了使"记录"的结果最终服务于财务报告的编制,同时也为企业管理层提供更加具体的会计信息,要根据财务报表中各报表要素的具体类别以及企业内部管理的需要,设置会计科目。

记录环节的核心任务,一是确定会计科目,二是根据借贷记账法确定会计科目的记账符号。

(一)会计科目

对财务报表要素进行细分,每一类别称为一个会计科目。

表 1—5 是《企业会计准则——应用指南》提供的一般工商企业会计科目表。企业对日常事务按照该指南设置会计科目,完成记录工作,同时也可以在不违反会计准则确认、计量和报告规定的前提下,根据本单位的实际情况自行增设、分拆、合并会计科目。

表 1—5 主要会计科目表

编 号	会计科目名称	编 号	会计科目名称	编 号	会计科目名称
1 001	库存现金	1 601	固定资产	2 901	递延所得税负债
1 002	银行存款	1 602	累计折旧	4 001	实收资本(或股本)
1 012	其他货币资金	1 603	固定资产减值准备	4 002	资本公积
1 101	交易性金融资产	1 604	在建工程	4 101	盈余公积
1 121	应收票据	1 605	工程物资	4 103	本年利润
1 122	应收账款	1 606	固定资产清理	4 104	利润分配
1 123	预付账款	1 702	累计摊销	4 201	库存股
1 131	应收股利	1 703	无形资产减值准备	5 001	生产成本
1 132	应收利息	1 711	商誉	5 101	制造费用
1 221	其他应收款	1 801	长期待摊费用	5 201	劳务成本
1 231	坏账准备	1 811	递延所得税资产	5 301	研发支出
1 401	材料采购	1 901	待处理财产损溢	5 401	工程施工
1 402	在途物资	2 001	短期借款	5 402	工程结算
1 403	原材料	2 101	交易性金融负债	6 001	主营业务收入
1 404	材料成本差异	2 201	应付票据	6 051	其他业务收入
1 405	库存商品	2 202	应付账款	6 061	汇兑损益
1 406	发出商品	2 203	预收账款	6 101	公允价值变动损益
1 407	商品进销差价	2 211	应付职工薪酬	6 111	投资收益
1 408	委托加工物资	2 221	应交税费	6 301	营业外收入
1 411	周转材料	2 231	应付利息	6 401	主营业务成本
1 471	存货跌价准备	2 232	应付股利	6 402	其他业务成本
1 501	持有至到期投资	2 241	其他应付款	6 403	税金及附加
1 502	持有至到期投资减值准备	2 401	递延收益	6 601	销售费用
1 503	可供出售金融资产	2 501	长期借款	6 602	管理费用
1 511	长期股权投资	2 502	应付债券	6 603	财务费用
1 512	长期股权投资减值准备	2 701	长期应付款	6 701	资产减值损失
1 521	投资性房地产	2 702	未确认融资费用	6 711	营业外支出
1 531	长期应收款	2 711	专项应付款	6 801	所得税费用
1 532	未实现融资收益	2 801	预计负债	6 901	以前年度损益调整

表 1—5 中的会计科目分为五大类:资产类科目(编号第一位是“1”),负债类科目(编号第一位是“2”),所有者权益类科目(编号第一位是“4”),成本类科目(编号第一位是“5”)和损益类即利润表类科目(编号第一位是“6”)。

成本类科目是一类特殊的资产科目,用于记录需要经过生产过程才能用于销售的商品的成本或者经过一段时期的准备才能对外提供的服务的成本,比如“生产成本”、“制造费用”、“劳务成本”等科目。

利润表科目是一类特殊的所有者权益类科目,反映受业绩影响而变化的未分配利润,即利润表科目记录的是与业绩有关的未分配利润的发生额。从逻辑上看,记录各类与损益有关的交易没有必要设置利润表科目,直接记录在所有者权益类的“利润分配——未分配利润”二级科目就可以了。比如发生销售收入,记入“利润分配——未分配利润”的贷方,发生销售成本,记入“利润分配——未分配利润”的借方等。而在实务中,之所以在所有者权益科目之外特别设置利润表科目,是因为利润表项目很多,所报告的内容丰富,只有单独为利润表的每个项目设置会计科目,才能方便归集各项目数据。利润表的各个科目归集当期与相应利润表项目有关的金额后,任务就完成了,于是各个科目的发生额就被转入“本年利润”科目,然后再转入所有者权益类的“利润分配——未分配利润”二级科目。从下一年度开始,各利润表科目记录的发生额,其金额不受上一年发生额的影响。从这个意义上讲,利润表科目可以看作“利润分配——未分配利润”二级科目下的明细科目。

(二)借贷记账法

借贷记账法是以“借”、“贷”二字作为记账符号的复式记账方法。其中“借”、“贷”二字完全脱离其字面含义,仅仅是两个表达相互对立意义的符号,就像“黑”与“白”,“+”与“—”。

借贷记账法的记账规则是:

资产增加记为“借”,减少记为“贷”;

负债和所有者权益增加记为“贷”,减少记为“借”;

产生收入记为“贷”,产生费用记为“借”。

这套记账法则看上去似乎很乱,其实非常有规律。以“资产增加记为‘借’”这一规则为核心,那么资产减少必然记为“贷”;负债和所有者权益处于会计等式的另一边,增加必然记为“贷”,而减少当然要记“借”。产生收入意味着所有者权益增加了,而产生费用则意味着所有者权益减少了,所以产生收入记为“贷”,产生费用记为“借”。

这套记账规则的巧妙之处在于,无论发生什么交易或事项,都遵循“有借必有贷,借贷必相等”的规律。

按照交易或事项对资产负债和所有者权益造成的影响,可以分为以下九类。见表 1—6。

表 1—6

	资　产	=	负　债	+	所有者权益
情形 1	增加	=		+	增加
情形 2	增加	=	增加	+	
情形 3	减少	=		+	减少

续表

	资 产	=	负 债	+	所有者权益
情形 4	减少	=	减少	+	
情形 5	增加、减少	=		+	
情形 6		=	增加	+	减少
情形 7		=	减少	+	增加
情形 8		=	增加、减少	+	
情形 9		=		+	增加、减少

按照借贷记账法的记账规则记录这些交易或事项，结果见表 1—7。

表 1—7

	资 产	=	负 债	+	所有者权益
情形 1	增加(借)	=		+	增加(贷)
情形 2	增加(借)	=	增加(贷)	+	
情形 3	减少(贷)	=		+	减少(借)
情形 4	减少(贷)	=	减少(借)	+	
情形 5	增加(借)、 减少(贷)	=		+	
情形 6		=	增加(贷)	+	减少(借)
情形 7		=	减少(借)	+	增加(贷)
情形 8		=	增加(贷) 减少(借)	+	
情形 9		=		+	增加(贷) 减少(借)

表 1—7 说明无论发生哪一类交易或事项，按照借贷记账法记录资产、负债和所有者权益的增减变化时，都遵循"有借必有贷，借贷必相等"的规律。这套平衡规律可以帮助会计人员发现记账错误：如果当期所有借方科目的发生额和所有贷方科目的发生额不相等，或者会计期末，资产类会计科目的期末余额(在借方)合计数与负债和所有者权益类会计科目的期末余额(在贷方)合计数不相等，都说明记账出错了。

四、报告

在资产负债表日，将分类账记录的结果按照一定要求整理成财务报表，并对报表中重要项目或特别项目进行详细文字说明，附在财务报表后形成附注，一并对企业外部人员报送的过程，称为"报告"。

报表直接面向外部信息使用者进行，所以报表的内容、格式、途径都要满足外部信息使用者的需要。

（一）根据分类账结果编制财务报表

以资产负债表分类账的期末余额编制资产负债表，以利润表分类账的本期发生额编制利润表；根据现金台账本期发生额编制现金流量表，根据所有者权益类分类账的本期发生额编制所有者权益变动表

（二）撰写财务报表附注

在财务报表附注中阐明财务报表的基础性假设，披露报表各项目所采用的会计政策或会计估计，对重要或特别项目给出明细资料并予以文字说明。

（三）按照规定途径报送财务报表。

上市公司要按照证券监督管理委员会的要求，将财务报告作为定期报告的一部分报送证券监督管理委员会，并且在媒体上公开。非上市公司要按照股东的要求或上级主管部门的要求进行报送。

第三节　会计等式教学模板

本书以细化的、动态的会计等式作为教学模板，来描述交易和事项发生以后，如何在财务报表中呈现交易和事项的结果。

一、会计等式教学模板的理论基础

图 1－1 和图 1－2 显示了四张主要财务报表之间的勾稽关系：期初期末两个时点的资产负债表是基本框架；所有者权益变动表描述了资产负债表中各项所有者权益在当期的增减变化，利润表细致描述了所有者权益变动表中引起所有者权益变化最活跃的因素——经济管理活动产生净利润以及资本市场等因素形成的其他综合收益的构成；现金流量表描述了资产负债表中货币资金在当期的增减变化（假如没有现金等价物）。

所以，当我们用复式记账法来记录资产负债表各个项目的增减变化时，不仅资产负债表的期末余额会受到影响，如果涉及到“货币资金”项目和所有者权益的某个项目时，现金流量表和所有者权益变动表也会受到影响。当所有者权益变动表受到影响时，如果涉及到“未分配利润”或者“其他综合收益”，那么利润表也受到影响。

资产负债表本身就是一个细化的、静态的会计等式，所以要表述资产负债表各个项目的增减变化，最直观的方式就是细化的、动态的会计等式，即

$$\Delta 资产 = \Delta 负债 + \Delta 所有者权益$$

本书力图在描述资产、负债和所有者权益等各个资产负债表项目的变化时，描述所有者权益变动表、利润表和现金流量表受到的影响，使得交易和事项直接与财务报表四张主表各个项目联系起来。

二、会计等式教学模板的层次

根据不同的教学需要，可以建立起三个层次的会计等式教学模板。

第一层次：资产负债表要素层次

在这一个层次，交易和事项发生以后，仅体现对资产负债表中资产、负债和所有者权益

这三个报表要素的影响。这一层次可以帮助初学者理解资产、负债和所有者权益的含义，认识一笔交易和事项发生后，究竟是哪几个报表要素的金额发生了改变

【例 1－1】 甲公司销售 A 类库存商品 100 件，单位售价 116 元(含增值税，税率为 16%)，款项已收。单位成本为 80 元/件。甲公司为增值税一般纳税人。

该笔业务用资产负债表要素层次描述见表 1－8。

表 1－8

单位：元

资产负债表要素	资　　产	＝	负　　债	＋	所有者权益
销售 A 商品	＋11 600 －8 000	＝	＋1 600	＋	＋2 000

销售 A 商品，货币资金增加了 11 600 元，存货减少了 8 000 元，所以资产增加了 3 600 元；由于要缴纳增值税，负债增加了 1 600 元；所有者权益增加了 2 000 元。

第二层次：资产负债表项目层次

这一层次在上一层次的基础之上，将资产负债表要素细化为报表项目。

例 1－1 用资产负债表项目层次描述见表 1－9。

表 1－9

单位：元

资产负债表要素	资　　产		＝	负　债	＋	所有者权益
资产负债表项目	货币资金	存货	＝	应交税费	＋	未分配利润
销售 A 商品	＋11 600(销售商品提供劳务收到的现金)		＝	＋1 600	＋	＋10 000(“营业收入”项目)
		－8 000	＝		＋	－8 000(“营业成本”项目)

从表 1－9 看出，甲公司销售 A 商品，资产负债表的“货币资金”项目增加了 11 600 元，“存货”项目减少了 8 000 元，“应交税费”项目增加了 1 600 元，“未分配利润”项目则增加了 2 000 元。所有者权益变动表的“综合收益总额”行“未分配利润”列增加了 2 000 元。利润表的“营业收入”项目增加了 10 000 元，“营业成本”项目增加了 8 000 元。现金流量表的“经营活动产生的现金流量”项目下“销售商品提供劳务收到的现金”增加了 11 600 元。

首先，资产负债表项目层次可以帮助读者理解交易和事项发生以后，资产负债表的哪些项目受到影响了。

其次，如果资产负债表的所有者权益项目受到影响，那么所有者权益变动表就会受到影响。继续深入分析，所有者权益变化如果是企业经营管理活动带来的，那么“未分配利润”项目受影响；如果是资本市场等股东和管理层因素以外的因素带来的，那么“其他综合收益”项目受到影响。这两个项目无论哪个发生变化，利润表都会受到影响。

继续往下分析，经营管理活动既然影响了“未分配利润”项目，那么对应的又影响了利润表的哪个损益项目，营业收入？营业成本？税金及附加？等等。资本市场等因素既然影响了“其

他综合收益”项目，那么对应的影响到了利润表“其他综合收益”下的哪个子项，是以后重分类将要进损益的项目还是以后重分类不能进损益的项目？又属于哪一个细项？

最后，如果资产负债表的“货币资金”项目受到影响，就必然影响到现金流量表。那么在现金流量表中属于经营活动、投资活动、融资活动哪一类带来的现金流量？明确了现金流量的类别，还要确定属于该类现金流量中的哪个项目。

第三层次：资产负债表科目层次

这一层次在第二层次基础上将资产负债表项目进一步细化为会计科目，并且根据需要，将有些会计科目细化到其二级甚至明细科目。

例 1－1 用资产负债表科目层次描述见表 1－10。

表 1－10

单位：元

资产负债表要素	资　产		=	负　债	+	所有者权益
资产负债表项目	货币资金	存货	=	应交税费	+	未分配利润
资产负债表科目	银行存款	库存商品	=	应交税费	+	利润分配
资产负债表二级科目	** 账户	A 商品	=	应交增值税	+	未分配利润
销售 A 商品	+11 600（销售商品提供劳务收到的现金）		=	+1 600	+	+10 000（“主营业务收入”科目
		−8 000	=		+	−8 000（“主营业务成本”科目）

采用这个层次的教学模板，不仅能帮助读者认识交易和事项对财务报表项目的影响，而且能够明确每个资产负债表项目对应于哪个或哪几个资产负债表科目，并在此基础上确定每个会计科目的借贷方向，快速编制会计分录。简而言之，这个层次的教学模板不仅用来学习解读财务报表，而且用来学习编制会计分录。

在资产负债表科目层次的教学模板中，为了统揽全局地描述一笔交易和事项对各个财务报表项目以及各个会计科目造成的影响，就把利润表科目作为“利润分配——未分配利润”二级科目下的明细科目来呈现了。

根据表 1－10，编制会计分录如下：

(1)借：银行存款　　　　　　　　11 600

　　贷：主营业务收入　　　　　　　　10 000

　　　　应交税费——应交增值税（销项税额）　1 600

借：主营业务成本　　　　　　8 000

　　贷：库存商品——A 商品　　　　8 000

本书主要采用第三层次——资产负债表科目层次的会计等式教学模板。在描述经济活动时，首先用资产负债表科目层次教学模板来表达，其次用文字描述对财务报表各个项目带来的影响，最后编制会计分录。

三、会计等式教学模板的作用

在教学过程中，会计等式教学模板能起到以下作用：

第一，直观地呈现一笔交易和事项对四张主要财务报表各个项目产生的影响。这个教学模板能跳过会计科目和会计分录，将某一交易和事项的结果直接在财务报表上呈现出来。于是我们就能通过系统性训练，建立起各类交易和事项与财务报表之间的联系。熟练以后，还能通过财务报表透视企业发生的交易和事项。而这种技能，正是决策所需要的。

第二，由于资产、负债和所有者权益各个科目的增减变化已经在会计等式教学模板上清晰地展示出来，根据借贷记账法的记账规则，能方便地确定记账符号，快速编制会计分录。

第三，直观地呈现一笔会持续产生后果的交易和事项连续多个期间对财务报表的影响。

【例 1—2】 甲公司 2017 年 12 月 10 日从证券市场购入乙公司股票 1 000 股，每股单价 10 元，另支付手续费等 15 元，作为交易性金融资产。2017 年 12 月 31 日甲公司对外报告半年度报告时，该股票的市场价格为 11 元。2018 年 1 月 10 日，甲公司出售了该公司股票，出售单价 12 元，扣除手续费等 17 元，实际得到 11 983 元。

用资产负债表(二级)科目层次描述的结果见表 1—11。

表 1—11

单位：元

资产负债表要素	资产			=	负债	+	所有者权益	
资产负债表项目	货币资金	交易性金融资产		=		+	未分配利润	
资产负债表科目	银行存款	交易性金融资产		=		+	利润分配	
资产负债表二级科目		成本	公允价值变动	=		+	未分配利润 投资收益	公允价值变动损益
2017 年购入交易性金融资产	−10 015	+10 000		=		+	−15	
2017 年末用公允价值再次计量			+1 000	=		+		+1 000
2017 年度变化额	−10 015	10 000	1 000	=		+	−15	+1 000
2018 年初出售交易性金融资产	+11 983	−10 000	−1 000	=		+	+983	
				=		+	+1 000	−1 000
2018 年度变化额	+11 983	−10 000	−1 000	=		+	+1 983	−1 000
两年交易结果总计	+1 968	0	0	=		+	+1 968	0

2017 年末的资产负债表相比上一年末，“货币资金”项目减少了 10 015 元，“交易性金融资产”项目增加了 11 000 元，“未分配利润”增加了 985 元；所有者权益变动表中，“综合收益总额”行“未分配利润”列增加了 985 元；利润表的“投资收益”项目减少 15 元，“公允价值变动损益”项目增加 1 000 元；现金流量表中，“投资所支付的现金”项目报告现金流出

10 015 元。

2018 年末的资产负债表相比上一年末，“货币资金”项目增加了 11 983 元，“交易性金融资产”项目减少了 11 000 元，“未分配利润”项目增加了 983 元；所有者权益变动表中，“综合收益总额”行“未分配利润”列增加了 983 元；利润表的“投资收益”项目增加了 1 983 元，“公允价值变动损益”项目减少了 1 000 元；现金流量表中，“收回投资所收到的现金”报告现金流入 11 983 元。

从表 1－11 纵观两年的结果，资产中的“货币资金”增加了 1 968 元，“未分配利润”增加了 1 968 元。两年新创造了 1 968 元财富，其中第一年创造了 985 元，第二年创造了 983 元。

第四，便于比较不同会计处理方法对财务报表的影响。

【例 1－3】 沿用例 1－2 的资料，假如会计准则规定交易性金融资产期末以成本计量。用资产负债表(明细)科目层次描述的结果见表 1－12。

表 1－12

单位:元

资产负债表要素	资产		=	负债	+	所有者权益
资产负债表项目	货币资金	交易性金融资产	=		+	未分配利润
资产负债表科目	银行存款	交易性金融资产	=		+	利润分配
资产负债表二级科目		成本	=		+	未分配利润 投资收益
2017 年购入交易性金融资产	－10 015	＋10 000	=		+	－15
2018 年初出售交易性金融资产	＋11 983	－10 000	=		+	＋1 983
两年交易结果总计	＋1 968	0	=		+	＋1 968

相比例 1－2，本例的交易不变，但适用的会计处理方法变了。表 1－12 显示：第一年资产和所有者权益均减少了 15 元，第二年资产和所有者权益均增加了 1 983 元，两年合计资产和所有者权益均增加了 1 968 元。与表 1－11 相比，第一年和第二年的数据都不相同，但是两年合计数相同。这说明会计方法影响了财富增长在两年的分配，但是不影响财富增长总额。财富增长是由企业发生的交易和事项带来的：10 015 元的购进成本，11 983 元的出售所得。从这里我们能更加深刻地体会到，财务会计作为信息处理系统，其作用在于遵循一定的规则报告财富。规则不同，报告的结果不同。财务会计本身并不为企业创造价值。

本教材后续各章节，将分别针对一般工商企业非日常发生的交易和事项，讲述如何进行确认、计量、记录与报告。本书每一章先对经济活动做一般分析，然后介绍会计准则所规定的“确认”条件和所采用的“计量”属性，然后通过会计等式教学模板在“账务处理与列报”部分来讲解在财务报表中的列报与会计分录的编制，最后介绍在报表附注中的披露。

本章小结

本章以企业是多个利益相关者的组合体为基本理念，介绍了企业对外进行财务报告的目的——向外部股东和债权人提供决策所需要的信息；介绍了财务报告的组成；重点阐述了财务报告体系中四张主要财务报表之间的勾稽关系，并在此基础上提出了三个层次的会计等式教学模板。

复习思考题

1. 企业为什么要对外报送财务报告？财务报告的组成是什么？
2. 利用四张报表的勾稽关系，找出表1—1、1—2、1—3、1—4之间的勾稽关系。
3. 什么是会计等式教学模板？它有哪些作用？

第二章

或有事项

【学习目标】

通过学习本章,你应该:

1. 理解或有事项的概念,了解或有事项的常见类型;
2. 了解或有资产和或有负债的概念以及披露;
3. 掌握预计负债的确认条件;
4. 掌握预计负债的账务处理与报告

心服公司是一家生产维生素D的国内知名企业,掌握着这个领域的核心生产技术并持有专利。其生产并销售维生素D的毛利曾高达60%。国内另一家企业未经心服公司允许使用该专利技术,生产出的维生素D大量投放市场,导致该产品的市场价格显著下跌,进而导致心服公司的产品毛利率下跌到20%。心福公司向法院提请诉讼,请求制止该公司的行为并要求其赔偿其损失。截止到资产负债表日,法院尚未对此项诉讼做出判决。

心服公司的会计人员该如何在财务报告中反映这笔事项呢?《企业会计准则第13号——或有事项》(以下简称《或有事项准则》)规范了此类事项的会计处理。

第一节　或有事项概述

一、或有事项的产生

企业在经营过程中会面临一些已经发生但结果不确定的交易或事项。比如经营用货车在运输途中发生了交通事故,交通管理部门正在对这起事故进行调查。企业是否必须承担交通事故的损失以及承担多少,要等将来交通管理调查结束并且根据有关法律法规进行裁定以后才能明确。又比如,企业生产和销售生活消费类产品时向客户承诺实行“三包”,并且规定在一定期限内负责免费维修。企业将来是否要在规定的时限内为该件产品的消费者提供售后服务,以及提供服务产生的费用是多少,目前尚不确定,要视未来该消费者提请售后服务,企业相关人员提供服务以后才能知晓。

对于这些已经发生但是结果尚不确定的交易或事项，企业会计人员多数时候采用的态度是：等待。直到该交易或事项的结果确定以后，再按照会计处理程序进行确认、计量、记录，最终在财务报表中反映出来。但是如果在资产负债表日，尤其到了年底，这类交易或事项的结果还没有确定下来，企业就要按照《或有事项准则》进行相应处理了。

二、或有事项的定义与特征

《或有事项准则》规定："或有事项，是指过去的交易或者事项形成的，其结果须由某些未来事项的发生或不发生才能决定的不确定事项。"

常见的或有事项有：未决诉讼或未决仲裁、债务担保、产品质量保证（含产品安全保证）、亏损合同、重组义务、环境污染整治等。

仲裁，是指各方当事人依照事先约定或事后达成的书面仲裁协议，共同选定仲裁机构并由其对争议依法作出具有约束力裁决的一种活动。在仲裁决定公布以前，当事人要么形成了一项潜在义务或现时义务，要么形成了一项潜在资产。

诉讼，是指当事人不能通过协商解决争议和纠纷时，一方作为原告向人民法院起诉，请求通过审判程序解决纠纷，另一方作为被告应诉。诉讼尚未裁决之前，当事人要么形成了一项潜在义务或现时义务，要么形成了一项潜在资产。

债务担保是担保人在债务人没有按照合同履行偿债义务时，代被担保人向债权人还款。担保人将来是否必须履行偿还义务，视被担保人偿还债务的情况而定。

产品质量保证（含产品安全保证），是指企业销售产品时向客户承诺，将来在限定的时期内产品质量（安全）一旦出现问题，免费提供产品维修、零部件更换等服务。将来企业是否需要为客户提供上述服务，视客户所购买的产品的质量而定。

亏损合同是一项正在执行或者尚未执行的合同，根据合同条款和合同目前的执行状况，预计合同将来执行完毕后会带来亏损。这样的合同在签订之时，根据当时对合同收益和合同成本的预计会带来盈利。只是在合同签订之后到合同执行完毕之前，由于完成合同需支付的成本超过了预期，导致预计合同执行完毕之后会发生亏损。

重组义务是指企业因重组带来的面向员工和其他利益相关人的义务。这里，"重组"是指企业制定和控制的，将显著改变企业组织形式、经营范围或经营方式的计划实施行为。包括：出售或终止企业的部分业务；对企业的组织结构进行较大调整；关闭企业的部分营业场所，或将营业活动由一个国家或地区迁移到其他国家或地区。由于企业制定的重组方案会导致部分员工离开原岗位或者离开本企业，所以必须向有关人员进行补偿。重组义务就是指这一经济行为带来的未来可能的经济利益的流出。

环境污染整治是指造成环境污染的企业，根据相关法律法规的要求，将来要承担环境污染整治的支出。

或有事项具有以下特征：

第一，或有事项是因过去的交易或者事项形成的。这是指或有事项的现存状况是过去交易或者事项引起的客观存在。例如，未决诉讼是企业因过去的经济行为而起诉其他单位或被其他单位起诉，是现存的一种状况，这种状况由过去原告和被告之间的经济行为引起。又如，产品质量保证是企业对已售出商品或已提供劳务的质量提供的保证。债务担保，是过去已经向被担保人的债权人提供了若被担保人无法偿债则自己承担连带责任的承诺。基于这一特征，未来才可能发生的有质量保证的商品销售、对别人的债务进行担保等事项，都不属于或有事项。

第二，或有事项的结果具有不确定性。

首先，或有事项的结果是否发生具有不确定性。例如，企业为其他单位提供债务担保，如果被担保方到期无力还款，担保方将负连带责任，为被担保方偿还债务。但是，担保方在债务到期时是否一定承担和履行连带责任，需要根据被担保方能否按时还款决定，其结果在担保协议达成时具有不确定性。又如，有些未决诉讼，被起诉的一方是否会败诉，在案件审理过程中难以确定，需要根据法院判决而定。

其次，或有事项的结果预计将会发生，但发生的具体时间或金额具有不确定性。例如，某企业因排污治理不力并对周围环境造成污染而被起诉，如无特殊情况，该企业很可能败诉。但是，在法院结案前，该企业因败诉将支出多少金额，或者何时将发生这些支出，难以确定。

第三，或有事项的结果须由未来某种事项的发生或不发生而定。或有事项最终究竟是否会对企业产生影响，影响的金额有多大，在或有事项发生时是难以确定的。这种不确定性的消失，依赖于某种未来事项的发生或不发生。例如，企业为其他单位提供债务担保，该担保事项最终是否会导致企业履行偿还债务的责任，要视被担保方的未来经营情况和偿债能力而定。如果被担保方经营情况和财务状况良好，按期还款，那么企业就不承担还款责任。只有在被担保方到期无力还款时，企业才承担偿还债务的责任。

三、或有负债与或有资产

1. 或有负债的定义

或有负债，是指过去的交易或事项形成的潜在义务，其存在须通过未来不确定事项的发生或不发生予以证实；或过去的交易或事项形成的现时义务，履行该义务不是很可能导致经济利益流出企业或该义务的金额不能可靠计量。

或有负债涉及两类义务：一类是现时义务，另一类是潜在义务。其中，现时义务是指企业在现行条件下已承担的义务，该现时义务的履行不是很可能导致经济利益流出企业，或者该现时义务的金额不能可靠地计量。例如，A 公司一年前为自己的子公司提供长期借款担保。目前该子公司的财务状况不佳，未来 A 公司很可能要为该子公司偿还部分借款。将来还款时子公司有多少借款需要 A 公司代为偿还，结果还不确定。该借款担保就形成一项 A 公司的现时义务。潜在义务是指结果取决于不确定未来事项的可能义务，也就是说，潜在义务最终是否转变为现时义务，由某些未来不确定事项的发生或不发生才能决定。

2. 或有资产的定义

或有资产，是指过去的交易或者事项形成的潜在资产，其存在须通过未来某种事项的发生或不发生予以证实。或有资产作为一种潜在资产，其结果具有较大的不确定性。只有随着经济情况的变化，未来发生或不发生某种事项才能证实其是否会形成企业真正的资产。例如，甲企业向法院起诉乙企业侵犯其专利权。法院尚未对该案件进行公开审理，甲企业是否胜诉尚难判断。对于甲企业而言，将来可能因胜诉而获得的赔偿就属于一项或有资产，但这项或有资产是否会转化为真正的资产，要由法院的判决结果确定。如果终审判决甲企业胜诉，那么这项或有资产就转化为甲企业的一项资产。如果终审判决甲企业败诉，那么这项或有资产就消失了。

3. 或有负债与或有资产的会计处理

或有负债不符合负债的定义和确认条件，企业不应当确认或有负债，而应当根据或有负债的结果发生的可能性，进行不同的处理。表2—1列出了或有负债发生结果的可能性以及对应的会计处理方法。

表2—1 或有负债的会计处理

经济利益流出的可能性	对应的统计值区间	会计处理
基本确定	95%≤p<100%	若金额能够可靠计量，确认为负债
很可能	50%≤p<95%	若金额能够可靠计量，确认为预计负债
可能	5%≤p<50%	在报表中披露
极小可能	0<p<5%	不予考虑

或有资产也不符合资产的定义和确认条件。发生结果可能性不同的或有资产，会计处理也不同，见表2—2。

表2—2 或有资产的会计处理

经济利益流入的可能性	可能性的统计值区间	会计处理
基本确定	95%≤p<100%	若金额能够可靠计量，确认为资产
很可能	50%≤p<95%	在报表中披露
可能	5%≤p<50%	不予考虑
极小可能	0<p<5%	不予考虑

或有资产和或有负债的会计处理，体现了谨慎性原则：对结果不确定的交易和事项，多估计负债和费用，少估计资产和收益。

影响或有负债和或有资产的多种因素处于不断变化之中，企业应当持续地对这些因素予以关注。随着时间推移和事态的进展，或有负债对应的潜在义务可能转化为现时义务，原本不是很可能导致经济利益流出的现时义务也可能被证实将很可能导致企业流出经济利益，并且现时义务的金额也能够可靠计量。这时或有负债就转化为企业的负债，应当予以确认。或有资产也是一样，其对应的潜在资产最终是否能够流入企业会逐渐变得明确，如果某一时点企业基本确定能够收到这项潜在资产并且其金额能够可靠计量，则应当将其确认为企业的资产。

第二节 预计负债的一般确认和计量原则

预计负债是或有负债的一种表现形态，具有“结果不确定”这一或有负债的典型特征。预计负债与应付账款、应付职工薪酬、应交税费、长短期借款、应付债券等负债不同。这些负债都以法律、合同、协议和企业的规章制度为依据，有明确的债权人、确定的债务金额和具体的还款时间。预计负债由于或有事项带来的结果不确定，在债权人、债务金额和还款时间这三个要素中，一个或多个不确定。然而由于预计负债可能会给企业带来不利结果，基于谨慎性原则，要完成类似于负债的会计处理程序，即进行会计确认、计量、记录和报告。

对预计负债完成会计处理程序，是在资产负债表日进行的。

一、预计负债的确认

某或有事项发生后，如果同时满足以下三个条件，就要确认预计负债。

条件一：或有负债承担的义务是企业的现时义务。

1)义务包括法定义务和推定义务。

法定义务，是指因合同、法规或其他司法解释等产生的义务，通常是企业在经济管理和经济协调中，依照经济法律、法规的规定必须履行的责任。比如，企业与其他企业签订购货合同产生的义务就属于法定义务。如果企业没有履行购货合同按时付款，就要按照合同约定接受惩罚。如果不接受惩罚而被对方起诉，就由法院按照合同法的规定进行判决，令其对合同的另一方承担赔偿责任。

推定义务，是指因企业的特定行为而产生的义务。企业的“特定行为”，泛指企业以往的习惯做法、已公开的承诺或已公开宣布的经营政策，并且由于以往的习惯做法，或通过这些承诺或公开的声明，企业向外界表明了它将承担特定的责任，从而使受影响的各方形成了其将履行相关责任的合理预期。例如，国内大型电商京东向其自营业务的消费者承诺，只要不影响二次销售，消费者可以在七天之内无条件退换货。公众即使在看不到商品实体的情况下也愿意在京东的自营平台购物，这一承诺发挥着重要作用。京东的这一承诺，形成了社会公众对其履行义务的合理预期，就属于推定义务。

根据合同或者协议确定的法定义务，义务指向的另一方通常是明确的。而如果是推定义务，另一方可能只有一个模糊的身份，比如客户，但具体是谁，往往不明确。

2)现时义务是企业在资产负债表日已经承担的义务。

通常情况下，过去已经发生的交易或者事项是否产生了一项现时义务，是比较明确的。但也存在少数情况，比如在法院做出判决之前，法律诉讼是否产生了一项现时义务可能难以确定。此时企业应当考虑包括资产负债表日后所有可获得的证据、专家意见等，以此确定资产负债表日是否存在现时义务。如果据此判断，资产负债表日很可能存在现时义务，那么就满足了该项确认预计负债的条件。

条件二：履行该义务很可能导致经济利益流出企业。

履行与或有事项相关的现时义务时，导致经济利益流出企业的可能性超过50%，即“很可能”，但尚未达到基本确定的程度。

如果满足了预计负债确认的第一个条件，即企业因或有事项承担了现时义务，也只是表明根据合同协议或者承诺判定或者推定企业会履行义务，但并不说明该现时义务很可能导致经济利益流出企业。例如，2018年初，甲企业与乙企业签订协议，承诺为乙企业的两年期银行借款提供全额担保。对于甲企业而言，由于担保事项而承担了一项现时义务，但这项义务的履行是否很可能导致经济利益流出企业，需依据乙企业的经营情况和财务状况等因素加以确定。如果到2018年末，乙企业的财务状况恶化，且没有迹象表明可能好转，从而甲企业承担的现时义务将很可能导致经济利益流出企业，那么此时甲企业就满足了预计负债确认的第二个条件。反之，如果乙企业财务状况良好，可以认定不会违约，从而甲企业承担的现时义务不是很可能导致经济利益流出，那么此时不满足第二个确认条件，不确认预计负债。

还有一些现实义务，如产品质量保证等，要从整体考虑售后维修、瑕疵商品退换等引起的经济利益流出的可能性。虽然对于某个特定客户提供售后维修等服务的可能性较小，但是由于企业要面向数量庞大的客户群，因产品质量保证承诺所带来的经济利益流出几乎确定要发生。就好比某种流行病，患病概率虽然只有百万分之一，但是对一个有着上千万人口的大都市，出现确诊病例几乎是百分之百的事。所以产品质量保证这类义务满足预计负债确认的第二个条件。

条件三：该义务的金额能够可靠地计量。

金额能够可靠计量是所有会计报表项目确认的必要条件，预计负债也不例外。

或有事项的结果具有不确定性，因或有事项产生的现时义务的金额也具有不确定性。这一条件要求必须可靠估计或有事项产生的结果，否则不能确认预计负债。例如，乙股份有限公司涉及某诉讼案。根据以往法院判决结果推断，公司很可能败诉，相关的赔偿金额也可以估算出一个区间。此时，就可以认为该公司因未决诉讼承担的现时义务的金额能够可靠地计量，满足了预计负债确认的第三个条件。

二、预计负债的计量

预计负债的计量包括形成时的初始计量和后续资产负债表日的再次计量。

（一）预计负债的初始计量

1. 初始计量的基本方法

《或有事项准则》规定，预计负债的初始金额应当以履行相关现时义务所需支出的最佳估计数来确定。

最佳估计数的确定应当分别以下两种情况处理。

第一，如果所需支出存在一个连续范围或区间，且该范围或区间内各种结果发生的可能性相同，则最佳估计数应当按照该范围内的中间值，即上下限金额的平均数来确定。

【例2—1】 2017年12月27日，甲企业因合同违约而涉及一桩诉讼案。根据企业的法律顾问判断，最终的判决很可能对甲企业不利。2017年12月31日，甲企业尚未接到法院的判决，因诉讼须承担的赔偿金额也无法精准确定。公司的法律顾问估计，赔偿金额可能是80万元至100万元之间的某一金额，而且这个区间内每个金额的可能性都大致相同。

此例中，甲企业在2017年12月31日，估计未来很可能产生一项经济利益流出，流出的金额为90万元，因此确认的预计负债金额为90万元。

第二，如果所需支出不存在一个连续范围，或者虽然存在一个连续范围，但该范围内各种结果发生的可能性不相同。

在这种情况下，又视或有事项涉及单个项目还是多个项目进行不同处理。“涉及单个项目”是指或有事项涉及的项目只有一个，如一项未决诉讼、一项未决仲裁或一项债务担保等，此时最佳估计数按照最可能发生金额确定。“涉及多个项目”指或有事项涉及的项目不止一个，如产品质量保证，提出产品保修要求的可能有许多客户，企业对这些客户负有保修义务。此时最佳估计数按照各种可能结果及相关概率计算确定。

【例 2—2】 2017 年 12 月 15 日，乙公司涉及一起诉讼案，至 2017 年 12 月 31 日，尚未接到法院的判决。在咨询了公司的法律顾问后，公司认为很可能败诉。如果败诉，30%的可能性赔偿 20 万元，30%的可能性赔偿 30 万元，还有 40%的可能性赔偿 50 万元。

此例中，乙公司很可能败诉，所确认的预计负债的金额为发生可能性最大的金额 50 万元。

【例 2—3】 A 股份有限公司生产并销售甲产品。2017 年度，共销售甲产品 3 000 件，销售收入为 450 万元。根据公司的产品质量保证条款，该产品售出后一年内，如发生质量问题，公司将负责免费维修。根据同行业经验，如果发生较小质量问题，每件维修费用 120 元；如果发生较大质量问题，每件维修费用 200 元。根据公司技术部门的统计，过去已售产品的 80%不会发生质量问题，15%发生较小质量问题，5%发生较大质量问题。

据此，2017 年 12 月 31 日该公司估计预计负债的金额为

$$3\ 000\times(15\%\times120+5\%\times200)=84\ 000(\text{元})$$

2. 初始计量需关注的其他因素

预计负债以最佳估计数进行初始计量。确定最佳估计数还要综合考虑与或有事项有关的风险、不确定性和货币时间价值等因素。货币时间价值影响重大的，应当通过对相关未来现金流出进行折现后确定最佳估计数。

(二)预计负债的后续计量

企业应当持续关注预计负债的计量。后续期间，如果某项预计负债持续存在，期末应当对其进行复核，一旦复核后金额与原金额不一致，就要做出调整。

例如，某家电企业因产品质量保证承诺确认了预计负债。后续期间，由于销售量扩大，该企业因产品质量保证承诺将要流出的经济利益增加了，于是就要在资产负债表日调增预计负债。

三、与预计负债相关的资产的确认与计量

在某些或有事项中，企业在产生或有负债的同时可能流入了经济利益。比如企业作为交通事故的责任人，在交通管理部门做出最终处理决定之前，形成了面向受害者的预计负债。如果企业之前购买了交通责任险，那么一旦交通管理部门认定企业负有赔偿责任后，企业就会从保险公司得到部分补偿。于是在交通管理部门做出最终处置决定之前，企业因或有事项在承担预计负债的同时，形成了一项或有资产。

《或有事项准则》规定，企业清偿预计负债，如果这些支出全部或部分可预期由第三方补偿的，则此补偿金额只有在基本确定能收到时，才单独确认为资产，且资产的金额不能超过预计负债的账面价值。

需要注意的是，尽管此时资产和预计负债基于同一个事项产生，比如交通事故的责任人，一方面承担赔偿责任，另一方面由保险公司所补偿，但是由于持有资产所面对的债务人

比如保险公司，与承担预计负债所面对的债权人比如交通事故的受害者属于不同的主体，所以资产和预计负债不能相互抵消，而应分别确认。

【例 2—4】 2018 年 12 月 31 日，甲公司的一项未决诉讼临近诉讼尾声。甲公司估计很可能败诉，预计赔偿原告损失和支付诉讼费合计 100 万元。2019 年初法院判决甲公司败诉。此时甲公司基本确定可从乙公司获得 40 万元的补偿。

本例中，2018 年 12 月 31 日，甲公司应确认一笔金额为 100 万元的预计负债。2019 年度甲公司基本确定可以从乙公司获得 40 万元补偿时，确认一项资产。

第三节　各类预计负债的账务处理

一、报表项目与会计科目的设置

预计负债在资产负债表中以"预计负债"项目来报告。

设置"预计负债"一级科目来记录预计负债的增减变化。当形成预计负债或者调增已有预计负债时，记在该科目的贷方；当清偿预计负债、调减已有预计负债的金额或者预计负债转为一般负债时，记在该科目的借方；期末余额在贷方，表示尚未清偿的预计负债。

"预计负债"一级科目下，根据预计负债产生的原因，设置以下二级科目："未决诉讼或仲裁"、"产品质量保证"、"债务担保"、"亏损合同"等。

二、未决诉讼与仲裁的账务处理

在资产负债表日，对于未决诉讼与仲裁，如果企业认为很可能败诉，并且赔偿的金额能够可靠计量，就要确认预计负债，同时确认营业外支出。后续会计期间，如果法院或者仲裁机构做出判决或裁决，或有事项转变为确定性事项，企业要进行调整；如果到了资产负债表日，法院或者仲裁机构仍然没有做出判定，那么企业要重新估计预计负债的金额，如果与上一个资产负债表日的金额不相符，就要进行调整。

【例 2—5】 2017 年 11 月 1 日，甲公司因合同违约而被乙公司起诉。2017 年 12 月 31 日，尚未接到法院的判决。甲公司在咨询了公司的法律顾问后，认为最终的法律判决很可能对本公司不利。假定甲公司预计将要支付的赔偿金额为 260 万元至 300 万元之间，而且这个区间内每个金额的可能性都大致相同，另外一旦败诉还要支付诉讼费 3 万元。

甲公司在 2017 年 12 月 31 日确认预计负债，金额为 283 万元。

有关会计分录如下：

借：管理费用——诉讼费	30 000	
营业外支出	2 800 000	
贷：预计负债——未决诉讼		2 830 000

【例 2—6】 接例 2—5，2018 年 8 月 31 日，法院就甲乙公司之间的经济纠纷做出判决，判定甲公司败诉，赔偿乙公司 290 万元，另支付诉讼费 4 万元。甲公司服从判决。2018 年 9 月 15 日，甲公司向法院支付诉讼费，向乙公司支付赔偿费。

2018 年 8 月 31 日，甲公司接到法院判决后，原先的预计负债变为确定性负债，实际发生的金额比原先估计的金额多，多出的部分在当期确认管理费用或者营业外支出。编制会计分录如下。

借：预计负债——未决诉讼　　2 830 000
　　管理费用　　10 000
　　营业外支出　　100 000
　贷：其他应付款——法院　　40 000
　　　　　　　——乙公司　　2 900 000

2018 年 9 月 15 日支付赔偿款和诉讼费。

借：其他应付款——法院　　40 000
　　　　　　——乙公司　　2 900 000
　贷：银行存款　　2 940 000

企业在资产负债表日对预计负债进行会计处理，需要进行专业估计和判断，也会成为企业操纵利润的重要途径。如果企业利润状况不好，就可能通过低估计预计负债来调整报表收益。这类错误属于重大会计差错。

例 2—5 和例 2—6 用会计等式模板描述的结果见表 2—3。

表 2—3

单位：万元

资产负债表要素	资　产	=	负　债			+	所有者权益
资产负债表项目	货币资金	=	其他应付款		预计负债	+	未分配利润
资产负债表科目	银行存款	=	其他应付款		预计负债	+	利润分配
资产负债表二级科目		=	法院	乙公司	未决诉讼	+	未分配利润
2017 年 12 月 31 日计提预计负债		=			+283	+	−3(管理费用) −280(营业外支出)
2018 年 8 月 31 日		=	+4	+290	−283	+	−1(管理费用) −10(营业外支出)
2018 年 9 月 15 日	−294	=	−4	−290		+	
最终结果	−294	=	−4	−290		+	−294

从表 2—3 看出，2017 年 12 月 31 日，资产负债表的“预计负债”项目增加了 283 万元，“未分配利润”项目减少了 283 万元；所有者权益变动表中，“综合收益总额”行“未分配利润”列减少了 283 万元；利润表中，“管理费用”项目增加了 3 万元，“营业外支出”项目增加了 280 万元；现金流量表不受影响。

2018 年的资产负债表中，“货币资金”项目减少了 294 万元，“预计负债”项目减少了 283 万元，“未分配利润”项目减少了 11 万元；所有者权益变动表中，“综合收益总额”行“未分配利润”列减少了 11 万元；利润表中，“管理费用”项目增加了 1 万元，“营业外支出”项目增加了 10 万元；现金流量表中“经营活动产生的其他支出”增加了 294 万元。

纵观整个过程，甲企业因经济纠纷共支付了 294 万元货币资金，导致未分配利润减少了

294 万元。这一损失分别在 2017、2018 年度利润表中报告了 283 万元和 11 万元。正是基于谨慎性，甲公司才在 2017 年资产负债表日诉讼结果尚不确定时，就预估了负债和损失 283 万元。这与计提资产减值准备非常相似，都是对未来损失的提前确认，只是预计负债确认了一笔负债，而资产减值准备减损了已持有的资产。

三、产品质量保证的账务处理

产品质量保证，通常指销售商或制造商在销售产品或提供劳务后，对客户提供服务的一种承诺。在约定期内，若产品或劳务在正常使用过程中出现质量或企业承诺维修的其他问题，企业负有更换产品、免费或只收成本价进行修理等责任。

就已经销售的某一件产品而言，尽管为相应客户提供售后服务的可能性往往低于 50%，似乎不满足预计负债的确认条件，但是就企业已经销售的大量产品而言，因产品质量保证而流出经济利益的可能性几乎是百分之百。为此，企业应在每个资产负债表日，就当期对外销售的产品数量，按照系统合理的方法估算因产品质量保证而流出经济利益的金额计量预计负债。

产品质量保证是提高销售量、从而提高销售收入的重要保证，于是因产品质量保证而产生的损益应计入“销售费用”。

【例 2—7】 承接【例 2—3】的资料，A 公司 2017 年度因销售 3 000 件产品而形成 84 000 元预计负债。A 公司刚开业，此前“预计负债——产品质量保证”科目无余额。2018 年为客户提供产品质量保证服务，共发生材料费 30 000 元、人工费 50 000 元。2018 年度 A 公司销售产品 5 000 件，参考行业经验，A 公司将发生较严重问题的概率调低为 3%，较小问题的概率提高为 17%，其余不变。

2017 年 12 月 31 日，A 公司针对已经出售的 3 000 件产品计提预计负债，编制会计分录如下：

借：销售费用　　　　84 000
　贷：预计负债——产品质量保证　　　　84 000

2018 年为客户提供产品质量保证服务是逐项进行的，每一项发生的金额不一。会计人员应根据每项服务的相关凭证编制会计分录。本例为了简化，把全年金额汇总做成一笔分录列示如下：

借：预计负债——产品质量保证　　　　80 000
　贷：原材料　　　　30 000
　　应付职工薪酬　　　　50 000

2018 年末，A 公司确认当年已经销售的 5 000 件产品的质量保证金额为 5 000×(17%×120 +3%×200)＝132 000(元)

借：销售费用　　　　132 000
　贷：预计负债——产品质量保证　　　　132 000

例 2—7 的账务处理用会计等式模板描述见表 2—4。

表 2—4

单位：元

资产负债表要素	资　产		＝	负　债	＋	所有者权益
资产负债表项目	货币资金	存货	＝	预计负债	＋	未分配利润
资产负债表科目	银行存款	原材料	＝	预计负债	＋	利润分配
资产负债表二级科目			＝	产品质量保证	＋	未分配利润
2017 年 12 月 31 日计提预计负债			＝	＋84 000	＋	－84 000(销售费用)
2017 年 12 月 31 日重要项目的余额			＝	84 000	＋	－84 000
2018 年承担质量保证责任	－30 000	－50 000	＝	－80 000	＋	
2018 年 12 月 31 日计提预计负债			＝	＋132 000	＋	－132 000(销售费用)

从表 2—4 看出，2017 年度中，“预计负债”项目增加了 84 000 元，“未分配利润”项目减少了 84 000 元；所有者权益变动表中，“综合收益总额”行“未分配利润”列减少了 84 000 元；利润表中，“销售费用”项目增加了 84 000 元；现金流量表不受影响。

2018 年度资产负债表中，“货币资金”项目减少了 30 000 元，“存货”项目减少了 50 000 元，“预计负债”项目增加了 52 000 元，“未分配利润”项目减少了 132 000 元。所有者权益变动表中，“综合收益总额”行“未分配利润”列减少了 132 000 元；利润表中，“销售费用”项目增加了 132 000 元；现金流量表中，“经营活动产生的其他现金流出”增加了 30 000 元。

综合各年情况来看，2018 年度发生的产品质量保证支出 80 000 元，在 2017 年度就已经作为销售费用提前确认了。2018 年末，继续对未来的产品质量保证支出予以提前确认。

在对产品质量保证确认预计负债时，需要注意的是：

第一，如果发现产品质量保证支出的实际发生额与预计数相差较大，应及时调整预计比例；

第二，如果企业针对特定批次产品确认预计负债，则在保修期结束时，将“预计负债——产品质量保证”余额冲销，不留余额；

第三，已确认预计负债的产品，如果企业不再生产了，那么应在相应的产品质量保证期满后，将“预计负债——产品质量保证”余额冲销，不留余额。

四、债务担保的账务处理

债务担保在企业是较为普遍的现象。作为提供担保的一方，在被担保方无法偿还债务的情况下，常常承担连带责任。基于谨慎原则，如果被担保方很可能无法偿还债务，而且金额能够可靠计量，企业就要确认预计负债，由此带来的损失计入“营业外支出”。

【例 2—8】 2016 年 5 月，乙公司从银行贷款人民币 100 万元，期限 2 年，由甲公司全额担保。2017 年 12 月 31 日，甲公司获悉乙公司由于经营不善，经营活动产生的现金流不足，又由于无法从其他渠道融通资金，很可能无法全额偿还该笔贷款。甲公司估计为此需要承担 40 万元连带赔偿责任。2018 年 5 月，乙公司偿还了 90 万元债务，甲公司实际承担连带赔偿责任 10 万元，比预计少 30 万元。

2017 年 12 月 31 日，甲公司计提预计负债的会计分录如下：

借：营业外支出　　　　　　　　400 000

　贷：预计负债——债务担保　　　　400 000

2018 年 5 月，甲公司承担连带赔偿责任的会计分录如下：

借：预计负债——债务担保　　　　400 000

　贷：银行存款　　　　　　　　　　100 000

　　营业外支出　　　　　　　　　　300 000

例 2—8 中的业务用会计等式模板描述见表 2—5。

表 2—5

单位：万元

资产负债表要素	资　产	=	负　债	+	所有者权益
资产负债表项目	货币资金	=	预计负债	+	未分配利润
资产负债表科目	银行存款	=	预计负债	+	利润分配
资产负债表二级科目		=	债务担保	+	未分配利润
2017 年 12 月 31 日计提预计负债		=	+40	+	−40(营业外支出)
2018 年承担连带责任	−10	=	−40	+	+30(营业外支出)
最终结果	−10	=		+	−10

从表 2—5 看出，2017 年 12 月 31 日，甲公司的资产负债表中，“预计负债”项目增加了 40 万元，“未分配利润”项目减少了 40 万元；所有者权益变动表中，“综合收益总额”行“未分配利润”列减少了 40 万元；利润表中“营业外支出”项目增加了 40 万元；现金流量表不受影响。

2018 年承担连带责任后，2018 年的资产负债表中，“货币资金”项目减少了 10 万元，“预计负债”项目减少了 40 万元，“未分配利润”项目增加了 30 万元。所有者权益变动表中，“综合收益总额”行“未分配利润”列增加了 30 万元；利润表中“营业外支出”项目减少了 30 万元；现金流量表中，“经营活动产生的其他支出”增加了 10 万元。

整体来看，甲公司为乙公司承担了 10 万元连带责任，产生损失 10 万元。甲公司分别在 2017 年报告了 40 万元(损失估计过高)，2018 年又冲回了 30 万元。

读者从本例可以进一步看出，计提预计负债和计提资产减值准备一样，具有在不同期间调节利润的功能。所以企业确认、计量预计负债时，必须给出充分合理的证据。如果恶意进行，要作为重大会计差错予以更正。关于重大会计差错的更正，将在本书第 11 章介绍。

五、亏损合同的账务处理

待执行合同，是指合同各方未履行任何合同义务，或部分履行了同等义务的合同。如果一项待执行的合同，预期产生的收入小于执行成本，执行该合同会带来亏损，而且无法通过放弃执行合同等类似方式来避免损失，或者虽然可以放弃执行合同，但是按照合同的约定要受到惩罚，这样的合同就称为亏损合同。合同的亏损金额为终结该合同产生的最低损失额，即履行该合同的成本与未能履行该合同而发生的处罚两者之中的较低者。

企业与其他企业签订的商品销售合同、劳务提供合同、租赁合同等，在合同执行完毕之前，有可能成为亏损合同。但是企业与采购商签订的采购合同不会成为亏损合同，这是因为采购合同标的资产未来产生的收益尚不明确，其收益要在取得标的资产之后的使用、处置过程中才能确定。

企业对亏损合同进行会计处理，首先看合同的标的资产企业是否已经持有。如果已经持有，应当对标的资产进行减值测试并按规定确认减值损失。如果合同标的资产不存在，应当确认预计负债。

确认预计负债时，损失金额对应地计入"营业外支出"。

【例 2—9】 2016 年 1 月 1 日，甲公司采用经营租赁方式租入一条生产线生产 A 产品，租赁期 3 年，每年年初支付当年租金 8 万元。甲公司利用该生产线生产的 A 产品每年可获利 20 万元。2017 年 12 月 31 日，甲公司决定停产 A 产品，原经营租赁合同不可撤销，还要持续 1 年，且生产线无法转租给其他单位。2018 年 1 月 1 日，甲公司支付第三年的租金 8 万元。

2017 年 12 月 31 日，甲公司的该租赁合同还有一年才执行完毕。未来一年执行该合同产生成本 8 万元，但是因停产 A 产品且生产线无法转租，所以执行合同不会带来收益，该合同成为亏损合同，亏损金额为 8 万元。甲公司因此确认预计负债 8 万元。

2017 年 12 月 31 日，甲公司编制会计分录如下：

借：营业外支出　　80 000

　贷：预计负债——亏损合同　　80 000

2018 年 1 月 1 日，甲公司支付第三年租金时编制分录如下：

借：预计负债——亏损合同　　80 000

　贷：银行存款　　80 000

例 2—9 的账务处理用会计等式模板描述见表 2—6。

表 2—6

单位：万元

资产负债表要素	资　产	=	负　债	+	所有者权益
资产负债表项目	货币资金	=	预计负债	+	未分配利润
资产负债表科目	银行存款	=	预计负债	+	利润分配
资产负债表二级科目		=	亏损合同	+	未分配利润
2017 年 12 月 31 日计提预计负债		=	+8	+	−8(营业外支出)
2018 年承担连带责任	−8	=	−8	+	
最终结果	−8	=		+	−8

由表 2—6 可知，2017 年度资产负债表中，"预计负债"项目增加了 8 万元，"未分配利润"项目减少了 8 万元；所有者权益变动表中，"综合收益总额"行"未分配利润"列减少了 8 万

元;利润表中,“营业外支出”项目增加了 8 万元,现金流量表不受影响。

2018 年度的资产负债表中,“货币资金”项目减少了 8 万元,“预计负债”项目减少了 8 万元;所有者权益变动表和利润表不受影响;现金流量表中,“经营活动产生的其他现金流出”项目增加了 8 万元。

整体来看,甲企业支付 2018 年租金带来的 8 万元损失,在 2017 年度的利润表中就已经报告了。这样做遵循了谨慎原则,将风险和损失提前予以报告。

【例 2—10】 2017 年 10 月 10 日,甲公司与经销商签订了一项产品销售合同,约定在 2018 年 3 月 15 日以每件产品 1 000 元的价格(不含增值税)向该经销商出售 A 产品 1 000 件。合同约定,甲公司若不能按期交货,需要交纳 5 万元违约金。这批产品在签订合同时尚未开始生产,当甲公司开始筹备原材料准备生产时,原材料价格突然上涨。2017 年 12 月 31 日,预计生产每件 A 产品的成本升至 1 040 元,超过产品的单位售价。如果甲公司继续执行合同会带来损失 40 000 元,如果不执行合同会带来 50 000 的罚款损失。甲公司选择继续执行合同。2018 年 3 月 15 日,甲公司如期交货。每件产品的实际成本为 1 030 元。

2017 年 12 月 31 日,甲公司确认预计负债 40 000 元编制会计分录如下:

借:营业外支出　　40 000
　贷:预计负债——亏损合同　　40 000

2018 年 3 月 15 日,甲公司销售 A 商品时实际发生损失 30 000 元,低于上一年的预期,冲回多计提的损失。编制会计分录如下:

借:应收账款　　1 000 000
　贷:主营业务收入　　1 000 000
借:主营业务成本　　1 030 000
　贷:库存商品　　1 030 000
借:预计负债——亏损合同　　40 000
　贷:营业外支出　　40 000

例 2—10 的账务处理用会计等式模板描述见表 2—7。

表 2—7

单位:万元

资产负债表要素	资 产		=	负 债	+	所有者权益
资产负债表项目	应收账款	存货	=	预计负债	+	未分配利润
资产负债表科目	应收账款	库存商品	=	预计负债	+	利润分配
资产负债表二级科目			=	亏损合同	+	未分配利润
2017 年 12 月 31 日计提预计负债			=	+4	+	−4(营业外支出)
2018 年销售时	+100		=		+	+100(主营业务收入)
		−103	=		+	−103(主营业务成本
			=	−4	+	+4(营业外支出)
最终结果	+100	−103	=	0	+	−3

从表2—7看出，2017年度的资产负债表中，“预计负债”项目增加了4万元，“未分配利润”项目减少了4万元；所有者权益变动表中，“综合收益总额”行“未分配利润”列减少了4万元；利润表中“营业外支出”增加了4万元；现金流量表不受影响。

2018年度的资产负债表中，“应收账款”增加了100万元，“库存商品”减少了103万元，“预计负债”项目减少了4万元。“未分配利润”项目增加了1万元；所有者权益变动表中，“综合收益总额”行“未分配利润”列增加了1万元；利润表中“营业收入”增加了100万元，“营业成本”增加了103万元，“营业外支出”减少了4万元；现金流量表不受影响。

整体来看，销售该商品损失了3万元，分别在2017年报告了4万元损失，在2018年度报告了1万元收益。甲公司基于谨慎性在2017年度提前报告了损失，由于损失多估，在2018年度又转回了1万元。

【例2—11】 甲公司2017年10月10日与某外贸公司签订了一项产品销售合同，约定在2018年2月15日以每件产品1 000元的价格向外贸公司提供1 000件A产品，若不能按期交货，乙企业需要交纳5万元的违约金。这批产品在签订合同时尚未开始生产，但企业开始筹备原材料以生产这批产品时，原材料价格突然上涨，在2017年12月31日，企业已经生产该产品800件，生产每件产品的成本为1 025元。2018年2月15日，甲公司如期交货，生产成本为每件1 025元，与上期末对单位生产成本的估计一致。

2017年12月31日，由于该合同变为亏损合同时存在800件标的资产，每件损失25元，甲公司应当对这部分资产计提资产减值准备20 000元，对另外200件尚未生产出来的产品预计产生的5 000元损失计提预计负债。

2017年12月31日，计提资产减值准备时编制会计分录如下：

借：资产减值损失　　20 000

　贷：存货跌价准备　　20 000

计提预计负债编制会计分录如下：

借：营业外支出　　5 000

　贷：预计负债——亏损合同 5 000

2018年2月15日销售商品时，编制会计分录如下：

借：应收账款　　1 000 000

　贷：主营业务收入　　1 000 000

借：主营业务成本　　1 025 000

　贷：库存商品　　1 025 000

借：存货跌价准备　　20 000

　贷：资产减值损失　　20 000

借：预计负债　　5 000

　贷：营业外支出　　5 000

例2—11的账务处理用会计等式描述见表2—8。

从表2—8看出，2017年度利润表中报告2.5万元损失，分别计入“资产减值损失”20 000元和“营业外支出”5 000元。2018年度，实际发生损失与预估损失一致。利润表中报告“营业收入”100万元，“营业成本”102.5万元，资产减值损失冲回2万元，营业外支出冲回0.5万元,利润总额为零。

整体来看,销售商品实际发生了25 000元损失,这一损失在2017年度就已经确认下来,于是在2018年度利润表中呈现的利润为零。但是为了真实反映企业销售商品毛利为−2.5万元这一事实,“营业成本”报告的金额是实际成本102.5万元,然后通过冲回上一年度计提的2.5万元损失,来保证2018年度利润表中所报告的利润为零。

表2—8

单位:万元

资产负债表要素	资产			=	负债	+	所有者权益
资产负债表项目	应收账款	存货		=	预计负债	+	未分配利润
资产负债表科目	应收账款	库存商品	存货跌价准备	=	预计负债	+	利润分配
资产负债表二级科目				=	亏损合同	+	未分配利润
2017年12月31日计提资产减值准备			−2	=		+	−2(资产减值损失)
2017年12月31日计提预计负债				=	+0.5	+	−0.5(营业外支出)
2018年2月15日销售商品时	+100			=		+	+100(营业收入)
		−102.5		=		+	−102.5(营业成本)
			+2	=		+	+2(资产减值损失)
				=	−0.5	+	+0.5(营业外支出)
最终结果	+100	−102.5	0	=	0	+	−2.5

六、重组义务的账务处理

(一)重组义务的确认

重组是指企业制定和控制的,将显著改变企业组织形式、经营范围或经营方式的计划实施行为。重组通常是企业内部资源的调整和组合,谋求现有资产效能的最大化。

属于重组的事项主要包括:

1. 出售或终止企业的部分业务;

2. 对企业的组织结构进行较大调整;

3. 关闭企业的部分营业场所,或将营业活动由一个国家或地区迁移到其他国家或地区。

企业因重组而承担了重组义务,重组义务包括企业将要支付给被辞退人员相关福利、发生的改迁费等支出。

同时存在下列情况的,表明企业承担了重组义务:

1. 有详细、正式的重组计划,包括重组涉及的业务、主要地点、需要补偿的职工人数、预计重组支出、计划实施时间等;

2.该重组计划已对外公告。

如果重组义务很可能发生并且金额能够可靠计量，即同时满足了预计负债的三项确认条件时，就能确认预计负债。例如，某公司董事会决定关闭一个事业部。如果有关决定尚未传达到受影响的各方，也未采取任何措施实施该项决定，该公司就没有开始承担重组义务，不应确认预计负债；如果有关决定已经传达到受影响的各方，并使各方对企业将关闭事业部形成合理预期，通常表明企业开始承担重组义务。如果同时满足了该义务很可能导致经济利益流出企业和金额能够可靠地计量这两项条件，就应当确认预计负债。

（二）重组义务的计量

企业应当按照与重组有关的直接支出确定预计负债金额，计入当期损益。其中，直接支出是企业重组必须承担的直接支出，但不包括留用职工岗前培训、市场推广、新系统和营销网络投入等支出。后者是企业未来正常运营发生的支出，要由未来的培训费、销售费用等来承担，与作为非日常支出的重组支出的性质不同。

由于企业在计量预计负债时不应当考虑预期处置相关资产的利得或损失，在计量与重组义务相关的预计负债时，也不考虑处置相关资产（厂房、店面，有时是一个事业部整体）可能形成的利得或损失，即使资产的出售构成重组的一部分也是如此，这些利得或损失应当单独确认。

（三）重组义务的科目设置

如果重组义务是面向员工的，那么设置“应付职工薪酬——辞退福利”科目来记录相关业务。如果是厂址迁移等支出，就设置“预计负债——重组义务”来记录。

【例 2—12】 甲公司 2017 年 5 月拟进行重组，来改变公司目前各类资源配置不合理、经营效果不良的局面。10 月，甲公司董事会制定了资产重组计划，并告知内部相关部门和人员。经过两个多月的宣传，2017 年 12 月 31 日，企业内部已经形成了撤销有关部门、处置部分资产、辞退部分员工的预期。按照重组计划，企业将要辞退 100 人，每人一次性支付辞退费 10 万元，合计 1 000 万元。

2017 年 12 月 31 日，甲企业针对重组计划中辞退员工的部分计提预计负债：

借：营业外支出　　　　10 000 000

　贷：应付职工薪酬——辞退福利　　　　10 000 000

第四节　或有事项的列报与披露

一、预计负债的列报与披露

在资产负债表中，因或有事项而确认的负债（预计负债）应与其他负债项目区别开来单独反映。如果企业因多项或有事项确认了预计负债，在资产负债表上一般只需通过“预计负债”项目进行总括反映。在将或有事项确认为预计负债的同时，应确认一项支出或费用。这项费用或支出在利润表中不应单列项目反映，而应与其他费用或支出项目（如“销售费用”、“管理费用”、“营业外支出”等）合并反映。比如，企业因产品质量保证确认预计负债时所确认的费用，在利润表中应作为“销售费用”的组成部分予以反映；又如，企业因对其他单位提供债务担保确认预计负债时所确认的费用，在利润表中应作为“营业外支出”的组成部分予以反映。

同时，为了使会计报表使用者获得充分、详细的有关或有事项的信息，企业应在会计报表附注中披露以下内容：

第一，预计负债的种类、形成原因以及经济利益流出不确定性的说明；

第二，各类预计负债的期初、期末余额和本期变动情况；

第三，与预计负债有关的预期补偿金额和本期已确认的预期补偿金额。

二、或有负债的披露

或有负债无论作为潜在义务还是现时义务（经济利益流出的概率小于50%），均不符合负债的确认条件，因而不予确认。但是，除非或有负债极小可能导致经济利益流出企业，否则企业应当在附注中披露有关信息，具体包括：

第一，或有负债的种类及其形成原因，包括未决诉讼、未决仲裁、对外提供担保等形成的或有负债。

第二，经济利益流出不确定性的说明。

第三，或有负债预计产生的财务影响，以及获得补偿的可能性；无法预计的，应当说明原因。

需要注意的是，在涉及未决诉讼、未决仲裁的情况下，如果披露全部或部分信息预期对企业会造成重大不利影响，企业无须披露这些信息，但应当披露该未决诉讼、未决仲裁的性质，以及没有披露这些信息的事实和原因。

三、或有资产的披露

或有资产作为一种潜在资产，不符合资产确认的条件，因而不予确认。企业通常不应当披露或有资产，但或有资产很可能会给企业带来经济利益的，应当披露其形成的原因、预计产生的财务影响等。

本章小结

或有事项的会计处理鲜明地体现了谨慎性原则。本章介绍了或有事项、或有负债和或有资产的概念，介绍了或有负债、或有资产在财务报表中的披露原则，并详细介绍了预计负债的确认条件、计量方法，阐述了常见的预计负债的账务处理以及在财务报告中的列报与披露。

一、复习思考题

1. 什么是或有事项？什么是或有资产？什么是或有负债？
2. 或有资产如何在财务报告中列报和披露？
3. 或有负债如何在财务报告中列报和披露？
4. 确认预计负债，必须同时满足哪三个条件？

5. 如何对未决诉讼和仲裁进行会计处理？如果后续经法院宣判或者仲裁机构裁定，交易或事项的结果明确了，又该如何进行处理？

6. 如何对产品质量保证进行会计处理？后续实际发生产品质量保证支出时，又该如何处理？

7. 如何对债务担保进行会计处理？如果后续实际发生债务担保又该如何进行处理

8. 如何对亏损和认同进行会计处理？后续合同执行完毕后又该如何处理？

9. 预计负债如何在财务报告中列报和披露？

二、练习题

(一)单项选择题

1. 甲公司为2017年新成立的企业。2017年该公司分别销售A、B产品1万件和2万件，销售单价分别为100元和50元。公司向购买者承诺 提供产品售后2年内免费保修服务，预计保修期内将发生的保修费在销售额的2%—8%之间。2017年实际发生保修费1万元。假定无其他或有事项，则甲公司 2017年年末资产负债表“预计负债”项目的金额为(　　)万元。

A .3　　　　B. 9

C. 10　　　　D. 15

2. 关于或有事项，下列说法中正确的是(　　)。

A. 待执行合同变成亏损合同的，该亏损合同产生的义务满足或有事项确认预计负债规定的，应当确认为预计负债

B. 待执行合同变成亏损合同的，应当确认为预计负债

C. 企业应当就未来经营亏损确认预计负债

D. 企业在一定条件下应当将未来经营亏损确认预计负债

(二)多项选择题

1. 下列事项中，属于或有事项的有(　　)。

A. 对债务单位提起诉讼

B. 对售出商品提供售后担保

C. 代为偿付担保债务

D. 为子公司的贷款提供担保

2. 甲股份有限公司在编制本年度财务会计报告时，对有关的或有事项进行了检查，包括：(1)正在诉讼过程中的经济案件估计很可能胜诉并可获得2 000 000元的赔偿；(2)由于甲公司生产过程中产生的废料污染了河水，有关环保部门正在进行调查，估计很可能支付赔偿金额1 000 000元；(3) 甲公司为A公司提供银行借款担保，担保金额5 000 000元，甲公司了解到A公司近期的财务状况不佳，可能无法支付将于次年5月20日到期的银行借款3 000 000元。甲公司在本年度财务会计报告中，对上述或有事项的处理正确的有(　　)。

A. 甲公司将诉讼过程中很可能获得的2 000 000元赔偿款确认为资产，并在会计报表附注中作了披露。

B. 甲公司未将诉讼过程中很可能获得的2 000 000元赔偿款确认为资产，但在会计报

表附注中作了披露。

C. 甲公司将因污染环境而很可能发生的 1 000 000 元赔偿款确认为负债，并在会计报表附注中作了披露。

D. 甲公司将为 A 公司提供的、A 公司可能无法支付的 3 000 000 元担保确认为预计负债，并在会计报表附注中作了披露

E. 甲公司将为 A 公司提供的、A 公司可能无法支付的 3 000 000 元担保未确认为预计负债，但在会计报表附注中作了披露。

（三）账务处理题

1. 甲公司 2017 年 12 月 31 日因或有事项而确认了一笔金额为 1 000 000 元的负债；同时，公司因该或有事项，基本确定可从甲股份有限公司获得 400 000 元的赔偿。

要求：编制 2017 年 12 月 31 日的有关会计分录，并用会计等式加以描述。

2. 甲公司 2017 年 9 月与乙公司签订合同，在 2018 年 4 月销售 10 件商品，单位成本估计为 1 100 元，合同价格 2 340 元（含税，税率 17%）；如 2018 年 4 月未交货，商品价格降为 1 170 元（含税，税率 17%）。2017 年 12 月底，甲公司因生产线损坏，10 件商品尚未投入生产，估计推迟到 2018 年 5 月才能交货。最终，这 10 件商品实际交货时间为 2018 年 5 月底。根据合同，成交价格为 1 170 元（含税，税率 17%）。

要求：编制 2017 年底的有关分录和 2018 年 5 月份的销售分录，并用会计等式加以描述。

3. 甲公司 2016 年 1 月采用经营租赁方式租入生产线，租期 3 年，产品获利。每年租金 50 万元，每年年初支付。2017 年 12 月，市政规划要求公司迁址，决定停产该产品。原经营租赁合同不可撤销，还要持续 1 年，生产线无法转租。2018 年 1 月份，按照租赁合同要求，支付当年租金 50 万元。

要求：编制 2017 年底的有关分录和 2018 年支付租金的分录，并用会计等式加以描述。

（四）财务报表题

“你的公司”当期有或有事项吗？如果有，是哪些事项？

第三章

非货币性资产交换

【学习目标】

通过学习本章，你应该：

1. 掌握货币性资产和非货币性资产的定义；
2. 了解非货币性资产交换的确定标准；
3. 掌握公允价值基础的非货币性资产交换的会计处理；
4. 掌握账面价值基础的非货币性资产交换的会计处理。

小明是一家生产蔬菜种植箱的公司的会计。公司为了促销，计划在销售种植箱时，附送客户各种蔬菜种子。小明的大学同学小白是一家销售蔬菜种子的公司的会计。这家公司为了宣传种子的品质，要购置一批蔬菜种植箱来展示种子的发芽和长势情况。两家公司协商，十件蔬菜种植箱交换一千包种子。时下正值春天，是两家公司的销售旺季，所以很快成交。

小明和小白在对这笔交易进行处理时都心存疑惑，卖给对方公司的产品盈利了吗？从对方得到的产品，入账价值又该是多少呢？如果他们学习了《企业会计准则第7号——非货币性资产交换》就明白该怎么处理了。

第一节　货币性资产交换与非货币性资产交换

一、货币是经济生活中交易的媒介和计量的工具

早在原始社会，随着生产力的发展，人们逐渐有了剩余产品之后，就想用这些剩余产品换回自己需要的其他物品。比如有人想用家里吃不完的谷物换回一头猪，而饲养猪的人正好想用一头猪换回需要的谷物，于是二人通过谷物和猪的交换，彼此满足需求。但常常遇到的麻烦是，猪的主人不需要谷物而需要鸡，鸡的主人不需要猪而需要猎枪，等等，交换不能彼此满足需求。

渐渐地人们发现，如果先换回大家普遍接受的某种物品，然后再用它去交换自己需要的

其他物品，那么交换就变得容易了。比如，居住在海边的人们发现一种漂亮的贝壳受到大家普遍欢迎，就先用自己多余的物品换回贝壳，再用贝壳换回自己需要的其它物品。据史料记载，在那个年代，在交换中被大家广为接受的物品有盐、稀有的贝壳、漂亮的羽毛、布匹等等。这些物品在交换过程中不仅充当交换媒介，给人们提供了极大便利，同时也间接地反映了与之相交换的其它物品的价值。马克思在《资本论》中将这样的交换媒介称作“一般等价物”。

历史上，不同地区曾经有很多不同的物品交替地、暂时地充当过一般等价物。在古希腊的史料记载中，牛、羊、谷物等都曾充当过一般等价物。希腊古代诗人荷马的诗篇曾提到这样的交换关系：1 个女奴隶换 4 头公牛，一个铜制的三角架换 12 头公牛。很长时间以后，人们渐渐发现作为金属的金和银最适合作一般等价物。金银不仅稀有、贵重，耐磨损、耐腐蚀，而且可以根据交换的需要分割为大小不同的金属块。于是在人类物质文明发展历史中发挥着重要作用的物品——货币产生了。马克思曾经说：“金银天生不是货币，而货币天生是金银。”

有了货币，人们把用物品换回货币的过程称为“卖”，把用货币换回自己需要的其它物品的过程称为“买”。有了货币，任何复杂的交换都可以通过“卖”与“买”两个过程来完成。人们相互之间的物品交换因货币的参与而便捷，于是人们就有动力专注地生产、创造更多自己拿手的物品。比如农民专注于种地，铁匠专注于打铁，纺纱者专注于纺纱织布，然后把多余的产品卖掉，买回自己需要的其他物品。货币的出现促进了社会分工，提高了劳动效率，物质也因此变得丰富起来。

二、货币性资产交换是经济生活的常态

货币性资产交换指的是物品与货币之间的交换，一方“卖”，另一方“买”。这种交换是现代经济生活的常态，交易的对象几乎涵盖人们社会生活的所有方面。交换不仅包括货物等有形物品，还包括服务、权利等无形的资源。用于交换的场所从家门口出售日常生活用品的7—11 连锁店，到上海、深圳两地专门出售股票、债券以及各种衍生金融工具的证券交易所，再到为了应对气候变化逐渐兴起的碳排放权交易市场，等等。

在美国著名经济学家约翰·麦克米兰著的《市场演进的故事》中，有这样一段文字描述了世界著名花都——荷兰奥斯米尔镇的鲜花市场：“来自哥伦比亚、津巴布韦、肯尼亚等国家的鲜花占据了 125 个足球场大的区域。一个上午就会有 700 万枝玫瑰、300 万只郁金香、200 万只菊花以及 800 万只其他鲜花出售给来自世界各地的 2 000 位买家，总成交金额达到 500 万美元。”而这个鲜花市场的价格是通过众多买家竞拍确定的。书里这样描写到：“人们采用了一种名为‘荷兰钟’的竞价拍卖法，它可以在短短的几个小时之内完成数千次拍卖。每个拍卖厅的正面都悬挂一只巨大的钟，它通过电缆和竞价者相连。当每一批待售的鲜花被送进大厅的时候，钟面上的指针就逐渐从高价位向低价位旋转，直到有一位买家按动电钮，让指针停下来。”

近十年来，中国大陆随着淘宝、京东等一大批网络商城的迅猛发展，网购成为人们日常消费的常态。据悉，在 2017 年“双 11”全球狂欢节当天，天猫总交易额达到 1 682 亿元人民币，共有 8.12 亿笔订单，覆盖 220 多个国家和地区。而当天京东的下单金额也高达 1 271 亿元。当天在天猫或京东购物的买家，无论用支付宝、微信、银行卡还是其他什么支付方式付

款，最终都要向卖家支付真金白银——货币。

三、非货币性资产交换的定义

在经济生活中的某些特殊情形下，人们似乎回到了远古那个没有货币的时代——直接用实物相交换。这可能是因为双方正好看中了对方的资产，哪怕没有货币，也不影响交换的正常进行。这些特殊情形下的多数情形是，上市公司和与其有关联方关系的其他公司进行物物交换。所谓“关联方关系”，简单地说，是指与某家公司因为股权或其他管理关系而形成的关系[①]。这层关系的存在，可能会导致双方进行交易时价格不够公允，出现一方向另一方输送利益的现象，从而导致上市公司的财务报告不能公允反映企业的财务状况、经营成果和现金流量。

为了规范企业非货币性交易的会计处理，保证企业对外报送的财务报告公允披露，我国颁布了《企业会计准则第 7 号——非货币性资产交换》（以下简称《非货币性资产交换准则》）。

本章以下所阐述的内容都遵循这一准则。

（一）非货币性资产交换的定义

我国《非货币性资产交换准则》规定，非货币性资产交换，是指交易双方主要以存货、固定资产、无形资产和长期股权投资等非货币性资产进行的交换。该交换不涉及或只涉及少量的货币性资产。

这一定义，需要予以三点说明。

第一，关于“货币性资产”。

货币性资产，是指企业持有的货币资金和将以固定或可确定的金额收取的资产，包括现金、银行存款、应收账款、应收票据以及债权投资等。

货币资金本身就有确定的金额，而应收账款、应收票据以及债权投资等资产，根据形成这些资产时合同的约定，其未来产生的经济利益也是确定的或者固定的，所以也属于货币性资产。

货币性资产在计量时相对简单，交易双方对其价值的认可容易达成共识。如果货币性资产与其他资产相交换，由于货币性资产的价值容易确定，在交易双方认可的交换前提下，与其相交换的其他资产的价值也就被确定下来了。也就是说，在交换中，货币性资产所产生的计量效果，等同于货币。

在非货币性资产交换中出现的货币性资产，称作“补价”。如果交易双方认为相交换的资产的价值不相等，那么通过价值较低的一方支付补价来保证双方的等价交换。

第二，关于“非货币性资产”。

非货币性资产，是指货币性资产以外的资产，包括存货、预付账款、固定资产、无形资产、投资性房地产、工程物资、在建工程、交易性金融资产、其他权益工具投资以及长期股权投资

---

① 《企业会计准则第 36 号——关联方披露》第三条规定：一方控制、共同控制另一方或对另一方施加重大影响，以及两方或两方以上同受一方控制、共同控制或重大影响的，构成关联方。该准则第四条列出了构成关联方关系的十种情形。

等。这些资产带来经济利益的方式表现各异。比如存货，带来经济利益的方式是出售给客户，产生从客户那里收回货款的权利；又比如固定资产，通过提供有形的、物质的基础，间接带来经济利益，像房屋用来遮风避雨，机器设备用来加工产品，等等；再比如长期股权投资，它通过持有被投资企业的股权，对被投资企业实施控制、共同控制或者重大影响，使被投资企业与投资企业的发展长期保持战略协同。

非货币性资产未来带来的经济利益的金额不固定或不确定。比如，存货带来的经济利益与所在的市场密切相关，受到市场价格波动的显著影响；又比如，固定资产所带来的经济利益，受到产能和产品市场价格双重因素的影响；再比如，长期股权投资受到被投资企业获利能力的影响，而被投资企业作为一个经营体，其获利能力不仅受到企业内部经营管理水平而且受到外界法律、经济、自然环境等多种因素的影响。

预付账款是企业在购进资产时，按照合同约定预先支付的款项。由于货币是其唯一的计量工具，人们往往误将其作为货币性资产。其实预付账款是非货币性资产，因为将来它会转化为存货、固定资产等非货币性资产，未来带来的经济利益的金额不确定。

由于非货币性资产未来带来的经济利益的金额不确定，如果脱离开历史成本，其计量就变得比较困难。

第三：如果涉及少量补价，补价占比的标准是多少。

非货币性资产交换一般不涉及补价，或只涉及少量补价。《企业会计准则应用指南》中规定，如果补价占整个资产交换金额的比例不高于25%，那么就属于非货币性资产交换。换言之，如果补价超过25%，就认为在交换中有足够多的货币性资产参与，这样的交换就属于货币性资产交换了。

（二）非货币性资产交换会计处理的难题

非货币性资产交换遇到了通常货币性资产交换所没有的两个困难，一是如何看待交换的目的，二是如何计量交易的金额。

货币性资产交换中，一方为了换回货币，另一方为了获得具有特定使用价值的物品。参与交换的货币和商品的效用显著不同。双方通过交换，满足各自所需。那么非货币性资产交换的目的是什么？在现代经济生活中，货币已经如此广泛深入地参与到交易中，交易双方为什么不以货币为媒介，而是直接进行物与物的交换？答案可能有两个，一是交易双方彼此青睐对方的商品，而且双方持有商品的价值几乎相等，如有差异，用少量补价补足即可；二是交易受一方或者第三方操控，目的是利益输送或报表操纵。

货币性资产交换以交换中的货币额来计量，那么非货币性资产交换又该如何计量呢？我国《非货币性资产交换准则》对此做了具体规定，本章后续将深入阐述。

第二节　非货币性资产交换的确认和计量

非货币性资产交换会计处理的核心是确定计量方式，即如何计量交换的金额。而计量方式的选择又受到双方交换动机的影响，从而影响到对交易性质的认定。所以，非货币性资产的计量和确认其实是一个问题的两个方面。

一、非货币性资产交换的两种计量基础

按照《非货币性交换准则》的规定，非货币性资产交换采用两种不同的计量基础：一种是公允价值基础，另一种是账面价值基础。

(一)公允价值基础——非货币性资产交换的"两笔交易观"

以公允价值为基础，是指以换出资产的公允价值为基础来计量非货币性资产交换。采用这种方式，好似与换出资产公允价值等额的货币参与了交易，从而一次同时完成了"卖出"与"买入"两笔交易。以下分别就交换有无涉及补价两种情况来阐述。

1. 交换时不产生补价

补价是交换双方非货币性资产公允价值不相等的产物。如果交易双方的公允价值相等，就不产生补价。

第一个环节：卖出。

在卖出环节，视同把自己的资产按照其公允价值卖出，换回与自己资产公允价值相等的货币，在这一过程中产生了资产处置损益。

换出资产的处置损益＝换出资产的公允价值－换出资产的账面价值

第二个环节：买入。

在买入环节，视同以与换出资产公允价值等额的货币买下了换入资产。按照历史成本原则，换入资产的入账价值等于付出的货币的价值，就等于换出资产的公允价值，于是就等于换入资产的公允价值。

换入资产的入账价值＝换出资产的公允价值＝换入资产的公允价值

【例 3－1】 甲公司拥有一台作为固定资产的设备，原值 20 万元，已经计提折旧 10 万元，没有计提资产减值准备。乙公司拥有一台重型载货车，原价 18 万元，已经计提折旧 6 万元，没有计提资产减值准备。甲乙双方愿意直接进行物与物的交换。甲公司设备的公允价值为 8 万元，乙公司重型载货车的公允价值也为 8 万元。

在公允价值基础下，甲公司的会计人员视同将自己账面价值为 10 万元的设备以其公允价值 8 万元卖出，产生了 8 万元的现金流入和 2 万元的资产处置损失，同时又付出 8 万元现金，将对方的重型载货车买下。重型载货车的入账价值是 8 万元，这既是甲公司换出设备的公允价值，同时也是重型载货车本身的公允价值。

在公允价值基础下，乙公司的会计人员视同将自己账面价值为 12 万元的重型载货车以其公允价值 8 万元卖出，产生了 8 万元的现金流入和 4 万元的资产处置损失，同时又付出 8 万元现金，将对方的设备买下。设备的入账价值是 8 万元，这既是乙公司换出的重型载货车的公允价值，同时也是设备本身的公允价值。

如果以公允价值为基础，就好像有货币参与一样。在上述例子中，8 万元货币不仅是交换的媒介，而且是计量的工具。只是由于"卖"与"买"同时在双方之间进行，8 万元货币并不真正参与交易。

2. 交换时产生补价

当双方资产的公允价值不相等时，产生补价，金额为双方资产公允价值的差额。

第一个环节：卖出。

在卖出环节，无论是补价的收取方还是支付方，均视同将自己的资产按照公允价值卖出，换回与自己资产公允价值相等的货币，在这一过程中产生了换出资产的处置损益。

换出资产的处置损益＝换出资产的公允价值 － 换出资产的账面价值

第二个环节：买入。

在买入环节，要分别补价的收取方和支付方来分析。

对于补价的收取方，收到的补价，其金额等于换出资产的公允价值减去换入资产的公允价值。所以根据历史成本原则，换入资产的入账价值等于为了取得换入资产而付出的对价的公允价值，即等于换出资产的公允价值减去收取的补价，即等于换入资产的公允价值。

补价收取方换入资产的入账价值＝换出资产的公允价值 － 收取的补价
＝换入资产的公允价值

而对于补价的支付方，根据历史成本原则，换入资产的入账价值就等于付出的货币金额，就等于换出资产的公允价值加上支付的补价，就等于换入资产的公允价值。

补价支付方换入资产的入账价值＝换出资产的公允价值 ＋ 支付的补价
＝换入资产的公允价值

【例 3－2】 甲公司拥有一台作为固定资产的设备，原值 20 万元，已经计提折旧 10 万元，没有计提资产减值准备。乙公司拥有一台重型载货车，原价 18 万元，已经计提折旧 6 万元，没有计提资产减值准备。甲乙双方愿意直接进行物与物的交换。甲公司设备的公允价值为 8 万元，乙公司重型载货车的公允价值为 7 万元。乙公司支付补价 1 万元给甲公司。

例 3－2 中，双方资产的公允价值不相等，乙公司的重型载货车的公允价值只有 7 万元，低于甲公司设备的公允价值，那么在交易时，乙方自然会支付 1 万元补价给甲方。

甲公司会计人员采用公允价值基础进行会计处理时，视同自己的设备以公允价值 8 万元卖给了乙方，换回 8 万元现金，又支付 7 万元现金给乙方，买下重型载货车。处置设备产生了 2 万元损失，重型载货车的入账价值是其公允价值 7 万元，最终从乙方那里得到现金净额 1 万元。

乙公司会计人员采用公允价值基础进行会计处理时，视同自己的重型载货车以公允价值 7 万元卖给了甲方，换回 7 万元现金，又支付 8 万元现金给甲方，买下设备。处置重型载货车产生了 5 万元损失，设备的入账价值就是其公允价值 8 万元，最终向甲方净支出现金 1 万元。

通过以上分析我们看出，非货币性资产交换中，如果采用公允价值基础，无论是否存在补价，无论是补价的收取方还是支付方，会计处理都具备以下两个特点：

第一，换出资产会产生资产处置损益，金额为换出资产的公允价值与其账面价值的差额；

第二，换入资产的入账价值为换入资产的公允价值。

（二）账面价值基础——换入资产是对换出资产的简单替代

以账面价值为基础，是指以换出资产的账面价值作为交换的计量基础。采用这种方式，其基本理念是没有发生真正意义上的交换，于是不能分解为“卖出”和“买入”两个环节，只能认为换入资产简单替代了换出资产。

账面价值基础具备以下两个特点：

第一，不产生资产的处置损益；

第二，换入资产的入账价值以换出资产的账面价值为基础，但要视是否存在补价、补价的收取方还是支付方而有所不同。

1. 交换时不产生补价

如果不存在补价，那么换入资产的入账价值就是换出资产的账面价值。

如例3—1，如果采用账面价值基础，那么甲公司换出设备不产生资产处置损益，换入的重型载货车的入账价值就是换出的设备的账面价值10万元。乙公司换出重型载货车，不产生资产处置损益，换入设备的入账价值就是换出的重型载货车的账面价值12万元。

2. 交换时产生补价

补价的收取方换入资产的入账价值等于换出资产的账面价值减去收到的补价；而补价的支付方，换入资产的入账价值等于换出资产的账面价值加上支付的补价。

如例3—2，如果采用账面价值基础，那么甲公司换出设备不产生资产处置损益，换入的重型载货车的入账价值是9万元，即换出设备的账面价值10万元与收到的1万元补价的差额。乙公司换出重型载货车，不产生资产处置损益，换入的设备的入账价值就是换出的重型载货车的账面价值12万元加上支付的补价1万元，合计13万元。

二、选择计量基础的依据

《非货币性交换准则》规定，如果同时满足两个条件，采用公允价值基础，否则采用账面价值基础。这两个条件是：第一，该项交换具有商业实质；第二，换入资产或换出资产的公允价值能够可靠地计量。

(一)该项交换具有商业实质

所谓"交换具有商业实质"，是指交换的目的是为了得到另一方所持有的资产或者货币，而不是其它。

我国《非货币性资产交换准则》在判定交换是否具有商业实质时，是通过判定交换双方所持有的资产是否显著不同来进行的。准则规定，当满足以下两个条件中的一个条件时，就认为交换具有商业实质。这两个条件是：第一，换入资产的未来现金流量在风险、时间和金额方面与换出资产显著不同；第二，换入资产与换出资产的预计未来现金流量现值不同，且其差额与换入资产和换出资产的公允价值相比是重大的。

资产的本质是未来的现金流入。如果未来现金流入不同，那么表明资产是不同的。衡量未来现金流入的维度有风险、时间和金额。所以准则给出的判定交换具有商业实质的第一个标准，是从风险、时间和金额三个维度上去衡量换入资产和换出资产是否显著不同。

而未来现金流的三个维度又可以通过一个变量来集中体现：现值。现值的计算公式告诉我们，现值取决于终值FV(衡量未来现金流入的金额)、计息期t(衡量未来现金流入的时间)和利率i(衡量未来现金流入的风险)。如果两种资产的现值显著不同，那么说明这两种资产有明显区别。所以准则给出的判定交换具有商业实质的第二个标准是，换入资产和换出资产的现值具有显著差异。

如果非货币性资产交换是在交换的一方或者第三方控制下进行，那么即使双方所持有的资产从以上两条判定标准看显著不同，也不能认为交换具有商业实质。所以准则又规定，“在确定非货币性资产交换是否具有商业实质时，企业应当关注交易各方之间是否存在关联方关系。关联方关系的存在可能导致发生的非货币性资产交换不具有商业实质。”交换双方是否存在关联方关系，是判断交换是否具有商业实质的一个重要参考因素。

(二)换入资产或者换出资产的公允价值能够可靠地计量。

首先，换入资产或者换出资产，只要其中之一能够可靠计量，那么就能作为该项交易的等价物，计量另一项资产的价值。

其次，要首先考虑换入资产的公允价值是否能够可靠计量。如果这一条件不满足，再考虑换出资产的公允价值是否能够可靠计量。这是因为，在交换中，除了货币以外，一项资产的价值都是通过另一项资产的价值来体现的。

最后，无论换入资产还是换出资产，公允价值可以依次通过以下方式来确定。

1)资产有活跃市场的，其在活跃市场的报价就是其公允价值；

2)资产没有活跃市场的，那么根据类似资产在活跃市场的报价或者同类资产在非活跃市场的报价经过调整后得到公允价值。

3)如果以上条件不满足，那么应该以当前情况下能够合理取得的最佳信息以及合理假定为基础，通过特定估值技术来确定公允价值。

第三节 非货币性资产交换的账务处理

本节区分非货币性资产交换的公允价值基础和账面价值基础分别讲述。

一、公允价值基础

非货币性资产交换具有商业实质且公允价值能够可靠计量的，应当以换出资产的公允价值为基础，来计量交易的规模。如第二节所述，以换出资产的公允价值为基础，视同有与换出资产公允价值等量的货币参与了交易。无论是否有补价，无论补价的收取方还是补价的支付方，会计处理方法都是相同的：一方面视同将换出资产“卖出”，资产处置损益是换出资产公允价值和账面价值的差额；另一方面视同将换入资产“买入”，以换入资产的公允价值计量。

以下有两个问题特别需要解释。

1. 相关税负的处理

在现实经济生活中，遵照税法要求，在交易过程中，非货币性资产交换视同货币性交易来纳税。比如换出存货、固定资产、投资性房地产、无形资产等，要缴纳增值税；换出长期股权投资、交易性金融资产、债权投资等，要缴纳印花税。

换出资产过程中产生的应纳税额，除了增值税一般纳税人产生的应纳增值税属于销项税额，不影响资产处置损益以外，其余任何情况下缴纳的税，都减少资产的处置收益或者增加资产的处置损失。比如某一般纳税人换出存货成本为 45 万元，税率为 16%，不含税公允价值即计税价格为 50 万元，那么含税金额为 58 万元。视同该一般纳税人按照 58 万元出售存货，形成增值税销项税额 8 万元，其余 50 万元为收入，扣除存货成本 45 万元后，资产处置收益为 5 万元。如果该一般纳税人换出长期股权投资，公允价值为 100 万元，印花税率为 0.1%，账面价值为 80 万元，那么资产的处置收益就是含税收入 100 万元与账面价值 80 万元以及印花税额 1 000 元的差额 19.9 万元。

换入资产过程中产生的应纳税额，除了作为增值税一般纳税人的企业的增值税属于进项税额以外，其他税费，比如印花税、契税等，都计入换入资产的成本。比如某一般纳税人换入存货，存货的含税公允价值为 58 万元，税率为 16%，不含税公允价值为 50 万元。那么 8 万元增值税额计入进项税额，不含税公允价值计入换入存货的成本。如果该一般纳税人换入长期股权投资，公允价值为 100 万元，印花税率为 0.1%，那么长期股权投资的入账价值为 100.1 万元，即包含了 0.1 万元的印花税额。

2. 交易费用的处理

进行非货币性交换也会产生运杂费等支付给第三方的交易费用。这些交易费用，如果因换出资产而产生，那么影响换出资产的处置损益；如果因换入资产而产生，那么根据历史成本原则，交易费用作为取得换入资产所发生的合理的必要的支出，增加换入资产的入账价值。

（一）交换中不产生补价的情形

【例 3—3】 甲、乙公司均为增值税一般纳税人，应税产品的税率为 16%。甲公司以生产经营过程中使用的一台设备（甲公司的固定资产）交换乙公司生产的一批打印机（乙公司的存货），甲公司换入打印机作为固定资产，支付给运输公司的运杂费为 1 万元（假设不考虑增值税）。乙公司换入设备作为生产打印机的固定资产，支付给运输公司的运杂费为 1.1 万元（假设不考虑增值税）。甲公司设备的账面原价为 200 万元，在交换日的累计折旧为 95 万元，不含增值税的公允价值为 100 万元、含税价值为 116 万元。乙公司的打印机的账面价值为 110 万元，在交换日不含增值税的市场价格为 100 万元、含税公允价值为 116 万元。双方交换不支付补价。

甲公司用来交换的设备和乙公司用来交换的打印机，就各自而言，带来的经济利益是不同的，且公允价值都能够可靠计量，符合采用公允价值的两个条件。

甲乙公司均为增值税一般纳税人，双方交换的资产均为增值税应税商品，税率均为 16%。双方均应把不含增值税的公允价值 100 万元加上 16%的增值税，还原成含税的公允价值 116 万元。116 万元才是双方真正的交易额。正因为双方含税的公允价值是相同的，所以才不支付补价。如果还原成的含税公允价值金额不相等，比如此例中一方税率为 13%，另一方为 16%，那么即使不含税公允价值金额是相当的，也要由资产含税金额较小的一方（其资产的含税公允价值是 113 万元）支付补价 3 万元给资产含税金额较大的一方（其资产含税公允价值是 116 万元）。

例 3—3 中，甲乙公司均视同将自己的资产以 116 万元出售，从对方换回了 116 万元现金，又支付 116 万元现金给对方，换入对方的资产。只是因为现金进行了金额相等方向相反的两次流动，所以在交易中没有体现出来。

（1）甲公司的账务处理

该笔交易用会计等式教学模板描述的结果见表 3—1。

表 3—1

单位:万元

资产负债表要素	资产						=	负债		+	所有者权益
资产负债表项目	货币资金	固定资产				固定资产清理	=	应交税费		+	未分配利润
资产负债表科目	银行存款	固定资产		累计折旧		固定资产清理	=	应交增值税		+	利润分配
资产负债表二级科目		设备	打印机	设备	打印机		=	进项税额	销项税额	+	未分配利润
之前重要项目的余额	＊＊＊	200	＊＊＊	−95	＊＊＊		=	＊＊＊	＊＊＊	+	＊＊＊
换出设备		−200		+95		+105	=			+	
	+116①					−100	=		+16	+	
						−5	=			+	−5(资产处置收益)
换入打印机	−116①		+100				=	−16		+	
	−1		+1				=			+	

① 实际并未发生银行存款收付。

从表 3—1 看出,甲公司处置了账面价值为 105 万元的设备(原值 200 万元,累计折旧 95 万元),其含税金额为 116 万元、不含税金额为 100 万元,产生了资产处置损失 5 万元。本该从乙公司那里得到 116 万元现金,因为从乙公司那里得到了含税金额为 116 万元、不含税金额为 100 万元的打印机,所以没有真正的 116 万元现金流出。打印机的入账价值为其不含税公允价值 100 万元。打印机的运输费 1 万元计入打印机的成本。

在进行会计处理时,初学者可以先使用“银行存款”科目来记录交易,以加深对公允价值基础的理解。然后把换出资产涉及“银行存款”借方的会计分录和换入资产涉及“银行存款”贷方的会计分录合并在一起,将这个科目的借贷方金额抵消掉。

甲公司处置的设备属于固定资产,要先通过“固定资产清理”科目记录清理收益和清理成本,然后再转入“资产处置收益”科目。

①借:固定资产清理　　1 050 000
　　累计折旧　　950 000
　贷:固定资产　　2 000 000

②借:银行存款　　1 160 000
　贷:应交税费——应交增值税(销项税额)　　160 000
　　固定资产清理　　1 000 000

编制分录②,视同从交换的另一方那里得到了现金。

③借:资产处置收益　　50 000
　贷:固定资产清理　　50 000

④借:固定资产　　1 000 000

应交税费——应交增值税（进项税额）　　　　160 000

贷：银行存款　　　　　　　　　　　　　　　1 160 00

编制分录④，视同支付现金给交换的另一方乙公司。

⑤借：固定资产　　　10 000

贷：银行存款　　　　10 000

第⑤笔分录中的现金是甲公司支付给运输商的运杂费，和乙公司无关。

事实上，甲公司与乙公司并没有现金往来，所以应该把第②和第④笔分录合并成分录⑥。

⑥借：固定资产　　　　　　　　　　　　1 000 000

应交税费——应交增值税（进项税额）　　160 000

贷：应交税费——应交增值税（销项税额）　　160 000

固定资产清理　　　　　　　　　　　　1 000 000

读者熟练以后，可以不编制分录②、④，直接编制分录⑥。

（2）乙公司的账务处理

该笔交易用会计等式教学模板描述的结果见表 3－2。

表 3－2

单位：万元

资产负债表要素	资产				=	负债		+	所有者权益
资产负债表项目	货币资金	存货	固定资产		=	应交税费		+	未分配利润
资产负债表科目	银行存款	库存商品	固定资产	累计折旧	=	应交增值税		+	利润分配
资产负债表二级科目		打印机	设备		=	进项税额	销项税额	+	未分配利润
之前重要项目的余额	***	110	***	***	=	***	***	+	***
换出打印机		－110			=			+	－110（主营业务成本）
	+116①				=		+16	+	+100（主营业务收入）
换入设备	－116①		+100		=	－16		+	
	－1.1		+1.1		=			+	

①实际并未发生银行存款收付。

从表 3－2 看出，乙公司处置了账面价值为 110 万元作为存货的打印机，其含税金额为 116 万元、不含税金额为 100 万元，产生了资产处置损失 10 万元。本该从甲公司得到 116 万元现金，因为从甲公司得到了含税金额为 116 万元、不含税金额为 100 万元的固定资产，所以没有真正的现金收付。固定资产的入账价值为其不含税公允价值。支付的 1.1 万元固定资产运输费计入固定资产的成本。

乙公司处置打印机是在处置存货，要通过"主营业务收入"、"主营业务成本"等科目来记录。

①借：主营业务成本　　1 100 000

　贷：库存商品　　1 100 000

②借：银行存款　　1 160 000

　贷：应交税费——应交增值税（销项税额）　　160 000

　　主营业务收入　　1 000 000

分录②先假定从对方那里得到了现金，所以借记"银行存款"。

③借：固定资产　　1 000 000

　　应交税费——应交增值税（进项税额）　　160 000

　贷：银行存款　　1 160 00

分录③假定给对方支付了现金，所以贷记"银行存款"科目。

④借：固定资产　　11 000

　贷：银行存款　　11 000

因为与对方并没有真正的现金收付，所以应该把②、③笔分录合并编制分录⑤。熟练以后，可以不编制分录②、③，直接编制分录⑤。

⑤借：固定资产　　1 000 000

　　应交税费——应交增值税（进项税额）　　160 000

　贷：应交税费——应交增值税（销项税额）　　160 000

　　主营业务收入　　1 000 000

【例 3—4】 甲、乙公司均为增值税一般纳税人，应税产品的税率为 16%。甲公司以生产的一批机床（增值税率 16%）交换乙公司对丙公司的股权。乙公司取得机床作为固定资产。当初乙公司取得丙公司的股权作为交易性金融资产，甲公司取得丙公司的股权作为长期股权投资。甲公司机床的账面价值为 920 万元，不含税公允价值为 1 000 万元，含税公允价值为 1 160 万元。乙公司持有的丙公司股权的账面价值为 960 万元。交换日，该股权的市场价值也为 1 160 万元。双方交换资产不产生补价。甲、乙公司为了进行股权交换，均支付印花税 1.16 万元。乙公司为取得甲公司的机床另支付运杂费（不考虑增值税）1 万元。

例 3—4 中，甲乙公司用来交换的机床和股权给双方带来的经济利益是不同的，且两种资产的公允价值能够可靠计量，同时满足了采用公允价值基础的两个条件。

(1)甲公司的账务处理

该笔交易用会计等式模板描述的结果见表 3—3。

表 3—3

单位:万元

资产负债表要素	资　产			=	负　债	+	所有者权益
资产负债表项目	货币资金	长期股权投资	存货	=	应交税费	+	未分配利润
资产负债表科目	银行存款	长期股权投资	库存商品	=	应交增值税	+	利润分配
资产负债表二级科目		丙公司	机床	=	销项税额	+	未分配利润
之前重要项目的余额	***	***	920	=	***	+	***
换出机床			−920	=		+	−920(主营业务成本)
	+1 160①			=	+160	+	+1 000(主营业务收入)
换入股权	−1 160①	+1 160		=		+	
	−1.16	+1.16		=		+	

①实际并未发生银行存款的收付。

从表 3—3 看出,,甲公司处置了账面价值为 920 万元的存货,其含税金额为 1 160 万元、不含税金额为 1 000 万元,产生了资产处置收益 80 万元。本该从乙公司得到现金 1 160 万元,因为从乙公司换回了含税金额为 1 160 万元的长期股权投资,所以两家公司之间没有现金支付。长期股权投资以其含税金额 1 160 万元入账,为了取得长期股权投资支付的 1.16 万元印花税计入其成本。

编制会计分录如下:

①借:主营业务成本　　　　9 200 000

　　贷:库存商品　　　　　　9 200 000

②借:长期股权投资　　　　　　　　　　11 600 000

　　贷:应交税费——应交增值税(销项税额)　　1 600 000

　　　　主营业务收入　　　　　　　　　　10 000 000

分录②同时记录了处置换出资产——存货和购进换入资产——长期股权投资。还不够熟练的读者可以先分别编制处置和购入的分录,然后再合并在一起。

③借:交易性金融资产　　　　11 600

　　贷:银行存款　　　　　　　11 600

分录③记录的这笔银行存款用以支付印花税,与乙公司无关。

(2)乙公司的账务处理

乙公司视同将持有的账面价值为 960 万元的丙公司股权,以公允价值 1 160 万元出售,因缴纳了 1.16 万元印花税,最终产生了 198.84(1160－960－1.16)万元的资产处置收益。乙公司从甲公司得到了含税金额为 1 160 万元的固定资产,固定资产的入账价值为其不含税公允价值 1 000 万元,另外支付的 1 万元运杂费计入固定资产的成本。

该笔交易的结果,用会计等式模板描述见表 3－4。

表 3—4

单位:万元

资产负债表要素	资	产		=	负 债	+	所有者权益
资产负债表项目	货币资金	交易性金融资产	固定资产	=	应交税费	+	未分配利润
资产负债表科目	银行存款	交易性金融资产	固定资产	=	应交增值税	+	利润分配
资产负债表二级科目		丙公司股权	机床	=	进项税额	+	未分配利润
之前重要项目的余额	* * *	960	* * *	=	* * *	+	* * *
换出股权	−1.16 +1 160①	−960		=		+	+198.84(投资收益)
换入机床	−1 160①		+1 000	=	−160	+	
	−1		+1	=		+	

①实际并未发生银行存款收付。

编制会计分录如下。

①借:固定资产 10 000 000

　　应交税费——应交增值税(进项税额) 1 600 000

　贷:交易性金融资产——丙公司股权 9 600 000

　　银行存款 11 600

　　投资收益 1 988 400

分录①同时记录了处置换出资产——交易性金融资产和购进换入资产——固定资产。还不够熟练的读者可以先分别编制处置和购入的分录,然后再合并在一起。

②借:固定资产 10 000

　贷:银行存款 10 000

这笔银行存款用以支付机床的运杂费,是真正的现金流出,与甲公司无关。

在非货币性资产交换中,比较难理解的是交换过程中缴纳的税负的处理,尤其是一般纳税人缴纳的增值税。既然公允价值基础下的处理原则是,换出资产视同处置,换入资产视同购入,那么如果换出资产是增值税应纳资产,换出资产就会形成销项税额,此金额不影响换出资产的处置损益。如果换入资产是增值税应税资产,那么换入资产形成进项税额,不影响换入资产的入账价值。除了增值税一般纳税人对应纳增值税资产的处理外,一般纳税人交换非应税商品,比如交易性金融资产,长期股权投资等,换出过程中缴纳的印花税减少换出资产的处置收益或增加处置损失,换入过程中缴纳的印花税增加换入资产的入账价值。

(二)交换中产生补价的情形

在公允价值基础下,无论是补价的收取方还是支付方,均以换出资产的公允价值为基础确认资产处置损益,均以换入资产的公允价值为基础确定入账价值。

【例 3—5】 甲、乙公司均为增值税一般纳税人。甲公司以生产经营过程中使用的一台设备(作为甲公司的固定资产)交换乙公司生产的一批食用植物油(作为乙公司的存货),甲公司换入植物油作为存货,支付给运输公司的运杂费为 1 万元(不考虑增值税)。乙公司换入设备作为生产植物油的固定资产,支付给运输公司的运杂费为 1.1 万元(不考虑增值税)。甲公司设备的账面原价为 200 万元,在交换日的累计折旧为 95 万元,不含增值税的公允价值为 100 万元，税率为 16%，含税金额为 116 万元。乙公司的食用植物油账面价值为 90 万元，在交换日不含增值税的市场价格为 100 万元，税率为 10%，含税金额为 110 万元。乙公司向甲公司支付补价 6 万元。

例 3—5 中，甲乙公司均把所持有的资产的不含增值税的公允价值，根据适用税率，还原成包含增值税的公允价值，双方以此为基础进行交换，补价是双方含税公允价值的差额。会计准则所规定的非货币性资产交换的判定条件中，计算补价的占比时，也以含税公允价值为基础。甲乙公司所持有的资产，含税公允价值分别为 116 万元和 110 万元，乙公司向甲公司支付补价 6 万元。双方进行了金额为 116 万元的等价交换。

补价占比＝6/116＝5.17%＜25%。

该笔交易属于非货币性资产交换。

甲乙公司用来交换的设备和植物油，对双方而言，未来带来的经济利益是不同的，同时两种资产的公允价值能够可靠计量，所以符合公允价值基础的判定条件。

(1)作为补价收取方的甲公司的账务处理

甲公司该笔非货币性资产交换用会计等式模板描述见表 3—5。

表 3—5

单位：万元

资产负债表要素	资 产					=	负 债		+	所有者权益
资产负债表项目	货币资金	存货	固定资产		固定资产清理	=	应交税费		+	未分配利润
资产负债表科目	银行存款	库存商品	固定资产	累计摊销	固定资产清理	=	应交增值税		+	利润分配
资产负债表二级科目		植物油	设备	设备		=	进项税额	销项税额	+	未分配利润
之前重要项目的余额	***	***	200	−95	***	=	***	***	+	***
换出设备			−200	+95	+105	=			+	
	+116①				−100	=		+16	+	
					−5	=			+	−5(资产处置收益)
换入植物油	−110①	+100				=	−10		+	+
	−1	+1				=			+	

①实际收到银行存款 6 万元。

从表 3—5 看出，甲公司将账面价值为 105 万元的固定资产以含税金额 116 万元、不含税金额 100 万元换给乙公司，产生资产处置损失 5 万元。本应该从乙公司得到现金 116 万元，因为得到乙公司含税金额为 110 万元、不含税金额为 100 万元的存货，最终从乙公司那里得到 6 万元补价。甲公司支付的存货的运输费 1 万元，计入存货的成本，与乙公司无关。

为便于初学者理解，以下编写的分录②和④，视同现金参与交易。

①借：固定资产清理　　　　1 050 000

　　　累计折旧　　　　　　950 000

贷:固定资产 2 000 000

②借:银行存款 1 160 000

贷:应交税费——应交增值税(销项税额) 160 000

固定资产清理 1 000 000

③借:资产处置收益 50 000

贷:固定资产清理 50 000

④借:库存商品 1 000 000

应交税费——应交增值税(进项税额) 100 000

贷:银行存款 1 100 00

⑤借:库存商品 10 000

贷:银行存款 10 000

事实上,甲公司与对方被没有现金往来,所以应该把②、④笔分录合并成⑥。熟练以后,可以不编制分录②、④,直接编制分录⑥。

⑥借:库存商品 1 000 000

应交税费——应交增值税(进项税额) 100 000

银行存款 60 000

贷:应交税费——应交增值税(销项税额) 160 000

固定资产清理 1 000 000

(2)作为补价支付方的乙公司的账务处理

乙公司该笔非货币性资产交换用会计等式教学模板描述的结果见表3—6。

表3—6

单位:万元

资产负债表要素	资产				=	负债		+	所有者权益
资产负债表项目	货币资金	存货	固定资产		=	应交税费		+	未分配利润
资产负债表科目	银行存款	库存商品	固定资产	累计折旧	=	应交增值税		+	利润分配
资产负债表二级科目		植物油	设备		=	进项税额	销项税额	+	
之前重要项目的余额	* * *	90	* * *	* * *	=	* * *	* * *	+	* * *
换出植物油		−90			=			+	−90(主营业务成本)
	+110①				=		+10	+	+100(主营业务收入)
换入设备	−116①		+100		=	−16		+	
	−1.1		+1.1		=			+	

①实际支付银行存款6万元。

从表3－6看出，乙公司处置了账面价值为90万元作为存货的植物油，其含税金额为110万元、不含税金额为100万元，产生了资产处置收益10万元。本应从甲公司那里得到110万元现金，因为从甲公司换回了含税金额为116万元、不含税金额为100万元的设备作为固定资产，所以支付补价6万元给甲公司。换回固定资产的入账价值为其不含税公允价值100万元，支付的固定资产运杂费1.1万元，与甲公司无关，计入固定资产成本。

以下分录②、③视同现金参与交易。

①借：主营业务成本　900 000
　贷：库存商品　900 000

②借：银行存款　1 100 000
　贷：应交税费——应交增值税（销项税额）　100 000
　　主营业务收入　1 000 000

③借：固定资产　1 000 000
　应交税费——应交增值税（进项税额）　160 000
　贷：银行存款　1 160 00

④借：固定资产　11 000
　贷：银行存款　11 000

因为与甲公司并没有真正的现金收付，所以应该把②、③笔分录合并，形成分录⑤。熟练以后，可以不编制分录②、③，直接编制分录⑤。

⑤借：固定资产　1 000 000
　应交税费——应交增值税（进项税额）　160 000
　贷：应交税费——应交增值税（销项税额）　100 000
　　主营业务收入　1 000 000
　　银行存款　60 000

【例3－6】 甲公司与乙公司协商，甲公司以其持有的一项作为无形资产的专利权与乙公司拥有的一台作为固定资产的设备相交换。交换后，甲公司得到的设备作为固定资产，乙公司得到的专利权作为无形资产。两家公司均为增值税一般纳税人，专利权和设备的应税税率分别为6%和16%。

甲公司专利权的原值为280万元，已经累计摊销150万元，没有计提资产减值准备，在交换日的含税公允价值为212万元，不含税金额为200万元。乙公司持有的设备原值400万元，已经计提折旧250万元，没有计提资产减值准备，在交换日的含税公允价值为232万元，不含税金额为200万元。甲公司需要支付补价20万元给乙公司。

例3－6中，甲乙公司持有的资产均应还原成含税的公允价值，金额分别为212万元和232万元。甲公司应支付补价20万元给乙公司。双方的交易金额为232万元。

$$补价占比=20/232=8.62\% < 25\%$$

该笔交易属于非货币性资产交换。

用以交换的专利权和设备，对两家公司而言，带来的经济利益是不同的，因此交换具有商业实质。另外用以交换的资产的公允价值能够可靠计量，符合公允价值基础的条件。

（1）补价的支付方甲公司的账务处理。

甲公司视同将账面价值为130万元的专利权，以含税金额212万元、不含税金额200万元卖出，得到了212万元现金，产生资产处置收益70万；又支付232万元现金，从乙公司得到了含税金额为232万元、不含税金额为200万元的设备。设备的入账价值为不含增值税的公允价值200万元，增值税进项税额为32万元。甲公司净支付给乙公司现金20万元。

该笔交易的结果，用会计等式模板描述见表3—7。

表3—7

单位：万元

资产负债表要素	资产				=	负债		+	所有者权益
资产负债表项目	货币资金	固定资产	无形资产		=	应交税费		+	未分配利润
资产负债表科目	银行存款	固定资产	无形资产	累计摊销	=	应交增值税		+	利润分配
资产负债表二级科目		设备	专利权	专利权	=	进项税额	销项税额	+	未分配利润
之前重要项目的余额	* * *	* * *	280	−150	=	* * *	* * *	+	* * *
换出专利权	+212①		−280	+150	=		+12	+	+70(资产处置收益)
换入设备	−232①	+200			=	−32		+	

①实际支付银行存款20万元。

为便于初学者理解，以下编写的分录①和②，均视同现金参与交易。

①甲公司处置换出资产，产生70万元收益。

借：银行存款　　2 120 000
　　累计摊销　　1 500 000
　　贷：无形资产　　2 800 000
　　　　应交税费——应交增值税(销项税额)　　120 000
　　　　资产处置收益　　700 000

②甲公司购入换入资产，

借：固定资产　　2 000 000
　　应交税费——应交增值税(进项税额)　　320 000
　　贷：银行存款　　2 320 00

实际上，甲公司面向乙公司并没有212万元的现金流入，也没有232万元的现金流出，仅支付了20万元的补价。应该将分录①与②合并后，形成分录③。

③借：固定资产　　2 000 000
　　　应交税费——应交增值税(进项税额)　　320 000
　　　累计摊销　　1 500 000
　　贷：无形资产　　2 800 000
　　　　应交税费——应交增值税(销项税额)　　120 000

资产处置收益 700 000

银行存款 200 000

熟练的读者可以直接编制分录③。

(2)补价的收取方乙公司的账务处理。

乙公司视同将账面价值为150万元的设备，以含税金额232万元、不含税金额200万元卖出，得到了232万元现金，产生资产处置收益50万；又通过支付212万元现金，从甲公司得到了含税金额为212万元、不含税金额为200万元的专利权。专利权的入账价值即为不含增值税的公允价值200万元，增值税进项税额为12万元。乙公司从甲公司取得现金20万元。

该笔交易的结果，用会计等式模板描述见表3—8。

表3—8

单位：万元

资产负债表要素	资产					=	负债		+	所有者权益
资产负债表项目	货币资金	无形资产	固定资产		固定资产清理	=	应交税费		+	未分配利润
资产负债表科目	银行存款	无形资产	固定资产	累计折旧	固定资产清理	=	应交增值税		+	利润分配
资产负债表二级科目		专利权	设备	设备		=	进项税额	销项税额	+	未分配利润
之前重要项目的余额	***	***	400	−250	***	=	***	***	+	***
换出设备			−400	+250	+150	=			+	
	+232①				−200	=		+32	+	
					+50	=			+	+50（资产处置收益）
换入专利权	−212①	+200				=	−12		+	

①实际收到银行存款20万元。

从表3—8看出，乙公司将自己的账面价值为150万元的固定资产以含税金额232万元、不含税金额200万元换出，产生50万元的资产处置收益，本应该从对方那里得到232万元现金，因为得到了对方含税金额为212万元、不含税金额为200万元的无形资产，所以实际得到现金20万元，这就是补价。无形资产的入账金额为其不含税公允价值200万元。

为便于初学者理解，以下编写的分录②和③，视同现金参与交易。

①借：固定资产清理 1 500 000

累计折旧 2 500 000

贷：固定资产 4 000 000

②借：银行存款 2 320 000

贷：应交税费——应交增值税（销项税额） 320 000

固定资产清理　　　　　　　　　　　　2 000 000

③借:固定资产清理　　　　500 000

贷:资产处置收益　　　　500 000

④乙公司换入资产,

借:无形资产　　　　　　　　　　2 000 000

应交税费——应交增值税(进项税额)　　120 000

贷:银行存款　　　　　　　　　　2 120 000

应该将分录②与④合并后,形成分录⑤。

⑤借:无形资产　　　　　　　　　　2 000 000

应交税费——应交增值税(进项税额)　　120 000

银行存款　　　　　　　　　　200 000

贷:应交税费——应交增值税(销项税额)　　320 000

固定资产清理　　　　　　　　2 000 000

熟练的读者可以直接编制分录⑤。

二、账面价值基础

根据非货币性资产交换准则的规定,如果交换不具有商业实质,或者换入资产或换出资产的公允价值不能可靠计量,就采用账面价值基础。即无论是否有补价,无论补价的收取方还是支付方,均不确认换出资产的处置损益,均以换出资产的账面价值作为换入资产的入账价值。账面价值基础把非货币性资产交换看作换入资产对换出资产的"替代",所以在换出和换入过程中发生的相关税费,均视同"替代"行为的结果,计入换入资产的入账价值。

(一)交换中不产生补价的情形

【例3—7】 承例3—3,假如作为增值税一般纳税人的甲、乙两家公司,是丙公司的子公司。两家公司以设备和打印机互换的交易,是被丙公司一手安排的,以实现丙公司在集团公司内资源的重新配置。该笔交易的细节见例3—3。

尽管甲公司用来交换的设备和乙公司用来交换的打印机,对双方而言带来的经济利益是不同的,且公允价值能够可靠计量,但是该笔交易的出发点不是双方通过互换资产来满足各自持有对方资产的需求,而是在集团公司内部实现资源的重新配置,所以该笔交换不具有商业实质,只能以账面价值为基础确定换入资产的入账价值。

(1)甲公司的账务处理

甲公司换出设备的账面价值为105万元(200—95)。按照税法要求,甲公司需要向乙公司开具增值税专用发票,发票总额116万元,金额100万元,税额16万元。此张发票的开具,意味着甲公司要承担16万元的增值税。这样甲公司为了换入乙公司的打印机,付出的代价就是设备的账面价值和销项税额之和,为121万元。乙公司换出打印机,按照税法要求,也要开具增值税专用发票。发票总额116万元,金额100万元,税额16万元。甲公司从乙公司得到这张增值税专用发票后,就有了16万元的进项税额用以抵扣当月的销项税额。所以甲公司付出的121万元代价,换来了16万元进项税额和一台打印机。于是打印机的入账价值为 105 万元。为了完成互换，甲公司支付给运输公司的 1 万元运杂费亦计入打印机成本中。

甲公司对该笔业务用会计等式模板描述见表 3－9。

表 3－9

单位：万元

资产负债表要素	资产						=	负债		+	所有者权益
资产负债表项目	货币资金	固定资产				固定资产清理	=	应交税费		+	未分配利润
资产负债表科目	银行存款	固定资产		累计折旧		固定资产清理	=	应交增值税		+	利润分配
资产负债表二级科目		设备	打印机	设备	打印机		=	进项税额	销项税额	+	未分配利润
之前重要项目的余额	***	200	***	－95	***	***	=	***	***	+	***
换出设备		－200		＋95		＋105	=			+	
换入打印机			＋105			－105	=	－16	＋16	+	
支付运费	－1		＋1				=			+	

编制会计分录如下。

①借：固定资产清理　　　　1 050 000

　　累计折旧　　　　　　950 000

　贷：固定资产——设备　　　　　　2 000 000

②借：固定资产——打印机　　　　　　1 050 000

　　应交税费——应交增值税（进项税额）　　160 000

　贷：应交税费——应交增值税（销项税额）　　160 000

　　固定资产清理　　　　　　　　1 050 000

③借：固定资产——打印机　　　10 000

　贷：银行存款　　　　　　　10 000

有读者认为，甲公司换入的打印机的入账价值直接按照换出设备的账面价值 105 万元确定即可，与增值税并无关系。这种认识是错误的。此例中，只是由于打印机和设备适用的增值税税率相同才产生这样的结果。假设乙公司打印机的税率为 11%，甲公司得到的乙公司开具的关于打印机的增值税专用发票的税额就为 11 万元，那么甲公司取得打印机的进项税额就为 11 万元，于是打印机的入账价值就是 110（121－11）万元了。

将表 3－1 和表 3－9 的结果同时列示在表 3－10 中。读者可以清楚地看到，一笔非货币性资产交换业务如果分别采用公允价值基础和账面价值基础，其在财务报表上的异同。

表 3—10

单位：万元

资产负债表要素	资产					=	负债		+	所有者权益
资产负债表项目	货币资金	固定资产				=	应交税费		+	未分配利润
资产负债表科目	银行存款	固定资产		累计折旧		=	应交增值税		+	利润分配
资产负债表二级科目		设备	打印机	设备	打印机	=	进项税额	销项税额	+	未分配利润
之前重要项目的余额	* * *	200	* * *	—95	* * *	=	* * *	* * *	+	* * *
公允价值基础	—1	—200	+101	+95		=	—16	+16	+	—5（资产处置收益）
账面价值基础	—1	—200	+106	+95		=	—16	+16	+	

从表 3—10 中看出，公允价值基础和账面价值基础的差别是：(1)换出资产的处置损益不同。公允价值基础确认换出资产的处置损益，账面价值基础不确认。(2)换入资产的入账价值不同。公允价值基础以换入资产的公允价值来计量，账面价值基础以换出资产的账面价值来计量。此例中，公允价值基础相比账面价值基础多确认了 5 万元资产处置损失，于是资产负债表中的未分配利润也减少了 5 万元；换入资产的入账价值为 101 万元，相比账面价值基础的 106 万元，也少 5 万元。纳税情况和现金流量不受公允价值基础和账面价值基础的影响。

账面价值基础不确认换出资产的转让损益，所以非货币性资产交换采用这种处理方式，不能完成利益输送，不能实现报表操纵。

(2)乙公司的账务处理

乙公司换出打印机，账面价值 110 万元。乙公司因为向甲公司开具了增值税专用发票，发票上注明税额为 16 万元，因此承担了 16 万元的增值税销项税额，这样乙公司换出打印机付出的代价是 126(110+16)万元。乙公司从甲公司得到设备，同时得到税额也为 16 万元的增值税专用发票。这 16 万元是换入设备的进项税额，于是设备的入账价值为 110(126—16)万元。乙公司为了完成互换，支付给运输公司运费 1.1 万元运杂费也计入设备的成本。

该笔交易用会计等式教学模板描述的结果见表 3—11。

表 3—11

单位:万元

资产负债表要素	资　　产			=	负　　债		+	所有者权益
资产负债表项目	货币资金	存货	固定资产	=	应交税费		+	未分配利润
资产负债表科目	银行存款	库存商品	固定资产	=	应交增值税		+	利润分配
资产负债表二级科目		打印机	设备	=	进项税额	销项税额	+	未分配利润
之前重要项目的余额	* * *	110	* * *	=	* * *	* * *	+	* * *
互换资产		−110	+110	=	−16	+16	+	
支付运杂费	−1.1		+1.1	=			+	

编制会计分录如下。

①借:固定资产——设备　　1 100 000

　　应交税费——应交增值税(进项税额)　　160 000

　贷:库存商品——打印机　　1 100 000

　　　应交税费——应交增值税(销项税额)　　160 000

②借:固定资产——设备　　11 000

　贷:银行存款　　11 000

将表 3—11 和表 3—2 的结果同时列示在表 3—12 中。读者可以清楚地看到一笔非货币性资产交换业务,如果分别用公允价值基础和账面价值基础,其在财务报表上列示的异同。

表 3—12

单位:万元

资产负债表要素	资产			=	负债		+	所有者权益
资产负债表项目	货币资金	存货	固定资产	=	应交税费		+	未分配利润
资产负债表科目	银行存款	库存商品	固定资产	=	应交增值税		+	利润分配
资产负债表二级科目		打印机	设备	=	进项税额	销项税额	+	未分配利润
之前重要项目的余额	* * *	110	* * *	=	* * *	* * *	+	* * *
公允价值基础	−1.1	−110	+101.1	=	−16	+16	+	−110(主营业务成本) +100(主营业务收入)
账面价值基础	−1.1	−110	+111.1	=	−16	+16	+	

从表3—12看出，账面价值基础不确认资产处置损益。乙公司采用公允价值基础相比账面价值基础多确认了10万元资产处置损失，从而资产负债表中的未分配利润相比账面价值基础也减少了10万元；同时所取得的设备只有101.1万元，相比账面价值基础的111.1万元，也减少10万元。增值税纳税和现金流量不受公允价值基础和账面价值基础的影响。

（二）交换中产生补价的情形

【例3—8】 甲、乙公司均为增值税一般纳税人，且同是丙公司的子公司。在丙公司的统一安排下，两公司进行了股权和设备的互换。两公司按照用以交换的资产的含税公允价值来进行等价交换。

甲公司持有的股权的账面价值为300万元，交换日的公允价值为400万元。乙公司持有的设备属于固定资产，原值400万元，累计折旧50万元，没有计提减值准备，交换日的公允价值为不含税金额300万元，税率16%，含税金额348万元，税额48万元。乙公司向甲公司支付补价52万元。假设甲乙公司为交换股权各支付印花税1 000元。

补价占比＝52/400＝13%＜25%，该交换属于非货币性资产交换。

尽管甲乙公司用来交换的资产在双方看来是不同的，而且用以交换的资产的公允价值能够可靠计量，但是由于交换本身不是甲乙公司出于对另一方资产的需求，而是服从于母公司的统一安排，所以这笔交易不具有商业实质，必须以账面价值基础进行处理。

账面价值基础的理念是，交换是一个替换的过程，而不是“卖”与“买”两个过程。所以交换过程中支付的除增值税以外的其它各项税费计入换入资产的成本。

（1）甲公司的处理

甲公司是补价的收取方。

甲公司不确认换出股权的资产处置损益，换入设备以换出股权的账面价值为基础计量。

换入设备的入账价值＝换出股权的账面价值 － 换入设备形成的进项税额－ 收到的补价＋ 支付的除增值税以外的各项税费

所以换入设备的入账价值＝300－48－52 ＋ 0.1＝200.1（万元）

①借：固定资产——设备　　2 000 000
　　应交税费——应交增值税（进项税额）　　480 000
　　银行存款　　520 000
　贷：长期股权投资　　3 000 000

②借：固定资产——设备　　1 000
　贷：银行存款　　1 000

请读者自行用会计等式教学模板描述以上甲公司的业务。

（2）乙公司的处理

乙公司不确认换出设备的资产处置损益，换入的股权以换出设备的账面价值为基础计量。

换入股权的入账价值＝换出设备账面价值 ＋ 换出设备形成的销项税额 ＋支付的补价 ＋ 支付的除增值税以外的各项税费＝350＋48＋52＋0.1＝450.1（万元）

①设备转入清理

借：固定资产清理——设备　　3 500 000
　　累计折旧　　500 000

贷:固定资产——设备　　4 000 00

②借:长期股权投资　　4 500 000

贷:固定资产清理　　3 500 000

应交税费——应交增值税(销项税额)　　480 000

银行存款　　520 000

③借:长期股权投资　　1 000

贷:银行存款　　1 000

请读者自行用会计等式教学模板描述以上乙公司的业务。

三、涉及多项资产交换的账务处理

一项资产与多项资产相交换,或者多项资产与多项资产相交换,会计处理方法与单项资产交换相同。首先判断是否满足非货币性资产交换的条件,然后选择采用公允价值基础还是账面价值基础。

(一)公允价值基础

如果多项资产相交换满足公允价值基础的使用条件,那么仍然视同非货币性资产交换是一卖一买两个过程。在“卖”的过程中,每一项换出资产按照公允价值出售,公允价值和账面价值的差额确认为资产处置损益。如果是增值税一般纳税人,且换出的资产属于增值税应税商品,那么视同换出的资产按照含税的公允价值出售,形成了销项税额,不含税公允价值扣除账面价值的差额作为资产处置损益。“买”的过程中,视同将每一件换入资产按照其公允价值购入。如果是增值税一般纳税人换入了应纳增值税的资产,那么视同以含税公允价值购入,其中税额属于进项税额,剩余的不含税金额是资产的入账价值。换出过程中支付的增值税以外的税费,减少换出资产处置收益或者增加换出资产处置损失;换入过程中支付的增值税以外的税费计入换入资产的入账价值。

【例3—9】 甲公司和乙公司均为增值税一般纳税人。甲公司和乙公司协商进行多项资产的互换。甲公司用作为固定资产的一台设备、一辆小汽车以及一批库存商品A换入乙公司生产经营过程中使用的一辆客运汽车和对丙公司的长期股权投资。

甲公司设备的账面原值为100万元,累计折旧为20万元,没有计提资产减值准备,交换日的不含税公允价值为70万元,适用税率16%,含税公允价值为81.2万元。小汽车的账面原值为50万元,累计折旧25万元,没有计提资产减值准备,交换日的不含税公允价值为20万元,适用税率16%,含税公允价值为23.2万元。存货A的历史成本为110万元,没有计提资产减值准备,交换日的不含税公允价值为130万元,适用税率16%,含税公允价值为150.8万元。甲公司换出的三项资产的含税公允价值总额为255.2万元。

乙公司客运汽车的账面原值为60万元,累计折旧为10万元,没有计提资产减值准备,交换日的不含税公允价值为40万元,适用税率16%,含税公允价值为46.4万元。乙公司持有的对丙公司的长期股权投资,账面价值180万元,交换日的公允价值为200万元。乙公司换出的两项资产的含税公允价值总额为246.4万元。乙公司相比甲公司,换出的资产的公允价值金额少了8.8万元,故支付甲公司补价8.8万元。

甲乙两家公司之间进行了交易额为255.2万元的等价交换。

补价占比＝8.8/255.2＝3.45％＜25％，该笔交易属于非货币性资产交换。

站在甲乙两家公司各自的立场，换入资产和换出资产显著不同，交换具有商业实质。而且两家公司换入资产和换出资产的公允价值可以可靠计量，具备公允价值基础的适用条件。

（1）甲公司的账务处理

甲公司视同在“卖”的过程中分别以 81.2 万、23.2 万和 150.8 万处置了设备、小汽车和存货，总额为 255.2 万元，其中增值税销项税额总额为 35.2(11.2＋3.2＋20.8)万元，不含税金额总额为 220(70＋20＋130)万元。在“买”过程中支付了与对方资产含税公允价值等值的货币 246.4 万元，换回了客运汽车和长期股权投资，其中 6.4 万元是进项税额，240 万元是换入资产的入账价值。甲公司最终从乙公司得到了 8.8 万元，这就是补价。

用会计等式模板描述见表 3－13。

为了方便初学者，编写以下分录时先暂时采用了“银行存款”科目。

①将设备和小汽车的账面价值转入“固定资产清理”科目。

借：固定资产清理　　1 050 000
　　累计折旧　　450 000
　贷：固定资产——设备　　1 000 000
　　　　　　　——小汽车　　500 000

②得到设备和小汽车的清理收益

借：银行存款　　1 044 000
　　贷：应交税费——应交增值税（销项税额）　　144 000
　　　　固定资产清理　　900 000

③设备和小汽车的清理净损益转出

借：资产处置收益　　150 000
　　贷：固定资产清理　　150 000

④处置 A 商品，结转存货的账面价值

借：主营业务成本　　1 100 000
　　贷：库存商品——A 商品　　1 100 000

⑤确认存货的销售收入

借：银行存款　　1 508 000
　　贷：主营业务收入——A 商品　　1 300 000
　　　　应交税费——应交增值税（销项税额）　　208 000

⑥换入对方资产

借：固定资产——客运汽车　　400 000
　　应交税费——应交增值税（进项税额）　　64 000
　　长期股权投资——丙公司　　2 000 000
　　贷：银行存款　　2 464 000

编制完上述分录以后，再把记录甲公司面向乙公司现金流入流出的分录②、⑤、⑥合并在一起，抵消掉“银行存款”科目的发生额，形成分录⑦。熟练的读者可以直接编制分录⑦

表 3—13

单位:万元

资产负债表要素	资产									=	负债		+	所有者权益
资产负债表项目	货币资金	存货	长期股权投资	固定资产					固定资产清理	=	应交税费		+	未分配利润
资产负债表科目	银行存款	库存商品	长期股权投资	固定资产			累计折旧		固定资产清理	=	应交增值税		+	利润分配
资产负债表二级		A 商品	丙公司	设备	小汽车	客运汽车	设备	小汽车		=	进项税额	销项税额	+	未分配利润
之前重要项目的余额	* * *	110	* * *	100	50	* * *	−20	−25	* * *	=	* * *	* * *	+	* * *
换出设备和小汽车				−100	−50		+20	+25	+105	=			+	
	+104.4①								−90	=		+14.4	+	
									−15	=			+	−15(资产处置收益)
换出存货		−110								=			+	−110(主营业务成本)
	+150.8①									=		+20.8	+	+130(主营业务收入)
换入客运汽车和丙公司股权	−246.4①		+200			+40				=	−6.4		+	

①实际收到银行存款 8.8 万元。

借:固定资产——客运汽车 400 000
　应交税费——应交增值税(进项税额) 64 000
　长期股权投资——丙公司 2 000 000
　银行存款 88 000
　　贷:应交税费——应交增值税(销项税额) 352 000
　　　固定资产清理 900 000
　　　主营业务收入——A 商品 1 300 000

(2)乙公司的账务处理

乙公司在“卖”的过程中视同以 246.4 万元处置了自己的客运汽车和长期股权投资,形成了增值税额销项税额 4.6 万元,不含税公允价值 240 万元与资产账面价值的差额是资产的处置损益。在“买的”过程中支付了 255.2 万元换回了对方的资产。换入资产形成的增值税额 35.2 万元属于进项税额,扣除进项税额后的不含税公允价值 220 万元是换入资产的入账价值。乙公司最终支付给甲公司 8.8 万元,这就是补价。

用会计等式模板描述见表 3－14。

乙公司参照表 3－14,编制会计分录如下。

①将客运汽车的账面价值转入“固定资产清理”科目。

借:固定资产清理 500 000
　累计折旧 100 000
　　贷: 固定资产——客运汽车 600 000

②得到客运汽车的清理收益

借:银行存款 464 000
　　贷:应交税费——应交增值税(销项税额) 64 000
　　　固定资产清理 400 000

③客运汽车清理净损益转出

借:资产处置收益 100 000
　　贷:固定资产清理 100 000

④处置长期股权投资

借:银行存款 2 000 000
　　贷:长期股权投资——丙公司 1 800 000
　　　投资收益 200 000

⑤换入对方的设备、小汽车和存货

借:固定资产——小汽车 200 000
　　　　——设备 700 000
　库存商品——A 商品 1 300 000
　应交税费——应交增值税(进项税额) 352 000
　　贷:银行存款 2 552 000

编制完上述分录以后,再把记录乙公司面向甲公司现金流入流出的分录②、④和⑤合并在一起,抵消掉“银行存款”科目的发生额,形成分录⑥。熟练的读者可以直接编制此分录。

表 3—14

单位:万元

资产负债表要素	资产								=	负债		+	所有者权益
资产负债表项目	货币资金	存货	长期股权投资	固定资产				固定资产清理	=	应交税费		+	未分配利润
资产负债表科目	银行存款	库存商品	长期股权投资	固定资产			累计折旧	固定资产清理	=	应交增值税		+	利润分配
资产负债表二级科目		A 商品	丙公司	设备	小汽车	客运汽车	客运汽车		=	进项税额	销项税额	+	未分配利润
之前重要项目的余额	* * *	* * *	180	* * *	* * *	60	−10	* * *	=	* * *	* * *	+	* * *
换出客运汽车						−60	+10	+50	=			+	
	+46.4①							−40	=		+6.4	+	
								−10	=			+	−10(资产处置收失)
换出长期股权投资	+200①		−180						=			+	+20(投资收益)
换入存货 A、设备和小汽车	−255.2①	+130		+70	+20				=	−35.2		+	

①实际支付银行存款 8.8 万元。

⑥借:固定资产——小汽车　　200 000
　　　　——设备　　700 000
　库存商品——A 商品　　1 300 000
　应交税费——应交增值税(进项税额)　　352 000
　贷:应交税费——应交增值税(销项税额)　　64 000
　　固定资产清理　　400 000
　　长期股权投资——丙公司　　1 800 000
　　投资收益　　200 000
　　银行存款　　88 000

(二)账面价值基础

如果多项资产交换不满足公允价值基础的条件,就采用账面价值基础。采用这种处理方式,视同换入的多项资产替代了换出的多项资产,不确认换出资产的处置损益;换入资产的入账价值以换出资产账面价值为基础确定。增值税一般纳税人除增值税以外的其他相关税费,均计入换入资产的成本中。

就增值税一般纳税人而言,

多项换入资产入账价值总和=多项换出资产账面价值总和 + 多项换出资产形成的销项税额总和 + 支付的其他各项税费 + 支付的补价(或:一收到的补价)-多项换入资产形成的进项税额总和

单项换入资产的入账价值以其原账面价值占换入资产原账面价值总和的比例确定,即

单项换入资产入账价值=多项换入资产入账价值总和 × 单项换入资产原账面价值/多项换入资产原账面价值总和

【例 3-10】 甲乙公司的多项资产互换是在它们所属的集团公司统一安排下进行的。交换细节见例 3-9。

甲乙公司的非货币性资产交换采用账面价值基础。

(1)甲公司的账务处理

换入资产入账价值总和=换出资产账面价值总和 215(80+25+110)+ 换出资产形成的销项税额总和 35.2(11.2+3.2+20.8)- 收到的补价 8.8 -换入资产形成的进项税额总和 6.4=235(万元)

换入的客运汽车和对丙公司的股权的原账面价值分别为 50 万元和 180 万元。于是换入的客运汽车的入账价值=235×50/(50+180)=51.09(万元)

换入的长期股权投资的入账价值=235-51.09=183.91(万元)

用会计等式模板描述见表 3-15。

参照表 3-15,甲公司编制的会计分录如下:

①将设备和小汽车的账面价值转入“固定资产清理”科目。

借:固定资产清理——设备　　800 000
　　　　——小汽车　　250 000
　累计折旧　　450 000
　贷:固定资产——设备　　1 000 000

——小汽车　　　　500 000

②借：固定资产——客运汽车　　　　510 900

长期股权投资——丙公司股权　　　　1 839 100

应交税费——应交增值税（进项税额）　　　　64 000

银行存款　　　　88 000

贷：固定资产清理——设备　　　　800 000

—— 小汽车　　　　250 000

库存商品　　　　1 100 000

应交税费——应交增值税（销项税额）　　　　352 000

比较表 3—15 和表 3—13 可以看到，同样的非货币性资产交换业务，分别采用账面价值基础和公允价值基础，在财务报表中会有不同的体现：此例中，公允价值基础相比账面价值基础多确认了合计 5 万元资产处置损益，同时公允价值基础下资产负债表中未分配利润多了 5 万元，取得的丙公司股权、客运汽车的价值总额为 240 万元，相比这些资产账面价值基础下的总额 235 万元，也多出 5 万元。两种基础下，增值税纳税情况不受影响，均产生进项税额 6.4 万元，销项税额 35.2 万元。两种基础下现金流量表的结果是相同的，都产生了 8.8 万元现金流入。

(2)乙公司的账务处理

换入资产入账价值总和＝换出资产账面价值总和 230(50＋180)＋ 换出资产形成的销项税额总和 6.4 ＋ 支付的补价 8.8－换入资产形成的进项税额总和 35.2(11.2＋3.2＋20.8)＝210(万元)

换入的设备、小汽车和 A 存货的原账面价值分别是 80 万元、25 万元和 110 万元。

换入设备的入账价值＝210×80/(80＋25＋110)＝78.14(万元)

换入小汽车的入账价值＝210 ×25/(80＋25＋110)＝24.42(万元)

换入存货的入账价值＝210 － 78.14 －24.42＝107.44(万元)

用会计等式模板描述见表 3－16。

参照表 3－16，乙公司编制的会计分录如下：

①客运汽车转入清理

借：固定资产清理——客运汽车　　　　500 000

累计折旧　　　　100 000

贷：固定资产——客运汽车　　　　600 000

②借：固定资产——设备　　　　781 400

——小汽车　　　　244 200

库存商品——A 商品　　　　1 074 400

应交税费——应交增值税（进项税额）　　　　352 000

贷：长期股权投资——丙公司　　　　1 800 000

固定资产清理——客运汽车　　　　500 000

应交税费——应交增值税（销项税额）　　　　64 000

银行存款　　　　88 000

比较表 3－16 和表 3－14，公允价值基础和账面价值基础相比，公允价值基础下乙公司产生了 10 万元的资产处置收益，同时所换入的库存商品、设备和小汽车的入账价值总额为

表 3—15

单位：万元

资产负债表要素	资　产										=	负　债		+	所有者权益
资产负债表项目	货币资金	存货	长期股权投资	固定资产					固定资产清理		=	应交税费		+	未分配利润
资产负债表科目	银行存款	库存商品	长期股权投资	固定资产			累计折旧		固定资产清理		=	应交增值税		+	利润分配
资产负债表二级		A 商品	丙公司	设备	小汽车	设备	小汽车	客运汽车	设备	小汽车	=	进项税额	销项税额	+	未分配利润
之前重要项目的余额	* * *	110	* * *	100	50	* * *	−20	−25			=	* * *	* * *	+	* * *
替换资产				−100	−50		+20	+25	+80	+25	=			+	
	+8.8	−110	+183.91			+51.09			−80	−25	=	−6.4	+35.2	+	

表 3—16

单位:万元

资产负债表要素	资 产								=	负 债		+	所有者权益
资产负债表项目	货币资金	存货	长期股权投资	固定资产				固定资产清理	=	应交税费		+	未分配利润
资产负债表科目	银行存款	库存商品	长期股权投资	固定资产			累计折旧	固定资产清理	=	应交增值税		+	利润分配
资产负债表二级科目		A 商品	丙公司	设备	小汽车	客运汽车	客运汽车	客运汽车	=	进项税额	销项税额	+	未分配利润
之前重要项目的余额	* * *	* * *	180	* * *	* * *	60	−10	* * *	=	* * *	* * *	+	* * *
替换资产						−60	+10	+50	=			+	
	−8.8	+107.44	−180	+78.14	+24.42			−50	=	−35.2	+6.4	+	

220 万元，与账面价值基础下这些资产的入账价值总额 210 万元相比也多出 10 万元。增值税的纳税情况不受公允价值基础和账面价值基础的影响，进项税额均为 35.2 万元，销项税额均为 6.4 万元。两种计量方式下，乙公司均产生 8.8 万元现金流出。

第四节　非货币性资产交换的列报与披露

一、非货币性资产交换的列报

以公允价值基础进行会计处理的非货币性资产交换，换出资产的转让损益分别列报在利润表的不同项目：如果换出的是存货，列报在“营业收入”和“营业成本”项目；如果换出的是长期股权投资和交易性金融资产等，列报在“投资收益”项目；如果换出的是固定资产、无形资产等长期资产，列报在“资产处置损益”项目。在资产负债表列报换入资产的入账价值。

以账面价值基础进行会计处理的非货币性资产交换，不确认换出资产处置损益，不在利润表中列报。在资产负债表列报换入资产的入账价值。

无论公允价值基础还是账面价值基础，如果有补价，列报在现金流量表中。

二、非货币性资产交换的披露

在财务报表附注中披露以下非货币性资产交换信息：

- 换入资产、换出资产的类别；
- 换入资产成本的确定方式是公允价值基础还是账面价值基础；
- 换入资产、换出资产的公允价值以及换出资产的账面价值；
- 非货币性资产交换确认的损益。

本章小结

本章阐述了企业发生的非日常交易——非货币性资产交换的会计处理方法。

非货币性资产交换会计处理的核心问题是计量。如果满足“交换具有商业实质”和“换入资产或换出资产的公允价值能够可靠计量”两个条件，就采用公允价值基础。在公允价值基础下，无论交换的是单项资产还是多项资产，无论是否有补价，无论补价的收取方还是支付方，均视同非货币性资产交换分解成“出售换入资产”和“买进换入资产”两笔交易，视同货币参与交易。于是换出资产根据换出资产的公允价值（如果是增值税一般纳税人换出应税商品，公允价值为不含税金额）确认资产处置损益，换入资产根据换入资产的公允价值（如果是增值税一般纳税人换入应税商品，公允价值为不含税金额）确认入账金额。换出过程中支付的其他相关税费，减少换出资产处置收益或增加换出资产处置损失；换入过程中支付的其他相关税费，增加换入资产的成本。

如果不能同时满足公允价值基础的两个条件，那么采用账面价值基础。采用这种处理方式，视同换入资产替代了换出资产，不确认换出资产处置损益，换入资产的入账价值以换出资产的账面价值为基础来确定。增值税一般纳税人换出和换入过程中产生的增值税分别计入销项税额和进项税额，其他相关税费计入换入资产的成本。

一、复习思考题

1. 什么是货币性资产？什么是非货币性资产？什么是非货币性资产交换？
2. 非货币性资产交换采用公允价值基础需要同时满足哪两个条件？
3. 非货币性资产交换采用公允价值基础进行会计处理，具有哪些特点？
4. 非货币性资产交换采用账面价值基础进行会计处理，具有哪些特点？

二、练习题

(一)单项选择题

一、单选题

1. 天山公司用一台已使用 2 年的甲设备从海洋公司换入一台乙设备，支付相关税费 10 000 元，从海洋公司收取补价 30 000 元。甲设备的账面原价为 500 000 元，原预计使用年限为 5 年，原预计净残值为 5%，并采用双倍余额递减法计提折旧，未计提减值准备；乙设备的原账面原价为 240 000 元，已提折旧 30 000 元。两公司资产置换具有商业实质。置换时，甲、乙设备的公允价值分别为 250 000 元和 220 000 元。天山公司换入乙设备的入账价值为(　　)元。

A. 160 000　　B. 230 000　　C. 168 400　　D. 200 000

2. A 公司以一台甲设备换入 D 公司的一台乙设备。甲设备的账面原价为 22 万元，已提折旧 3 万元，已提减值准备 3 万元，甲设备的公允价值无法合理确定，换入的乙设备的公允价值为 24 万元。D 公司另向 A 公司收取补价 2 万元。两公司资产交换具有商业实质，A 公司进行该项非货币性资产交换应计入当期收益的金额为(　　)万。

A. 4　　B. 0　　C. 2　　D. 6

3. 公司以一台甲设备换入 D 公司的一台乙设备。甲设备的账面原价为 22 万元，已提折旧 3 万元，已提减值准备 3 万元，其公允价值为 20 万元。D 公司另向 A 公司支付补价 2 万元。两公司资产交换具有商业实质，A 公司进行该项非货币性资产交换应计入当期收益的金额为(　　)。

A. 4　　B. 0　　C. 14.4　　D. －4

4. 钱江公司用一台已使用 2 年的甲设备从海河公司换入一台乙设备，支付置换相关税费 10 000 元，并支付补价款 30 000 元。甲设备的账面原价为 500 000 元，预计使用年限为 5 年，预计净残值率为 5%，并采用双倍余额递减法计提折旧，未计提减值准备；乙设备的账面原价为 300 000 元，已提折旧 30 000 元。两公司资产置换不具有商业实质。钱江公司换入的乙设备的入账价值为(　　)元。

A. 220 000　　B. 236 000　　C. 290 000　　D. 320 000

5. 非货币性资产交换同时换入多项资产的，在确定各项换入资产的成本时，下列说法中正确的是(　　)。

A. 按各项换入资产的公允价值确定。

B. 按各项换入资产的账面价值确定。

C. 非货币性资产交换不具有商业实质，或者虽具有商业实质但换入资产的公允价值不能可靠计量的，应当按照换入各项资产的原账面价值占换入资产原账面价值总额的比例，对换入资产的成本总额进行分配，确定各项换入资产的成本。

D. 非货币性资产交换不具有商业实质，或者虽具有商业实质但换入资产的公允价值不能可靠计量的，应当按照换入各项资产的公允价值占换入资产公允价值总额的比例，对换入资产的成本总额进行分配，确定各项换入资产的成本。

（二）多项选择题

1. 下列资产中，属于非货币性资产的有（　　）。

A. 存货　　B. 预付账款　　C. 可出售金融资产

D. 准备持有至到期的债券投资　　E. 应收账款

2. 下列项目中，属于非货币性资产交换的有（　　）。

A. 以公允价值 50 万元的原材料换取一项专利权

B. 以公允价值 500 万元的长期股权投资换取一批原材料

C. 以公允价值 100 万元的 A 车床换取 B 车床，同时收到 12 万元的补价

D. 以公允价值 30 万元的电子设备换取一辆小汽车，同时支付 15 万元的补价

E. 以公允价值 100 万元的原材料换取一项专利权，同时支付补价 10 万元

（三）账务处理题

1. 假定以下交易除补价外，均为非货币性资产的交换，则补价占整个资产交换金额的比例为多少？

（1）A 公司换出资产的公允价值为 100 万元，A 公司收到补价 10 万元。

（2）A 公司换出资产的公允价值为 100 万元，A 公司支付补价 10 万元。

（3）A 公司换入资产的公允价值为 100 万元，A 公司收到补价 10 万元。

（4）A 公司换入资产的公允价值为 100 万元，A 公司支付补价 10 万元。

2. 丙公司和丁公司均为增值税一般纳税人。丙公司拥有一台专有设备，该设备账面原价 450 万元，已计提折旧 330 万元。丁公司拥有一幢古建筑物，账面原价 300 万元，已计提折旧 210 万元，两项资产均未计提减值准备。丙公司决定以其专有设备交换丁公司该幢古建筑物拟改造为办公室使用，该专有设备是生产某种产品必须的设备。由于专有设备系当时专门制造、性质特殊，其公允价值不能可靠计量；丁公司拥有的建筑物因建筑年代久远，性质比较特殊，其公允价值也不能可靠计量。双方商定，公司根据两项资产账面价值的差额，支付了 30 万元补价。

要求：假定交易中没有涉及相关税费。分别用会计等式教学模板描述丙、丁公司进行的非货币性资产交换，并编制相关会计分录。

3. 甲企业和乙企业均为房地产开发企业，一般纳税人。甲企业因变更主营业务，与乙企业进行资产置换。甲、乙企业签订资产置换协议，协议规定：甲企业将其建造的经济适用房与乙企业持有的长期股权投资进行交换。甲企业换出的经济适用房的账面价值为 5 600 万元，不含税公允价值同时也是增值税计税价格，为 6 000 万元，税率 6%。乙企业换出的长期股权投资的账面价值为 5 000 万元，公允价值为 6 000 万元，乙企业另行以现金向甲企业支付 360 万元作为补价。两企业资产交换具有商业实质。假定甲、乙企业换出的资产均未

计提减值准备。假定不考虑甲、乙企业置换资产所发生的其他相关税费。乙企业换入的经济适用房作为存货核算。

要求：

(1)用会计等式教学模板描述甲企业的业务，并编制相关会计分录。

(2)用会计等式教学模板描述乙企业的业务，并编制相关会计分录。

4. 甲公司以库存商品换入乙公司的材料。换出的库存商品的账面余额为120万元，已提存货跌价准备20万元，公允价值和计税价格均为110万元；材料在乙公司的账面原值为140万元，已提存货跌价准备30万元，公允价值和计税价格均为110万元。甲公司为取得乙公司材料另支付运费1万元(不考虑运费的增值税问题)。假设甲、乙公司均为增值税一般纳税人，增值税率16%，该交换具有商业实质。

要求：分别用会计等式模板描述甲、乙两家公司发生的非货币性资产交换，并参照模板编制会计分录。

(四)财务报表题

查阅"你的"公司财务报表附注，确定该公司是否存在非货币性资产交换；如果存在，换入、换出的各是什么资产；换入资产成本的确定方式是账面价值基础还是公允价值基础；如果是公允价值基础，换入资产、换出资产的公允价值、换出资产的账面价值以及因非货币性资产交换而确认的损益各为多少。

第四章

债 务 重 组

【学习目标】

通过学习本章，你应该：

1. 掌握债务重组的定义；
2. 了解债务重组的方式；
3. 掌握各种债务重组方式的会计处理；
4. 了解债务重组的披露

某公司经营难以为继，欠供应商的货款久久未还。经双方协商多次，供应商同意该公司以一台设备抵债。由于设备折价较低，抵债后仍有20%的欠款未还。因为该公司资金周转十分困难，其他非货币性资产也不能满足供应商的需要，所以最后供应商放弃追偿余款。

采用这种方式解除双方的债权债务关系，双方该如何进行会计处理？《企业会计准则第12号——债务重组》做了规范。

第一节　债务重组的定义与方式

一、债务重组的定义

一般而言，企业承担的债务以现金清偿：按照事先约定，在一定的时间面向特定的债权人支付确定的金额。但是，当企业现金不足，出现短期或长期财务困难时，就无法按照约定清偿债务。在此情况下，作为债权人，一种方式是通过法律程序，要求债务人破产，以清偿债务；另一种方式，通过互相协商，采用债务重组方式，由债权人做出某些让步，使债务人减轻负担，渡过难关。债权人之所以在两种方式下选择债务重组，是因为这样做长远来看对自身更有利，比如债务人是企业的长期客户等。

《企业会计准则第12号——债务重组》（以下简称《债务重组准则》）规定，债务重组，是指在债务人发生财务困难的情况下，债权人按照其与债务人达成的协议或法院的裁定做出让步的事项。

债务重组定义中的“债务人发生财务困难”，是指债务人资金管理出现问题或者经营陷入困境，导致其无法或者没有能力按原定条件偿还债务；“债权人让步”，是指债权人同意债务人现在或者将来以低于重组债务账面价值的金额或者价值偿还债务。“债权人做出让步”的情形主要包括：债权人减免债务人全部或者部分债务本金或者利息，降低债务人应付债务的利率等。

债务人发生财务困难，是债务重组的前提条件，而债权人做出让步是债务重组的必要条件。判断债权人做出让步的关键，是债务人用以清偿债务的资源的公允价值低于重组债务的账面余额，而不是债务人是否用现金抵债。

二、债务重组的方式

债务人由于现金不足，在与债权人协商的基础上，用以清偿债务的方式多样，主要包括：以资产清偿债务；债务转为资本；修改其他债务条件，如减少债务本金、减少债务利息等；以上两种或三种方式的组合。无论用哪种方式清偿，债务人付出的代价均低于重组债务的金额。

（一）以资产清偿债务

以资产清偿债务，是指债务人转让其资产给债权人以清偿债务的债务重组方式。债务人通常用于偿债的资产主要有：现金、存货、固定资产、无形资产等。在债务重组的情况下，无论用现金资产还是非现金资产清偿债务，其公允价值均低于重组债务的金额，否则不属于本章所指的债务重组。

以资产清偿债务以后，双方债权债务关系解除。

（二）债务转为资本

债务转为资本，是指债务人将债务转为资本，同时债权人将债权转为股权的债务重组方式。债务转为资本时，对股份有限公司而言是将债务转为股本；对其他企业而言，是将债务转为实收资本。债务转为资本的结果是，债务人因此而增加股本（或实收资本），债权人因此而增加股权。

债务转为资本，双方原先的债权债务关系就转换成投资者与被投资者的关系。债权人放弃了收回本金和利息的权利，转而享有股东的分配红利权、分配剩余财产权和经营决策权（或股东大会上的投票权）。

在债务重组方式下将债务转为资本，债务人新增资本的公允价值低于重组债务的金额，否则不属于本章所指的债务重组。债务转为资本后，双方债权债务关系结束。

（三）修改其他债务条件，是指修改不包括上述第一、第二种情形在内的债务条件而进行的债务重组，如减少债务本金、降低利率、免去应付未付的利息等。

采用这种方式进行债务重组，相当于双方以新的债权债务合约替代了旧合约，而在新合约里，债务人承担的义务相比之前减少了。

以上述三种方式进行债务重组，债务人为偿还债务付出的代价分别是：资产、资本和债务。其中任何一种方式下，所付出的代价的公允价值都小于重组债务的金额，否则就不是本章所讲的债务重组。

（四）以上两种或三种方式的组合

以上两种或三种方式的组合，主要包括以下可能的方式：

1. 债务的一部分以资产清偿,另一部分则转为资本;

2. 债务的一部分以资产消偿,另一部分则修改其他债务条件;

3. 债务的一部分转为资本,另一部分则修改其他债务条件。用于清偿债务的资本和新债务的公允价值总和,低于重组债务的金额;

4. 债务的一部分以资产消偿,一部分转为资本,另一部分则修改其他债务条件。

无论采用以上哪种混合方式,债务人付出的代价,比如资产、资本或者新的债务,其公允价值总和均小于重组债务的账面余额。

第二节　债务重组的会计处理

如果债务人和债权人作为市场竞争的主体,本着自身利益最大化原则进行债务重组,那么债务人通过债务重组得到的利益和债权人做出让步产生的损失,都是公平交易的结果,属于当期损益,要反映在各自的利润表中。

但是,如果债务人是上市公司,而债权人是债务人的控股股东,这时双方进行债务重组,控股股东就有向上市公司输送利益的嫌疑,以达到上市公司的某种监管条件,比如净利润率达到规定水平,以免被 ST、PT 处理等。按照相关规定,这种情况下的债务重组被列为权益性交易,双方各自的利得和损失,不能计入利润表。

本节先讲述通常意义上债务重组的会计处理,最后讲述特殊情况下债务重组的会计处理。

一、以资产清偿债务

企业以资产清偿债务的,包括以现金清偿债务和以非现金资产清偿债务等方式。

(一)以现金清偿债务

以现金清偿债务是所有债务重组方式中最简单的业务,但是它清晰地反映了债务重组会计处理的特点。

1. 债务人的处理

债务人应当将重组债务的账面余额与支付的现金之间的差额确认为债务重组利得,作为营业外收入,计入当期损益,同时相关债务予以终止确认。

2. 债权人的处理

债权人应当将做出让步的金额,即重组债权的账面余额(没有扣除坏账准备)与收到的现金之间的差额确认为债务重组损失,作为营业外支出,计入当期损益,同时,相关重组债权予以终止确认。

进行重组的债权,一般是单项金额较大的债权,债权人之前往往已经对其单独计提了减值准备。计提减值准备,相当于提前确认了未来可能发生的损失。所以对已经计提了减值准备的债权,应当比较计提的减值准备与债权人做出让步的金额。如果债权人做出让步的金额等于减值准备,说明过去提前确认的损失正好等于目前发生的债务损失,不用再确认损益,只要终止确认债权,冲销坏账准备即可。如果做出让步的金额大于减值准备,说明过去提前确认的损失尚不足以抵扣实际发生的损失，此二者之间的差额应当继续确认为损失，这就是债务重组损失，计入营业外支出。如果做出让步的金额小于减值准备，说明过去提前确认的损失金额过大了，目前不仅不确认损失，还要把之前多确认的损失转回。

【例 4—1】 甲公司欠乙公司材料款 23.4 万，本应于 2017 年 4 月 1 日前偿还。由于甲公司财务困难，久欠不还。2018 年 4 月双方同意进行债务重组。重组协议规定，免去甲公司 3 万元债务，余额立即支付。2018 年 5 月 6 日，甲公司划拨款项给乙公司。

以下是四种独立情形：

第一种：乙公司没有为该项债权计提坏账准备；

第二种：乙公司已经为该项债权计提了 3 万元坏账准备；

第三种：乙公司已经为该项债权计提了 2 万元坏账准备；

第四种：乙公司已经为该项债权计提了 4 万元坏账准备。

(1)债务人甲公司的会计处理

甲公司作为债务人，在 2018 年 5 月 6 日，以 20.4 万元现金偿还了 23.4 万元应付账款，获得债务重组收益 3 万元，计入营业外支出。

甲公司债务重组的业务用会计等式模板描述见表 4—1。

表 4—1　债务人甲公司债务重组业务的会计等式模板描述

单位：万元

资产负债表要素	资产	=	负债	+	所有者权益
资产负债表项目	货币资金	=	应付账款	+	未分配利润
资产负债表科目	银行存款	=	应付账款	+	利润分配
资产负债表二级科目		=	乙公司	+	未分配利润
重组前重要项目的余额	* * *	=	23.4	+	* * *
2018.5.6 进行债务重组	−20.4	=	−23.4	+	+3(营业外收入)

甲公司资产负债表的“货币资金”项目减少了 20.4 万元，“应付账款”项目减少了 23.4 万元，“未分配利润”项目增加了 3 万元；所有者权益变动表中，“综合收益行”“未分配利润”列增加了 3 万元；利润表中，“营业外收入”增加了 3 万元；现金流量表中，“购进商品接受劳务支付的现金”增加了 20.4 万元。

2018 年 5 月 6 日，参照表 4—1，甲公司编制会计分录如下：

借：应付账款——乙公司　　　　234 000
　贷：银行存款　　　　　　　　204 000
　　营业外收入——债务重组收益　　30 000

(2)债权人乙公司的会计处理

乙公司作为债权人，在 2018 年 5 月 6 日，账面余额为 23.4 万元的债权以 20.4 万元求偿，发生损失 3 万元。

第一种情形：乙公司没有为该项债权提供减值准备。

乙公司确认债务重组中发生的损失。

用会计等式模板描述见表 4—2。

表 4—2 债权人乙公司债务重组业务的会计等式模板描述(情形 1)

单位:万元

资产负债表要素	资产		=	负债	+	所有者权益
资产负债表项目	货币资金	应收账款	=		+	未分配利润
资产负债表科目	银行存款	应收账款	=		+	利润分配
资产负债表二级科目		甲公司	=		+	未分配利润
重组前重要项目的余额	* * *	23.4	=		+	* * *
2018.5.6 进行债务重组	+20.4	—23.4	=		+	—3(营业外支出)

乙公司资产负债表的“货币资金”项目增加了 20.4 万元,“应收账款”项目减少了 23.4 万元,“未分配利润”项目减少了 3 万元;所有者权益变动表的“综合收益总额”行“未分配利润”列减少了 3 万元;利润表的“营业外支出”增加了 3 万元;现金流量表的“销售商品提供接受劳务收到的现金”增加了 20.4 万元。

可见,在债务重组中甲公司获得的利益正是乙公司损失的利益。

2018 年 5 月 6 日,乙公司参照表 4—2,编制会计分录如下:

借:银行存款　　204 000

　营业外支出——债务重组损失　　30 000

　贷:应收账款——甲公司　　234 000

第二种情形:乙公司已经为该项债权计提了 3 万元坏账准备。

乙公司 23.4 万元债权,仅以 20.4 万元求偿,发生损失 3 万元。之前计提了 3 万元坏账准备,正好覆盖了债务重组当日发生的损失,于是,债务重组当日不再确认损失,终止确认应收账款 23.4 万元,并转销已经用掉的 3 万元坏账准备。

乙公司债务重组的业务用会计等式模板描述见表 4—3。

表 4—3 债权人乙公司债务重组业务的会计等式模板描述(情形 2)

单位:万元

资产负债表要素	资　产			=	负债	+	所有者权益
资产负债表项目	货币资金	应收账款		=		+	未分配利润
资产负债表科目	银行存款	应收账款	坏账准备	=		+	利润分配
资产负债表二级科目		甲公司		=		+	未分配利润
重组前重要项目的余额	* * *	23.4	—3	=		+	* * *
2018.5.6 进行债务重组	+20.4	—23.4	+3	=		+	

乙公司资产负债表的“货币资金”项目增加了 20.4 万元,“应收账款”项目减少了 20.4 万元;所有者权益变动表和利润表不受影响。现金流量表的“销售商品提供接受劳务收到的

现金”增加了 20.4 万元。

在债务重组中，似乎乙公司没有发生损失，其实乙公司的损失早在之前就通过确认资产减值损失的方式确认了。

参照表 4—3，甲公司编制会计分录如下：

借：银行存款　　　　　　　　204 000
　坏账准备　　　　　　　　　30 000
　贷：应收账款——甲公司　　　　234 000

第三种情形：乙公司已经为该项债权计提了 2 万元坏账准备。

因为乙公司已经为该笔债权计提了 2 万元坏账准备，即，之前已经确认了 2 万元损失，所以债务重组当日继续确认 1 万元损失，计入营业外支出。

乙公司债务重组的业务用会计等式模板描述见表 4—4。

表 4—4　债权人乙公司债务重组业务的会计等式模板描述(情形 3)

单位：万元

资产负债表要素	资产			=	负债	+	所有者权益
资产负债表项目	货币资金	应收账款		=		+	未分配利润
资产负债表科目	银行存款	应收账款	坏账准备	=		+	利润分配
资产负债表二级科目		甲公司		=		+	未分配利润
之前重要项目的余额	* * *	23.4	−2	=		+	* * *
2018.5.6 进行债务重组	+20.4	−23.4	+2	=		+	−1(营业外支出)

乙公司资产负债表的“货币资金”项目增加了 20.4 万元，“应收账款”项目减少了 21.4 万元，“未分配利润”项目减少了 1 万元；所有者权益变动表中，“综合收益行”“未分配利润”列减少了 1 万元；利润表中，“营业外支出”增加了 1 万元；现金流量表中，“销售商品提供接受劳务收到的现金”增加了 20.4 万元。

参照表 4—4，乙公司编制会计分录如下：

借：银行存款　　　　　　　　　　204 000
　坏账准备　　　　　　　　　　　20 000
　营业外支出——债务重组损失　　　10 000
　贷：应收账款——甲公司　　　　　　234 000

第四种情形：乙公司已经为该项债权计提了 4 万元坏账准备。

乙公司既然已经计提了 4 万元坏账准备，而实际发生的损失只有 3 万元，所以债务重组当日要冲销多计提的 1 万元损失，即转回资产减值损失 1 万元。

乙公司债务重组的业务用会计等式模板描述见表 4—5。

表 4—5 债权人乙公司债务重组业务的会计等式模板描述(情形 4)

单位:万元

资产负债表要素	资产			=	负债	+	所有者权益
资产负债表项目	货币资金	应收账款		=		+	未分配利润
资产负债表科目	银行存款	应收账款	坏账准备	=		+	利润分配
资产负债表二级科目		甲公司		=		+	未分配利润
之前重要项目的余额	* * *	23.4	—4	=		+	* * *
2018.5.6 进行债务重组	+20.4	—23.4	+4	=		+	+1(资产减值损失)

乙公司资产负债表的“货币资金”项目增加了 20.4 万元,“应收账款”项目减少了 19.4 万元,“未分配利润”项目增加了 1 万元;所有者权益变动表中,“综合收益行”“未分配利润”列增加了 1 万元;利润表中,“资产减值损失”减少了 1 万元;现金流量表中,“销售商品提供接受劳务收到的现金”增加了 20.4 万元。

参照表 4—5,乙公司编制会计分录如下:

借:银行存款　　204 000
　坏账准备　　30 000
　贷:应收账款——甲公司　　234 000

借:坏账准备　　10 000
　贷:资产减值损失　　10 000

(二)以非现金资产清偿债务

债务人以存货、固定资产、无形资产、投资性房地产、长期股权投资等非现金资产清偿某项债务的,无论债务人还是债权人,都采用“两笔交易观”来进行会计处理。

1.债务人的处理

债务人视同通过两笔业务来完成债务重组。

第一笔:处置非现金资产,获得现金。

债务人视同将用以清偿债务的非现金资产按照其公允价值处置掉,获得等额现金,同时产生资产处置损益。如果所处置的非现金资产属于增值税应税资产,那么非现金资产的公允价值中含有增值税销项税额。会计处理与处置非现金资产相同。

债务人在处置非现金资产过程中发生的增值税以外的的其他税费,如资产评估费、运杂费等,也计入资产处置损益中。

第二笔:将处置非现金资产所获得的现金偿还债务。

会计处理与以现金清偿债务的债务重组相同。

2.债权人的处理

债权人也视同完成了两笔业务。

第一笔:债权求偿,获得现金。债权人视同得到了与非现金资产的公允价值等额的现金来求偿债权。如果是增值税一般纳税人,非现金资产的公允价值中含有增值税。会计处理与以现金清偿债务的债务重组。

第二笔：以现金购买非现金资产。

债权人视同以债权求偿得到的现金购入债务人的非现金资产。会计处理与以现金购买非现金资产相同。

【例 4—2】 甲乙公司均为增值税一般纳税人。2016 年 5 月，甲公司从乙公司购进材料，由于发生财务困难，欠款 35 万元一直没有偿还。2018 年 3 月，经双方协商，乙公司同意甲公司以其生产的产品偿还债务。该产品的含税公允价值为 23.2 元，适用的增值税税率为 16%，实际成本为 12 万元。乙公司于 2018 年 4 月 26 日收到甲公司抵债的产品并作为库存商品入库；乙公司对该项应收账款计提了 5 万元的坏账准备。

甲公司用含税公允价值为 23.2 万元的产品抵偿 35 万元的债务。甲公司获得债务重组收益 11.8 万元。乙公司也损失了 11.8 万元，但是由于之前已经确认了 5 万元损失，所以发生了 6.8 万元债务重组损失。

此例中用以抵债的是非现金资产，债务人与债权人均要以“两笔交易观”来看待债务重组。

(1)债务人甲公司的会计处理

第一笔：处置非现金资产，获得现金。

债务人处置成本为 12 万元的产品，含税售价 23.2 万元，增值税税率为 16%，收入为 20 万元，产生资产处置收益 8 万元，并视同获得了 23.2 万元现金。

第二笔：以现金清偿债务。

视同甲公司将所获得的 23.2 万元现金偿还了所欠乙公司 35 万元的债务，获得了 11.8 万元的债务重组收益。

用会计等式模板描述见表 4—6。

表 4—6 债务人甲公司债务重组业务的会计等式模板描述

单位：万元

资产负债表要素	资　产		＝	负　债		＋	所有者权益
资产负债表项目	货币资金	存货	＝	应付账款	应交税费	＋	未分配利润
资产负债表科目	银行存款	库存商品	＝	应付账款	应交税费	＋	利润分配
资产负债表二级科目			＝	乙公司	应交增值税	＋	未分配利润
重组前重要项目的余额	* * *	12	＝	35	* * *	＋	* * *
2018.4.26 进行债务重组		−12	＝			＋	−12（主营业务成本）
	＋23.2①		＝		＋3.2	＋	＋20（主营业务收入）
	−23.2①		＝	−35		＋	＋11.8（营业外收入）

①两笔交易观下形成的数，实际并未产生现金流

资产负债表的“存货”减少 12 万元，应付账款减少 35 万元，“应交税费”增加 3.2 万元，“未分配利润”增加 19.8 万元；所有者权益变动表的“综合收益总额”行的“未分配利润”列增加了 19.8 万元；利润表中，“营业收入”增加了 20 万元，“营业成本”增加了 12 万元，“营业外收入”增加了 11.8 万元。现金流量表不受影响。

参照表 4—6，甲公司在 2018 年 4 月 26 日编制会计分录如下：

①视同处置存货

借：银行存款　　232 000

　贷：主营业务收入　　200 000

　　　应交税费——应交增值税（销项税额）　　32 000

②结转存货成本

借：主营业务成本　　120 000

　贷：库存商品　　120 000

③视同以处置存货得到的现金偿债

借：应付账款——乙公司　　350 000

　贷：银行存款　　232 000

　　　营业外收入——债务重组收益　　118 000

其实并没有真正产生现金流入和流出，上述第①和第③笔分录合并在一起，如下：

借：应付账款——乙公司　　350 000

　贷：主营业务收入　　200 000

　　　应交税费——应交增值税（销项税额）　　32 000

　　　营业外收入——债务重组收益　　118 000

(2)债权人乙公司的会计处理

第一笔：债权获偿，取得现金

债权人 35 万元的债权以 23.2 万元求偿，产生损失 11.8 万元。由于此前已经确认了 5 万元损失，债务重组日确认剩余的 6.8 万元。

第二笔：以现金购入非现金资产

债权人以获得的 23.2 万元现金购入对方的产品作为原材料，购入成本 20 万元，增值税进项税额 3.2 万元。

用会计等式模板描述见表 4—7。

乙公司资产负债表的“应收账款”项目减少 30 万元，“存货”项目增加 20 万元，“应缴税费”项目减少 3.2 万元，“未分配利润”项目减少 6.8 万元；所有者权益变动表的“综合收益”行“未分配利润”列减少 6.8 万元；利润表的“营业外支出”项目增加了 6.8 万元；现金流量表不受影响。

参照表 4—7，乙公司编制会计分录如下：

表 4—7 债权人乙公司债务重组业务的会计等式模板描述

单位:万元

资产负债表要素	资　　产				=	负　　债	+	所有者权益
资产负债表项目	货币资金	应收账款		存货	=	应交税费	+	未分配利润
资产负债表科目	银行存款	应收账款	坏账准备	原材料	=	应交税费	+	利润分配
资产负债表二级科目		甲公司			=	应交增值税	+	未分配利润
重组前重要项目的余额	* * *	35	—5	* * *	=	* * *	+	* * *
2018.4.26 进行债务重组	+23.2①	—35	+5		=		+	—6.8(营业外支出)
	—23.2①			+20	=	—3.2	+	

①两笔交易观下的数,实际并未产生现金流。

①视同债权以现金求偿

借:银行存款　　232 000

　坏账准备　　50 000

　营业外支出——债务重组损失　　68 000

　贷:应收账款——甲公司　　350 000

②视同以现金购买原材料

借:原材料　　200 000

　应交税费——应交增值税(进项税额)　　32 000

　贷:银行存款　　232 000

而上述两笔分录中的“银行存款”科目并没有发生额,所以应将这两笔合并,从而抵消“银行存款”科目借贷方发生额。抵消以后分录如下:

借:原材料　　200 000

　应交税费——应交增值税(进项税额)　　32 000

　坏账准备　　50 000

　营业外支出——债务重组损失　　68 000

　贷:应收账款——甲公司　　350 000

【例 4—3】 甲公司从乙公司购进设备,应付账款 100 万元久欠未还。乙公司已经为该笔债权计提了 20 万元坏账准备。2018 年 3 月双方协商,同意进行债务重组,以甲公司持有的作为交易性金融资产的丙公司的若干股票抵偿给乙公司。2018 年 6 月 5 日,办妥丙公司股票的化转手续。当日这些股票的公允价值为 94 万元。甲公司取得股票的成本为 80 万元,最近一个资产负债表日的公允价值为 90 万元。乙公司取得丙公司股票作为长期股权投资。

(1)债务人甲公司的处理

第一笔:处置非现金资产,得到现金

甲公司处置交易性金融资产,得到与其公允价值 94 万元等额的现金。该交易性金融资产的账面价值为 90 万元，处置资产获得投资收益 4 万元，同时将之前产生的公允价值变动损益 10(90－80)万元转入投资收益。

第二笔：以现金偿还债务

债务人用现金 94 万元偿还所欠乙公司 100 万元债务，产生债务重组收益 6 万元。

用会计等式模板描述见表 4－8。

表 4－8 债务人甲公司债务重组业务的会计等式模板描述

单位：万元

资产负债表要素	资产			=	负债	+	所有者权益
资产负债表项目	货币资金	交易性金融资产		=	应付账款	+	未分配利润
资产负债表科目	银行存款	交易性金融资产		=	应付账款	+	利润分配
资产负债表二级科目		成本	公允价值变动	=	乙公司	+	未分配利润
重组前重要项目的余额	***	80	10	=	100	+	***
2018.6.5.进行债务重组	＋94①	－80	－10	=		+	＋14(投资收益) －10(公允价值变动损益)
	－94①			=	－100	+	＋6 营业外收入

①两笔交易观下的数，实际并未产生现金流

从表 4－8 看出，资产负债表的“交易性金融资产”项目减少了 90 万元，“应付账款”项目减少了 100 万元，“未分配利润”增加了 10 万元；所有者权益变动表的“综合收益”行“未分配利润”列增加了 10 万元；利润表的“投资收益”增加了 14 万元，“公允价值变动损益”减少了 10 万元，“营业外收入”增加了 6 万元；现金流量表不受影响。

参照表 4－8，债务人甲公司编制会计分录如下：

①视同甲公司处置了交易性金融资产，得到了现金

借：银行存款　　940 000
　　公允价值变动损益　　100 000
　贷：交易性金融资产——成本　　800 000
　　　　　　　　　——公允价值变动　100 000
　　　投资收益　　140 000

②视同以现金偿还债务

借：应付账款——乙公司　　1 000 000
　贷：银行存款　　940 000
　　　营业外收入——债务重组收益　　60 000

其实并未发生 94 万元现金的流入和流出，将上述两笔分录合并如下：

借：应付账款——乙公司　　1 000 000
　　公允价值变动损益　　100 000

贷:交易性金融资产——成本　　　　800 000

　　　　　　　　——公允价值变动　　　　100 000

　　投资收益　　　　140 000

　　营业外收入——债务重组收益　　　　60 000

(2)债权人乙公司的处理

第一笔:债权获偿,得到现金

视同乙公司的应收账款 100 万元以 94 万元现金获偿,产生 6 万元损失。之前乙公司已经为该项债权计提了 20 万元坏账准备,有 14 万元多计提了,予以转回。

第二笔:以现金购入非现金资产

乙公司以 94 万元现金购入丙公司股票,作为长期股市投资。

用会计等式模板描述见表 4—9。表 4—9 见附页。

表 4—9　债权人乙公司债务重组业务的会计等式模板描述

单位:万元

资产负债表要素	资产				=	负债	+	所有者权益
资产负债表项目	货币资金	应收账款		长期股权投资	=		+	未分配利润
资产负债表科目	银行存款	应收账款	坏账准备	长期股权投资	=		+	利润分配
资产负债表二级科目		甲公司			=		+	未分配利润
重组前重要项目的余额	***	100	−20	***	=		+	***
2018.6.5 进行债务重组	+94①	−100	+20		=		+	+14 (资产减值损失)
	−94①			+94	=		+	

①两笔交易观下的数,实际并未产生现金流

债权人乙公司资产负债表的“应收账款”项目减少了 80 万元,“长期股权投资”项目增加了 94 万元,“未分配利润”增加了 14 万元;所有者权益变动表的“综合收益”行“未分配利润”列增加了 14 万元;利润表的“资产减值损失”项目减少了 14 万元;现金流量表不受影响。债权人在债务重组中似乎不仅没有带来损失,反而产生了收益,其实债权人的损失早在计提资产减值准备的时候就确认了。因为当时确认了 20 万元损失(坏账准备的余额),而债务重组实际带来的损失只有 6 万元,所以冲回当时多计的损失 14 万元,当期才产生了 14 万元的收益。

参照表 4—9,2018 年 4 月 26 日债权人乙公司编制会计分录如下:

①视同债权以现金求偿

借:银行存款　　　　940 000

　　坏账准备　　　　200 000

　贷:应收账款——甲公司　　　　1 000 000

　　　资产减值损失　　　　140 000

②视同以现金购入债务人的资产

借:长期股权投资　　　　940 000

贷:银行存款　　　　　　　　　　940 000

以上两笔分录合并成以下分录:

借:长期股权投资　　　　　　　940 000
　坏账准备　　　　　　　　　　200 000
　贷:应收账款——甲公司　　　　　1 000 000
　　资产减值损失　　　　　　　　140 000

二、债务转为资本

以债务转为资本方式进行债务重组,债务人的债务转变为股东投入的资本,债权人的债权转变为股权。债务人和债权人之间的关系转变为被投资者和投资者之间的关系。

债务转为资本的债务重组,债务人和债权人均可采用两笔交易观来看待。

(一)债务人的处理

债务转为资本的债务重组,债务人视同发生了两笔交易。

第一笔:向债权人增发股份,得到现金。

债务人视同以自身股份的公允价值向债权人增发股份,从债权人那里得到了现金。会计处理等同于增发股份。

第二笔:以现金清偿债务

债务人视同从债权人那里得到现金之后,又支付给债权人以清偿债务。会计处理同以现金清偿债务的债务重组。

(二)债权人的处理

债权人将债务转为资本的债务重组,视同发生了两笔交易。

第一笔:债权获偿,得到现金。

会计处理同以现金清偿债务的债务重组。

第二笔:以现金购入债务人增发的股份。

会计处理同购买其他公司股权。

【例 4—4】 2016 年 7 月 1 日,甲公司向乙公司购入货物,欠款 2 000 万元因财务困难无法偿付。经双方协商同意,甲公司增发股份 100 万股给乙公司用以偿债。2018 年 7 月 8 日,办理股票登记手续。当日,甲公司股份的公允价值为每股 17 元,每股面值 1 元。乙公司已经对该项应收账款计提了坏账准备 200 万元。乙公司持有甲公司股份作为长期股权投资。

(1)债务人甲公司的处理

甲公司视同发生了两笔交易。

第一笔,向乙公司增发股份,得到现金。甲公司以每股 17 元向乙公司增发股份 100 万股,得到 1 700 万元现金。股本增加 100 万元,资本公积增加 1 600 万元。

第二笔,以现金支付债务。

甲公司以增发股份得到的现金 1 700 万元偿还所欠乙公司款 2 000 万元,产生债务重组收益 300 万元。

甲公司的业务用会计等式模板描述见表 4—10。

表 4—10　债务人甲公司债务重组业务会计等式模板描述

单位:万元

资产负债表要素	资产	=	负债	+	所有者权益		
资产负债表项目	货币资金	=	应付账款	+	股本	资本公积	未分配利润
资产负债表科目	银行存款	=	应付账款	+	股本	资本公积	利润分配
资产负债表二级科目		=	乙公司	+		股本溢价	未分配利润
重组前重要项目的余额	***	=	2 000	+	***	***	***
2018.7.8. 进行债务重组	+1 700①	=		+	+100	+1 600	
	−1 700①	=	−2 000	+			+300(营业外收入)

①两笔交易观下的数,实际并未产生现金流

表 4—10 显示,甲公司资产负债表的"应付账款"项目减少 2 000 万元,"股本"项目增加 100 万元,"资本公积"项目增加 1 600 万元,"未分配利润"项目增加 300 万元;所有者权益变动表的"综合收益"行"未分配利润"列增加了 300 万元;利润表的"营业外收入"增加了 300 万元。现金流量表不受影响。

参照表 4—10,2018 年 7 月 8 日编制会计分录如下:

①视同发行股票取得了现金

借:银行存款　　17 000 000

　贷:股本　　1 000 000

　　资本公积　　16 000 000

②视同以现金偿还了债务

借:应付账款——乙公司　　20 000 000

　贷:银行存款　　17 000 000

　　营业外收入——债务重组收益　　3 000 000

将上述两笔会计分录合并,抵消"银行存款"科目借贷方发生额。合并后分录如下:

借:应付账款——乙公司　　20 000 000

　贷:股本　　1 000 000

　　资本公积　　16 000 000

　　营业外收入——债务重组收益

　　　　3 000 000

(2)债权人乙公司的处理

乙公司也视同发生了两笔交易。

第一笔,债权获偿,得到现金。

乙公司 2 000 万元债权以 1 700 万元获偿,产生损失 300 万元。由于之前已经通过计提坏账准备的方式确认损失 200 万元,所以债务重组当日继续确认损失 100 万元。

第二笔,以现金购买甲公司增发的股权。

乙公司以现金 1 700 万元购入甲公司增发的股份 100 万股,作为长期股权投资。

甲公司的业务用会计等式模板描述见表 4—11。

表 4—11 债权人乙公司债务重组业务的会计等式模板描述

单位:万元

资产负债表要素	资产				=	负债	+	所有者权益
资产负债表项目	货币资金	应收账款		长期股权投资	=		+	未分配利润
资产负债表科目	银行存款	应收账款	坏账准备	长期股权投资	=		+	利润分配
资产负债表二级科目		甲公司			=		+	未分配利润
重组前重要项目的余额	***	2 000	—200	***	=		+	***
2018.7.8. 进行债务重组	+1 700①	—2 000	+200		=		+	—100(营业外支出)
	—1 700①			+1 700	=		+	

①两笔交易观下的数,实际并未产生现金流

债权人乙公司资产负债表的“应收账款”项目减少了 1 800 万元,“长期股权投资”项目增加了 1 700 万元,“未分配利润”项目减少了 100 万元;所有者权益变动表的“综合收益”行“未分配利润”列减少了 100 万元;利润表的“营业外支出”项目增加了 100 万元;现金流量表不受影响。

参照表 4—11,2018 年 7 月 8 日编制会计分录如下:

①视同债权以现金求偿

借:银行存款　　17 000 000

　坏账准备　　2 000 000

　营业外支出——债务重组损失　　1 000 000

　贷:应收账款——甲公司　　2 000 000

②视同以现金购入了对方的资产

借:长期股权投资　　17 000 000

　贷:银行存款　　17 000 000

两笔分录合并抵消“银行存款”科目如下:

借:长期股权投资　　17 000 000

　坏账准备　　2 000 000

　营业外支出——债务重组损失　　1 000 000

　贷:应收账款——甲公司　　2 000 000

三、修改其他债务条件

修改其他债务条件的债务重组,是指以资产清偿债务、以资本清偿债务以外的债务重组,比如降低债务利率,减少本金额等。这种债务重组是用新的债务替代旧债务。在新的债务约定中,本金或者利率相比旧债务减少或者降低了,即新债务的公允价值低于旧债务的账面余额。

修改其他债务条件的债务重组,根据新的债务约定中是否包含或有条件,分为附获有条件的债务重组和不附获有条件的债务重组。附或有条件的债务重组是指，在新的债务约定中包含债务人的或有支付条件，债务人需要根据未来某种不确定事项的发生或不发生而决定是否额外支付以及支付多少。比如在新的债务协议中约定，未来债务人的销售收入一旦达到某种水平，债务人额外向债权人支付。而债务人的销售收入是否能够达到这种水平，在债务重组日尚不确定。

在会计处理中，修改其他债务条件的债务重组要区分附或有条件和不附或有条件两种情况。

（一）不附或有条件的债务重组

不附或有条件的债务重组，在新的债务约定中，债务人未来支付给债权人的金额和时间是确定的，于是根据资本市场的平均利率，就可以确定新债务的公允价值，该金额一定低于重组债务的账面余额。

1. 债务人的处理

债务人以两笔交易观来看待修改其他条件的债务重组。

第一笔：举债，得到现金

视同债务人按照新的债务协议向债权人举债，获得与新债务公允价值等额的现金。

新债务的公允价值＝新债务未来的现金流以资本市场平均利率折成的现值

第二笔：以现金清偿债务。

2. 债权人的处理

债权人也用两笔交易观来看待修改其他条件的债务重组。

第一笔：债权以现金获偿。

第二笔：按照新的债务协议，为债务人提供借款。

【例 4－5】 甲公司 2016 年 2 月 25 日因购进设备欠乙公司 100 万元。甲公司资金周转困难导致无法偿债。双方于 2018 年 1 月 5 日进行债务重组。双方约定，甲公司在未来四年每年年末偿还债务 25 万元。同期资本市场利率为 4%。乙公司已为该项应收款项计提了 10 万元坏账准备。

(1)债务人甲公司的处理

第一笔：举债

债务人甲公司视同从债权人乙公司那里举借新的债务，债务本金为新债务的公允价值。

新债务的公允价值＝25PVIFA(4,4%)＝25×3.6299＝90.7475(万元)。

第二笔：用现金偿债。

视同债务人甲公司用现金 90.7475 万元偿还 100 万元债务，产生债务重组收益 9.2525 万元。

用会计等式模板描述见表 4－12。

债务人甲公司资产负债表新旧负债相抵后“应付账款”项目减少了 92 525 元，“未分配利润”项目增加了 92 525 元；所有者权益变动表的“综合收益总额”行“未分配利润”增加了 92 525 元；利润表的“营业外收入”增加了 92 525 元。现金流量表不受影响。总之，金额较小的新债务替代了金额较大的旧债务，产生了 92 525 元收益。

表 4—12　债务人甲公司债务重组会计等式模板描述

单位:元

资产负债表要素	资产	＝	负债		＋	所有者权益
资产负债表项目	货币资金	＝	应付账款		＋	未分配利润
资产负债表科目	银行存款	＝	应付账款	应付账款	＋	利润分配
资产负债表二级科目		＝	乙公司	乙公司	＋	未分配利润
重组前重要项目的余额	***	＝	1 000 000		＋	***
2018.1.5. 进行债务重组	＋907 475①	＝		＋907 475	＋	
	－907 475①	＝	－1 000 000		＋	＋92 525(营业外收入)

①两笔交易观下的数,实际并未产生现金流

根据表 4—12,债务人甲公司在 2018 年 1 月 5 日编制会计分录如下:

①视同从债权人那里筹得了一笔款项

借:银行存款　　　　　　　　907 475

　贷:应付账款——乙公司　　　　　907 475

②视同用筹得的款项偿还债务

借:应付账款——乙公司　　1 000 000

　贷:银行存款　　　　　　　　　907 475

　　营业外收入——债务重组收益　92 525

上述两笔分录合并在一起如下:

借:应付账款——乙公司　　　　　1 000 000

　贷:应付账款——乙公司　　　　　　907 475

　　营业外收入——债务重组收益　　　92 525

(2)债权人乙公司的处理

第一笔:债权以现金获偿。

乙公司 100 万元债权以 90.7475 万元获偿,之前已经计提了 10 万元坏账准备,坏账准备计提多余 7 475 元,冲回。

第二笔:按照新债务协议向债务人提供借款

债权人按照新债务协议向债务人提供借款 90.7475 万元。

用会计等式模板描述见表 4—13。

债权人乙公司资产负债表的“应收账款”项目增加了 7 475 元,“未分配利润”项目增加了 7 475 元;所有者权益变动表的“综合收益总额”行“未分配利润”增加了 7 475 元;利润表的“营业外收入”增加了 7 475 元。现金流量表不受影响。总之,新债权 907 475 元替代了旧债权 900 000 元,产生了 7 475 元收益。债务重组中债权人本来是做出让步的,利润表之所以报告了收益,是因为过去对这笔债权确认的减值损失多于债权人因让步产生的损失。

参照表 4—13,2018 年 1 月 5 日编制会计分录如下:

①视同从甲公司求偿债权得到了现金

借：银行存款　　　　　　　　907 475
　坏账准备　　　　　　　　100 000
　贷：应收账款——甲公司　　　　1 000 000
　　资产减值损失　　　　　　　　7 475

②视同将得到的现金又借给债务人甲公司

借：应收账款——甲公司　　　907 475
　贷：银行存款　　　　　　　　907 475

两笔分录合并抵消“银行存款”科目如下：

借：应收账款——甲公司　　　907 475
　坏账准备　　　　　　　　100 000
　贷：应收账款——甲公司　　　　1 000 000
　　资产减值损失　　　　　　　　7 475

表 4—13　债权人乙公司债务重组业务的会计等式模板描述

单位：元

资产负债表要素	资产				=	负债	+	所有者权益
资产负债表项目	货币资金	应收账款			=		+	未分配利润
资产负债表科目	银行存款	应收账款	坏账准备	应收账款	=		+	利润分配
资产负债表二级科目		甲公司		甲公司	=		+	未分配利润
重组前重要项目的余额	***	1 000 000	−100 000		=		+	***
2018.1.5. 进行债务重组	+907 475①	−1 000 000	+100 000		=		+	+7 475(资产减值损失)
	−907 475①			+907 475	=		+	

①两笔交易观下的数，实际并未产生现金流

(二)附或有条件的债务重组

如果在债务重组协议中包含了或有支付，按照《或有事项》准则的规定，债务人如果满足了预计负债的确认条件，就要确认预计负债；而债权人相关资产要基本确定能够流入经济利益时才确定。

1. 债务人的处理

如果债务人的或有支付满足了预计负债的确认条件，那么相比不附或有条件的债务重组，债务人的新债务中包含了预计负债，此时

债务重组收益＝旧债务的账面余额 －(新债务的公允价值＋预计负债)

2. 债权人的处理

除非债务人的或有支付最终成为确定的支付，否则债权人不确认这笔债权。

四、两种或两种以上混合方式

如果采用以上两种或三种方式的混合来进行债务重组。那么债务人为进行债务重组付

出的代价是以下这些资源的公允价值的总和：现金、非现金资产、增发的股份以及新承担的债务。债务人债务重组收益是所付出资源的公允价值总额与重组债务账面余额的差额。债权人所得到的以上资源的公允价值总额与重组债务账面余额的差额，是债权人的损失，但是这一损失是否作为债务重组损失，要视债权人之前为该项债权计提了多少坏账准备而定。如果坏账准备计提得不够，则不足部分作为债务重组损失；如果坏账准备计提过多，则多余部分冲回。

【例4－6】 甲公司欠乙公司1 000万元。甲公司因财务困难，久欠未还。甲乙公司协商进行债务重组，甲公司用现金52万、一套含税公允价值为348万元的设备偿还（增值税税率16%，设备原值300万元，已经计提折旧50万元），其余未偿还部分在未来四年内偿还，每年年末偿还100万元，资本市场平均利率为4%。乙公司已经为该笔债权计提了200万元坏账准备。2018年4月15日，甲公司支付现金、转移设备给乙公司。乙公司取得该设备作为的存货。

新债务的公允价值＝100PVIFA（4，4%）＝362.99（万元）。

甲公司用以抵债的资源的公允价值总额＝52＋348＋362.99＝762.99（万元）

债务人以此金额偿还1 000万元债务，获得债务重组收益237.01万元；债权人承担237.01万元的损失，由于之前已经计提过200万元坏账准备，债务重组日确认债务重组损失37.01万元。

（1）债务人甲公司的处理

债务人甲公司以两笔交易观来看待债务重组：第一笔，视同以348万元含税公允价值出售了固定资产取得现金，另外新增借款取得现金362.99万元，合计710.99万元；第二笔，支付762.99万元偿还了债务1 000万元，取得债务重组收益237.01万元。

会计等式模板描述见表4－14。

表4－14 债务人甲公司债务重组会计等式模板描述

单位：万元

资产负债表要素	资产				=	负债			+	所有者权益
资产负债表项目	货币资金	固定资产		固定资产清理	=	应付账款		应交税费	+	未分配利润
资产负债表科目	银行存款	固定资产	累计折旧	固定资产清理	=	应付账款	应付账款	应交税费	+	利润分配
资产负债表二级科目					=	乙公司	乙公司	应交增值税	+	未分配利润
重组前重要项目的余额	***	300	−50	***	=		1 000	***	+	***
2018.4.15.进行债务重组		−300	+50	+250	=				+	
	+348①			−300	=			+48	+	
				+50	=				+	+50（资产处置收益）
	+362.99①				=	+362.99			+	
	−762.99①				=		−1 000		+	+237.01（营业外收入）

①两笔交易观下的数，真正流出现金52万元。

债务人甲公司资产负债表的“货币资金”项目减少了 52 万元，“固定资产”项目减少了 250 万元，新旧债务相抵后“应付账款”减少了 637.01 万元，“应交税费”项目增加了 48 万元，“未分配利润”项目增加了 287.01 万元。所有者权益变动表的“综合收益总额”行“未分配利润”增加了 287.01 万元；利润表的“资产处置收益”增加了 50 万元，“营业外收入”增加了 237.01 万元。现金流量表“购买商品接受劳务支付的现金”增加了 52 万元。

参照表 4－14 编制会计分录如下：

①固定资产账面价值转入清理

借：固定资产清理　2 500 000

　累计折旧　500 000

　贷：固定资产　3 000 000

②清理固定资产产生清理收益，视同得到现金

借：银行存款　3 480 000

　贷：应交税费——应交增值税（销项税额）　480 000

　　固定资产清理　3 000 000

③固定资产清理的净损益转入“资产处置收益”科目

借：固定资产清理　500 000

　贷：资产处置收益　500 000

④取得新借款视同得到了现金

借：银行存款　3 629 900

　贷：应付账款——乙公司　3 629 900

⑤视同用现金 762.99 万元偿还债务

借：应付账款——乙公司　10 000 000

　贷：银行存款　7 629 900

　　营业外收入——债务重组收益 2 370 100

将包含“银行存款”科目的第②、④和⑤笔分录合并如下：

⑥借：应付账款——乙公司　1 000 000

　贷：应付账款——乙公司　3 629 900

　　应交税费——应交增值税（销项税额）　480 000

　　固定资产清理　3 000 000

　　银行存款　520 000

　　营业外收入——债务重组收益　2 370 100

（2）债权人乙公司的处理

债权人以两笔交易观来看待该债务重组。

第一笔，视同 1 000 万元债权获偿，得到 762.99 万元现金，债务重组做出让步 237.01 万元，由于之前已经计提了 200 万元坏账准备，债务重组日发生损失 37.01 万元。

第二笔，视同债权人以 348 元现金购入了债务人甲公司的设备，购入成本 300 万元，进项税额 48 万元；另出借给甲公司 362.99 万元。

乙公司的业务用会计等式模板描述见表 4－15。

表 4－15 债权人乙公司债务重组业务的会计等式模板描述

单位：万元

资产负债表要素	资产					＝	负债	＋	所有者权益
资产负债表项目	货币资金	应收账款			存货	＝	应交税费	＋	未分配利润
资产负债表科目	银行存款	应收账款	坏账准备	应收账款	库存商品	＝	应交税费	＋	利润分配
资产负债表二级科目		甲公司		甲公司		＝	应交增值税	＋	未分配利润
重组前重要项目的余额	***	1 000	－200		***	＝	***	＋	***
2018.4.15 进行债务重组	＋762.99①	－1 000	＋200			＝		＋	－37.01（营业外支出）
	－348①				＋300	＝	－48	＋	
	－362.99①			＋362.99		＝		＋	

①两笔交易观下的数，真正流入现金 52 万元。

债权人乙公司资产负债表的“货币资金”项目增加了 52 万元，新旧债权相抵后“应收账款”项目减少了 437.01 万元，“库存商品”项目增加了 300 万元，“应交税费”项目减少了 48 万元，“未分配利润”项目减少了 37.01 万元；所有者权益变动表的“综合收益总额”行“未分配利润”列减少了 37.01 万元；利润表的“营业外支出”项目增加了 37.01 万元；现金流量表“销售商品提供劳务流入的现金”增加了 52 万元。

参照表 4－15，债权人乙公司编制会计分录如下：

①借：银行存款　　7 629 900
　　坏账准备　　2 000 000
　　营业外支出　　370 100
　贷：应收账款——甲公司　　1 000 000

②借：库存商品　　3 000 000
　　应交税费——应交增值税（进项税额）　　480 000
　贷：银行存款　　3 480 000

③借：应收账款——甲公司　　3 629 900
　贷：银行存款　　3 629 900

将包含“银行存款”科目的第①、②和③笔分录合并如分录④：

④借：库存商品　　3 000 000
　　营业外支出　　370 100
　　应交税费——应交增值税（进项税额）　　480 000
　　银行存款　　520 000
　　坏账准备　　200 000

贷:应收账款——甲公司　　　　　　　　　　4 570 100

五、关联方关系下的债务重组

(一)关联方的界定

关联方是指因投资或管理因素而与企业存在特殊关系的利益相关者。

《企业会计准则第 36 号——关联方披露》规定,一方控制、共同控制另一方或对另一方施加重大影响,以及两方或两方以上同受一方控制、共同控制或重大影响的,构成关联方。下列各方构成企业的关联方:

➢ 该企业的母公司。

➢ 该企业的子公司。

➢ 与该企业受同一母公司控制的其他企业。

➢ 对该企业实施共同控制的投资方。

➢ 对该企业施加重大影响的投资方。

➢ 该企业的合营企业。

➢ 该企业的联营企业。

➢ 该企业的主要投资者个人及与其关系密切的家庭成员。主要投资者个人,是指能够控制、共同控制一个企业或者对一个企业施加重大影响的个人投资者。

➢ 该企业或其母公司的关键管理人员及与其关系密切的家庭成员。关键管理人员,是指有权力并负责计划、指挥和控制企业活动的人员。与主要投资者个人或关键管理人员关系密切的家庭成员,是指在处理与企业的交易时可能影响该个人或受该个人影响的家庭成员。

➢ 该企业主要投资者个人、关键管理人员或与其关系密切的家庭成员控制、共同控制或施加重大影响的其他企业。

需要注意区分关联方和利益相关者。仅与企业存在下列关系的各方,属于企业的利益相关者,不构成企业的关联方:与该企业发生日常往来的资金提供者、公用事业部门、政府部门和机构;与该企业发生大量交易而存在经济依存关系的单个客户、供应商、特许商、经销商或代理商。

另外与该企业共同控制合营企业的合营者以及仅仅同受国家控制而不存在其他关联方关系的企业,都不是企业的关联方。

(二)关联方关系下的交易

关联方之间进行交易,会因为两者之间特殊的利益关系而违背市场公平原则,比如一方作为上市公司向另一方输送利益,以满足另一方在资本市场再融资的条件或者保持上市资格,最终达到输送利益一方的私人目标。而这样做会导致会计信息扭曲,破坏资本市场资源配置的功能,影响资本市场的健康发展。所以会计准则要求企业只有在提供确凿证据的情况下,才能披露关联方交易是公平交易。即,首先假定关联方之间的交易是不公允的,然后由企业提供证据说明交易的公允性,以推翻该假定。

如果企业不能提供证据说明关联交易是公允的,那么(1)交易的结果不能计入利润表;(2)经济资源以原账面价值而非公允价值计量。这种处理与不具有商业实质的非货币性资产交换的处理是一致的。

（三）关联方关系下的债务重组

债务人如果能提供充分的证据说明债务重组不是关联方的利益输送，比如债务人破产、重组程序中全体债权人根据法院批准的重组方案豁免债务，且其中关联方债权人的人数和金额占比都是不重大的，在这种情况下说明债务重组不是关联方债权人与债务人的特别约定，处理方式与不存在关联方关系的债务重组相同。

债务人如果不能提供确凿证据说明债务重组具有合理的商业目的，那么因被豁免债务而产生的收益计入资本公积，用以抵债的非现金资产以账面价值计量，不产生资产处置损益。债权人得到的非现金资产也以账面价值计量。

【例4－7】 甲公司是上市公司，已连续两年亏损，目前经营困难。乙公司是甲公司的母公司。甲公司欠乙公司800万元，因财务困难，久欠未还。甲乙公司协商进行债务重组，甲公司用一批含税公允价值为580万元的存货偿还（增值税税率16％，存货不含税公允价值即计税价格为500万元，增值税销项税额为80万元，存货的成本为400万元）。乙公司已经为该笔债权计提了100万元坏账准备。2018年3月15日，甲公司转移存货给乙公司。双方债权债务关系解除。

这项债务重组是典型的关联方关系下的债务重组，缺乏合理的商业目的，债权人乙公司具有明显的输送利益的嫌疑。双方在此次债务重组中均不能确认损益。

(1)债务人甲公司的处理

甲公司用账面价值为400万元的存货以及承担80万元的销项税额，偿还了800万元的债务，形成的收益320万元计入资本公积。

债务人甲公司的处理用会计等式模板描述见表4－16。

借：应付账款——乙公司　　8 000 000
　贷：库存商品　　4 000 000
　　应交税费——应交增值税（销项税额）　　800 000
　　资本公积——其他资本公积　　3 200 000

表4－16　债务人甲公司债务重组会计等式模板描述

单位：万元

资产负债表要素	资产		＝	负债		＋	所有者权益
资产负债表项目	货币资金	存货	＝	应付账款	应交税费	＋	资本公积
资产负债表科目	银行存款	库存商品	＝	应付账款	应交税费	＋	资本公积
资产负债表二级科目			＝	乙公司	应交增值税	＋	其他资本公积
重组前重要项目的余额		400	＝	800	***	＋	***
2018.3.15.进行债务重组		－400	＝	－800	＋80	＋	＋320

(2)债权人乙公司的处理

债权人乙公司的债权以库存商品获偿，库存商品以债务人的原账面价值400万元计量，同时得到了80万元进项税额，债务重组中做出让步320万元。由于之前计提了100万元坏账准备，产生的损失220万元计入资本公积。

债权人乙公司的处理用会计等式模板描述见表4—17。

借：库存商品　　4 000 000

　　应交税费——应交增值税（进项税额）　　800 000

　　坏账准备　　1 000 000

　　资本公积——其他资本公积　　2 200 000

　贷：应收账款——甲公司　　8 000 000

表4—17　债权人乙公司债务重组会计等式模板描述

单位：万元

资产负债表要素	资产				=	负债	+	所有者权益
资产负债表项目	货币资金	存货	应收账款		=	应交税费	+	资本公积
资产负债表科目	银行存款	库存商品	应收账款	坏账准备	=	应交税费	+	资本公积
资产负债表二级科目			甲公司		=	应交增值税	+	其他资本公积
重组前重要项目的余额		***	800	−100	=	***	+	***
2018.3.15.进行债务重组		+400	−800	+100	=	−80	+	−220

六、债务重组的披露

债务人应当在附注中披露与债务重组有关的下列信息：

➢ 债务重组方式。

➢ 确认的债务重组利得总额。

➢ 将债务转为资本所导致的股本（或者实收资本）增加额。

➢ 或有应付金额。

➢ 债务重组中转让的非现金资产的公允价值、由债务转成的股份的公允价值和修改其他债务条件后债务的公允价值的确定方法及依据。

债权人应当在附注中披露与债务重组有关的下列信息：

➢ 债务重组方式。

➢ 确认的债务重组损失总额。

➢ 债权转为股份所导致的投资增加额及该投资占债务人股份总额的比例。

➢ 或有应收金额。

➢ 债务重组中受让的非现金资产的公允价值、由债权转成的股份的公允价值和修改其他债务条件后债权的公允价值的确定方法及依据。

本章小结

本章界定了债务重组的含义，明确了债务人发生财务困难和债权人做出让步是债务重组的核心。

本章分别以现金清偿债务，以非现金资产清偿债务，增发股票清偿债务，修改其他债务条件以及以上几种方式的混合来阐述债务重组的会计处理。其中以现金清偿债务的处理方式最基本，而其他方式都可以视同在现金清偿债务的基础上同时发生了别的交易，即以两笔交易观来看待。

债务人以所付出资源（现金、非现金资产、增发的股票、新承担的债务）的公允价值与重组债务账面余额的差额作为债务重组收益，计入利润表。债权人得到的资源（现金、非现金资产、债务人的股票、新债权）的公允价值与重组债务账面余额的差额，是债权人在债务重组中让步的金额，如果债权人之前已经为重组债权计提了坏账准备，坏账准备计提不足的，不足部分就是债务重组损失；坏账准备计提过多的，多余部分冲回。

如果债务人与其关联方发生债务重组，除非提供确凿证据说明债务重组具有合理商业目的，并且用以抵债的相关资源的作价是公允的，否则债务人和债权人均不确认债务重组中产生的收益和损失，债权人得到的由债务人用以抵债的资源应以债务人的原账面价值计量。

一、复习思考题

1. 什么是债务重组？

2. 债务重组有哪些方式？

3. 以现金清偿债务的债务重组，债务人和债权人分别如何进行会计处理？

4. 以非现金资产清偿债务的债务重组，债务人和债权人分别如何进行会计处理？

5. 债务转为资本的债务重组，债务人和债权人分别如何进行会计处理？

6. 修改其他债务条件的债务重组，债务人和债权人分别如何进行会计处理？

7. 如果是关联方之间进行债务重组，且无法提供确凿证据说明债务重组具有合理商业目的，债务人和债权人分别如何进行会计处理？

二、练习题

（一）单项选择题

1. 债务人以低于债务账面价值的现金清偿某项债务，债务人应将重组债务的账面价值与支付的现金之间的差额，确认为（　　）。

A. 营业外收入　　B. 其他业务收入　　C. 资本公积　　D. 利润分配

2. 2017 年 2 月 3 日，深广公司销售一批材料给红星公司，不含税价格为 100 000 元，增值税税率为 17%。当年 3 月 20 日，红星公司财务发生困难，无法按合同规定偿还债务，经双方协议，深广公司同意减免红星公司 20 000 元债务，余额用现金立即偿清。深广公司对该项债权计提坏账准备 5 000 元。红星公司应确认的债务重组利得为（　　）元。

A. 20 000　　B. 0　　C. 92 000　　D. 117 000

3. 2017 年 1 月 1 日，深广公司销售一批材料给红星公司，含税价为 105 000 元；2017 年 7 月 1 日，红星公司发生财务困难，无法按合同规定偿还债务，经双方协议，深广公司同意红星公司用产品抵偿该应收账款。该产品市价为 80 000 元，增值税税率为 17%，产品成本为 70 000 元。红星公司为转让的产品计提了存货跌价准备 500 元，深广公司为债权计提了坏账准备 500 元。假定不考虑其他税费。深广公司接受的存货的入账价值为（　　）元。

A. 91 400　　B. 80 000　　C. 90 900　　D. 70 000

4. 甲公司应收乙公司货款800万元。经磋商，双方同意按600万元结清该笔货款。甲公司已经为该笔应收账款计提了100万元坏账准备。在债务重组日，该事项对甲公司和乙公司的影响分别为(　　)。

A. 甲公司资本公积减少200万元，乙公司资本公积增加200万元

B. 甲公司营业外支出增加100万元，乙公司资本公积增加200万元

C. 甲公司营业外支出增加200万元，乙公司营业外收入增加200万元

D. 甲公司营业外支出增加100万元，乙公司营业外收入增加200万元

5. 2018年1月1日，深广公司销售一批材料给红星公司，含税价为130万元。2018年7月1日，红星公司发生财务困难，无法按合同规定偿还债务，经双方协议，深广公司同意红星公司用产品抵偿该应收账款。该产品市价为100万元，增值税税率为17%，产品成本为90万元。红星公司为转让的材料计提了存货跌价准备2万元，深广公司为债权计提了坏账准备5万元。假定不考虑其他税费。深广公司应确认的债务重组损失为(　　)万元。

A. 18　　B. 8　　C. 0　　D. 15

(二)多项选择题

1. 关于债务重组准则，下列说法中正确的有(　　)。

A. 债务重组一定是在债务人发生财务困难情况下发生的。

B. 债务重组一定是债权人按照其与债务人达成的协议或者法院的裁定做出让步的事项。

C. 债务重组既包括持续经营情况下的债务重组，也包括非持续经营情况下的债务重组。

D. 只要债务条件发生变化，无论债权人是否做出让步，均属于债务重组。

2. 债务重组的方式主要包括(　　)。

A. 以资产清偿债务

B. 将债务转为资本

C. 修改其他债务条件，如减少债务本金、减少债务利息等，不包括上述A和B两种方式

D. 以上三种方式的组合

3. 关于债务重组准则中将债务转为资本的，下列说法中正确的有(　　)。

A. 债务人应当将债权人放弃债权而享有的股份的面值总额确认为股本(或者实收资本)，股份的公允价值总额与股本(或者实收资本)之间的差额确认为债务重组利得

B. 债务人应当将债权人放弃债权而享有股份的面值总额确认为股本(或者实收资本)，股份的公允价值总额与股本(或者实收资本)之间的差额确认为资本公积

C. 重组债务的账面价值与股份的公允价值总额之间的差额，计入当期损益

D. 重组债务的账面价值与股份的面值总额之间的差额，计入当期损益

E. 重组债务的账面价值与股份的公允价值总额之间的差额，确认为债务重组损失，计入当期损益

4. 关于债务重组准则中修改其他债务条件的，下列说法中正确的有(　　)。

A. 债务重组以修改其他债务条件进行的，债权人应当将修改其他债务条件后的债权的公允价值作为重组后债权的账面价值，重组债权的账面余额与重组后债权的账面价值之间的差额，计入当期损益。债权人已对债权计提减值准备的，应当先将该差额冲减减值准备，减值准备不足以冲减的部分，计入当期损益。

B. 修改后的债务条款中涉及或有应收金额的，债权人不应当确认或有应收金额，不得将其计入重组后债权的账面价值。

C. 修改后的债务条款中涉及或有应收金额的，债权人应当确认或有应收金额。

D. 债务重组以修改其他债务条件进行的，债权人应当将修改其他债务条件后的债权的公允价值作为重组后债权的账面价值，债权人已对债权计提减值准备的，债权人应将重组债权的账面余额与重组后债权的账面价值之间的差额，计入当期损益。

E. 债务重组采用债务转为资本方式的，债权人已对债权计提减值准备的，债权人应当将享有股份的公允价值确认为对债务人的投资，重组债权的账面价值小于股份的公允价值之间的差额，冲减部分减值准备，不确认为债务重组损失。

(三)账务处理题

1. 2017 年 10 月 10 日，甲公司销售一批材料给乙公司，不含税价格为 100 万元，增值税率为 16%。乙公司财务发生困难，无法按期偿还债务，经双方协商，2018 年 3 月 20 日，甲公司同意减免乙公司 20 万元债务，余款乙公司用现金立即还清，甲公司已对该项应收债权计提坏账准备 15 万元。

要求：甲和乙两家公司如何用会计等式模板描述各自的业务？若甲公司已对该项应收债权计提坏账准备 25 万元，又该如何处理？在会计等式基础上编制会计分录。

2. 2018 年 1 月 1 日，甲公司销售一批产品给丙公司，含税价为 150 万元。2018 年 7 月 10 日，丙公司发生财务困难，无法按合同规定偿还债务，经双方协议，甲公司同意丙公司用产品抵偿该应收账款。该产品不含税价格为 100 万元，增值税税率为 16%，产品成本为 80 万元。甲公司为债权计提了坏账准备 30 万元。假定不考虑其他税费。

分别用会计等式模板描述甲乙两家公司的债务重组业务，并编制会计分录。

3. 甲公司从乙公司购入原材料，欠款 50 万元由于财务困难无法归还，2018 年 10 月 1 日进行债务重组。甲公司以一台作为固定资产的设备抵偿债务。该设备账面原值为 70 万元，已提折旧 30 万元，未计提减值准备，固定资产净值为 40 万元；债务重组日该设备的公允价值(含税，增值税率 16%)为 35 万元。假设不考虑其它税费。乙公司对应收账款已计提坏账准备 4 万元。

分别用会计等式模板描述甲乙两家公司的债务重组业务，并编制会计分录。

（四）财务报表题

查阅“你的”公司的财务报表附注，确定该公司是否存在债务重组；如果存在，债务重组的方式是什么。

如果是债务人，债务重组利得有多少，存在或有应付金额吗？债务重组中转让的非现金资产的公允价值、由债务转成的股份的公允价值和修改其他债务条件后债务的公允价值的确定方法是什么。

如果是债权人，债务重组损失总额是多少，债权转为股份所导致的投资增加额及该投资占债务人股份总额的比例怎样，是否存在或有应收金额，债务重组中受让的非现金资产的公允价值、由债权转成的股份的公允价值和修改其他债务条件后债权的公允价值的确定方法及依据是什么。

第五章

政府补助

【学习目标】

通过学习本章，你应该：

1. 掌握政府补助的定义及其特征；
2. 区分政府补助的类型；
3. 掌握政府补助总额法的账务处理；
4. 掌握政府补助净额法的账务处理；
5. 掌握政府补助退回的账务处理；
6. 掌握财政贴息的账务处理；
7. 了解政府补助的列报。

L公司为从事陆上风力发电的企业。为了鼓励风力发电，政策规定：风力发电售电每千瓦时得到政府补贴4分钱；而为风力发电项目接入电网系统发生的工程投资和运行维护费用，售电每千瓦时得到政府补贴2分钱。

L公司收到上述补助款之后该如何进行处理？《企业会计准则第16号——政府补助》（以下简称《政府补助准则》）对此进行了规范。

第一节　政府补助概述

为了体现一个国家的经济政策，鼓励或扶持特定行业、地区或领域的发展，世界上很多国家，包括市场经济国家的政府通常会制定一些政策法规对有关企业予以经济支持，如无偿拨款、担保、注入资本、提供货物或者服务、购买货物、放弃或者不收缴应收收入等，这是国际上的通行做法。但是政府对企业的经济支持并非都属于《政府补助准则》所规范的政府补助。

一、政府补助的定义

按照《政府补助准则》的定义，政府补助是指企业从政府无偿取得货币性资产或非货币性资产。其主要形式包括政府对企业的无偿拨款、税收返还、财政贴息，以及无偿给予非货币性资产等。

(一)财政拨款

财政拨款是指政府为了支持企业而无偿拨付的款项。为了体现财政拨款的政策引导作用，这类拨款通常具有严格的政策条件，只有符合申报条件的企业才能申请拨款；同时附有明确的使用条件，政府在批准拨款时就规定了资金的具体用途。比如，财政部门拨付给企业的粮食定额补贴，鼓励企业安置职工就业的奖励等均属于财政拨款。

(二)财政贴息

财政贴息是指政府为支持特定领域或区域发展，根据国家宏观经济形势和政策目标，对承贷企业的银行贷款利息给予的补贴。财政贴息的补贴对象通常是符合申报条件的某个综合性项目，包括设备购置、人员培训、研发费用、人员开支、购买服务等，也可以是单项的，比如仅限于固定资产贷款项目。

(三)税收返还

税收返还是指政府按照国家有关规定采取先征后返(退)、即征即退等办法向企业返还的税款，属于以税收优惠形式给予的一种政府补助。

除了税收返还之外，税收优惠还包括直接减征、免征、增加计税抵扣额、抵免部分税额等形式。这类税收优惠体现了政策导向，但政府并未直接向企业无偿提供资产，因此不属于政府补助。

还需要说明的是，增值税出口退税不属于政府补助。根据税法规定，在对出口货物取得的收入免征增值税的同时，退付出口货物前道环节发生的进项税额，增值税出口退税实际上是政府退回企业事先垫付的进项税额，所以不属于政府补助。

(四)无偿划拨非货币性资产

政府向企业无偿划拨土地使用权、天然起源的天然林等。实务中这种情况已经很少见。

需要说明的是，政府补助通常体现为以上几种形式，但并非所有这些形式的经济支持均属于《政府补助准则》所规范的政府补助。是否属于政府补助，应严格按照政府补助的定义来界定。

二、政府补助的特征

政府补助具有如下两个特征。

第一，政府补助是来源于政府的经济资源。对企业收到的来源于其他方的补助，如有确凿证据表明政府是补助的实际拨付者，其他方只是起到代收代付的作用，则该项补助也属于来源于政府的经济资源。例如，某发电集团公司从事风电项目的子公司从母公司收到一笔款项，有确凿证据表明该款项来自于政府对风力发电项目的资助，母公司只是代收代付。在这种情况下，子公司从母公司收到的款项属于政府补助。

政府补助是直接来源于政府的资源。政府通过税收优惠政策，比如直接减征、免征、增加所得税的计税抵扣额从而减少应纳税所得额、抵免部分税额等方式，企业也可以获得来自于政府的帮助。但是这些方式导致的结果是企业流出的经济利益减少了，并不是直接从政府得到了资源，所以不属于政府补助。

一些地方政府为了招商引资或鼓励创业投资，将产业园区内的房产以低于公允价值的价格出租给企业，属于政府对企业的无偿经济支持，但是不涉及资产的直接转移，也不属于政府补助。

第二，政府补助是无偿的，即企业取得来源于政府的经济资源，不需要向政府交付商品或服务等对价。这跟企业与利益相关者的关系是不同。利益相关者向企业提供资源，要根据相关合同和协议索取相关利益：股东要行使分红权、分配剩余财产权和经营决策权；银行要索取本金和利息；员工要索取职工薪酬；供应商要索取货款；客户要索取商品或者劳务。而政府提供补助是无偿的，不索取任何经济利益。如果政府作为企业股东投入资本、作为购买商购买服务等，都不是无偿的，都不属于政府补助。

需要说明的是，政府补助通常附有一定条件，这与政府补助的无偿性并无矛盾，只是政府为了推行其宏观经济政策，对企业使用政府补助的时间、范围和方向进行了限制。企业要仔细研究相关的政策或者合同协议，以判断是否属于政府补助。以研发为例，如果根据有关协议、合同，与研发补贴相关的研发成果完全归企业所有，即企业可以占有、使用、受益、处置该成果，则该项交易属于政府无偿向企业提供资源以支持企业的研发活动，具备无偿性特征，补贴资金应当作为政府补助处理；如果根据有关协议、合同，该研发成果归政府所有，由政府决定研发成果的使用范围以及该成果如何处置等，这实际上是政府委托企业进行研发，属于政府购买服务，那么企业从政府得到的款项就属于收入。

【例 5—1】 甲企业是一家生产和销售节能冰箱的企业。国家为了支持节能冰箱的推广使用，通过统一招标的形式确定了中标企业及中标协议供货价格。甲企业作为中标企业，需以中标协议供货价格减去财政补贴资金后的价格将节能冰箱销售给消费者，并按照节能冰箱实际销售数量、中标协议供货价格、补贴标准，申请财政补贴资金。2017 年度，甲企业因销售节能冰箱获得财政资金 5 000 万元。

本例中，甲企业虽然取得财政补贴资金，但不是最终受益人，最终受益人是从甲企业购买节能冰箱的消费者。即政府以中标协议供货价格从甲企业购买了节能冰箱，再以中标协议供货价格减去财政补贴资金后的价格将产品销售给终端用户。实际操作时，政府不直接从事节能冰箱的购销，但以补贴资金的形式，通过甲企业的销售行为，实现了政府推广使用节能冰箱的目标。对甲企业而言，销售节能冰箱是其日常经营活动，甲企业仍按照中标协议供货价格销售了产品，其销售收入由两部分构成，一是消费者支付的购买价款，二是财政补贴资金，财政补贴资金是甲企业产品销售对价的组成部分。因此，甲企业收到的补贴资金 5 000 万元按照收入准则的相关规定进行会计处理。

【例 5—2】 2017 年 2 月，乙企业与所在城市的开发区人民政府签订了项目合作投资协议，实施“退城进园”技改搬迁。根据协议，乙企业在开发区内投资约 4 亿元建设电子信息设备生产基地。生产基地占地面积 400 亩，该宗项目用地按开发区工业用地基准地价挂牌出让，乙企业摘牌并按挂牌出让价格缴纳土地出让金 4 800 万元。乙企业自开工之日起须在 18 个月内完成搬迁工作，从原址搬迁至开发区，同时将乙企业位于城区繁华地段的原址用地 200 亩移交给开发区政府收储，开发区政府将向乙企业支付补偿资金 1 亿元。

本例中，为实施“退城进园”技改搬迁，乙企业将其位于城区繁华地段的原址用地移交给开发区政府收储，开发区政府为此向乙企业支付补偿资金 1 亿元。由于开发区政府对乙企业的搬迁补偿是基于乙企业原址用地的公允价值确定的，实质是政府按照相应资产的市场价格向企业购买资产，企业从政府取得的经济资源是企业让渡其资产所支付的对价，双方的交易是互惠性交易，不符合政府补助无偿性的特点。因此，乙企业收到的 1 亿元搬迁补偿资金不作为政府补助，而应作为处置非流动资产的收入。

【例 5—3】 丙企业是一家生产和销售重型机械的企业。为推动科技创新，丙企业所在地政府于 2017 年 8 月向丙企业拨付了 3 000 万元资金，要求丙企业将这笔资金用于技术改造项目研究，研究成果归丙企业享有。

本例中，丙企业的日常经营活动是生产和销售重型机械，其从政府取得了 3 000 万元资金用于研发支出，且研究成果归丙企业享有。因此，这项财政拨款具有无偿性的特征，丙企业收到的 3 000 万元资金应当按照政府补助准则的规定进行会计处理。

三、政府补助的分类

确定了来源于政府的经济利益属于政府补助后，还应当对其进行恰当的分类。

(一)按照政府补助受益的方式加以区分

按照政府补助给企业带来经济利益或弥补相关成本或费用的形式不同，需要将政府补助划分为与资产相关的政府补助和与收益相关的政府补助，两类政府补助在具体账务处理上存在差别。

第一类是与资产相关的政府补助。与资产相关的政府补助，是指企业取得的、用于购建或以其他方式形成长期资产的政府补助。通常情况下，相关补助文件会要求企业将补助资金用于取得长期资产。与资产相关的政府补助，无论企业从政府取得的是货币性资产还是非货币性资产，企业的受益方式均与补助文件所要求企业形成的长期资产相关。比如，政府资助企业研发新技术，企业最终从研发成功的无形资产中受益，这种政府补助就属于与资产相关的政府补助。

第二类是与收益相关的政府补助。与收益相关的政府补助，是指除与资产相关的政府补助之外的政府补助。根据政府提供补助的相关政策和协议，企业的受益方式不能与某种特定资产相关。比如发电企业的污染源在线监控补贴、废旧物资处置补贴等，此类补助主要是用于补偿企业已发生或即将发生的费用或损失，受益期相对较短。

对同时包含了与资产相关和与收益相关的政府补助，应当区分不同部分分别进行会计处理；难以区分的，应当整体归类为与收益相关的政府补助。

(二)按照政府补助是否与企业日常活动相关加以区分

按照政府补助是否与企业日常活动相关，将政府补助区分为与日常活动相关的政府补助和与日常活动不相关的政府补助。

与日常活动相关的政府补助，通常情况下，有两项判断标准：一是政府补助所补偿的成本费用是否属于利润表中计算营业利润的项目，比如营业成本、财务费用等，如果属于，则该项政府补助与日常活动相关；二是该补助与日常销售等经营行为是否密切相关，例如，软件企业享受增值税即征即退的税收优惠，该税收优惠与企业销售商品的日常活动密切相关，则属于与日常活动相关的政府补助。

与日常活动无关的政府补助，通常由企业常规经营之外的原因产生，具备偶发性的特征。比如政府因企业受不可抗力的影响发生停工、停产损失而给予补助，就属于与日常活动无关的政府补助。

实务中应着重看政府给予补助的条件，分析判断得到的政府补助是否与日常活动密切相关。

第二节 政府补助的会计处理

一、与政府补助相关的资产的确认

根据政府补助准则的规定，企业同时满足下列条件的，就能确认与政府补助相关的资产：一是企业能够满足政府所规定的得到补助的各项政策性条件；二是能够收到政府补助。

在判断是否满足第二个条件时，以拥有收到补助的权利为依据，而不是以 实际收到补助为依据。比如某粮食储备仓库定期收到政府给与的粮食储存补贴，每个季度末政府发放补贴一次。那么在各个季度初当企业确定能够收到政府补助时就确认了一项债权：其他应收款。

二、与政府补助相关的资产的计量

当企业收到的政府补助为货币性资产时，包括货币资金和其他应收款，应当按照实际收到或应收的金额计量。当企业收到的政府补助为非货币性资产时，应当按照非货币性资产的公允价值计量。

三、与资产相关的政府补助的账务处理

与资产相关的政府补助的账务处理有两种方法：总额法和净额法。

（一）在总额法下，所取得的政府补助应当在相关资产（即受政府补助资助得到的长期资产）使用寿命内按照合理、系统的方法（即与长期资产的折旧或者摊销进度相同）分期计入损益，而不是减少相关资产的账面价值或者冲减费用。

进一步地，如果是与企业日常活动相关的政府补助，增加企业各期利润表的“其他收益”项目，从而增加企业各期的营业利润。如果是与企业非日常活动相关的政府补助，增加企业各期利润表的“营业外收入”项目。

表 5－1 用会计等式模板描述了与资产相关的政府补助在总额法下的特点：

第一，取得政府补助，增加了企业的资产，同时增加了“递延收益”。

第二，“递延收益”在政府补助形成的相关长期资产的使用寿命内按照合理、系统的方法分期计入损益。相关资产在使用寿命结束时或结束前被处置（出售、转让、报废等），尚未分摊的递延收益余额应当一次性转入资产处置当期的损益，不再予以递延。

与资产相关的政府补助在总额法下，与日常活动相关的政府补助和与日常活动不相关的政府补助的区别，在于递延收益转化的收益项目不同：前者计入“其他收益”影响营业利润，后者计入“营业外收入”影响非正常损益。

表 5－1　与资产相关的政府补助总额法下的会计等式模板描述

资产负债表要素	资产		=	负债	+	所有者权益
资产负债表项目	货币资金	某种长期资产	=	递延收益	+	未分配利润
资产负债表科目	银行存款	某种长期资产相关科目	=	递延收益	+	利润分配
资产负债表二级科目			=		+	未分配利润
取得政府补助	增加		=	增加	+	
形成相关资产	减少	增加	=		+	
与日常活动相关的政府补助的收益分配						
各期期末分配政府补助			=	减少	+	增加(其他收益)
各期期末分配政府补助			=	减少	+	增加(其他收益)
各期期末分配政府补助			=	减少	+	增加(其他收益)
与非日常活动相关的政府补助的收益分配						
各期期末分配政府补助			=	减少	+	增加(营业外收入)
各期期末分配政府补助			=	减少	+	增加(营业外收入)
各期期末分配政府补助			=	减少	+	增加(营业外收入)

(二)在净额法下,在收到货币性政府补助后,与政府补助相关的长期资产的价值被冲减了。于是该资产在计提折旧或进行摊销时,折旧摊销费也相应减少了,从而间接增加了当期利润。用会计等式模板描述的结果见表 5－2。

表 5－2　与资产相关的政府补助净额法下的会计等式模板描述

资产负债表要素	资产		=	负债	+	所有者权益
资产负债表项目	货币资金	某种长期资产	=		+	未分配利润
资产负债表科目	银行存款	某种长期资产相关科目	=		+	利润分配
资产负债表二级科目			=		+	未分配利润
取得政府补助	增加	减少	=		+	
与日常活动相关的政府补助的收益分配						
各期期末计提相关资产的折旧或摊销		增加	=		+	减少费用
各期期末计提相关资产的折旧或摊销		增加	=		+	减少费用
各期期末计提相关资产的折旧或摊销		增加	=		+	减少费用
与非日常活动相关的政府补助的收益分配						
各期期末计提相关资产的折旧或摊销		增加	=		+	减少营业外支出
各期期末计提相关资产的折旧或摊销		增加	=		+	减少营业外支出
各期期末计提相关资产的折旧或摊销		增加	=		+	减少营业外支出

在净额法下，如果与政府补助相关的长期资产的使用与企业的日常活动相关，那么该资产的账面价值被部分冲减以后，折旧费用或者摊销费用就减少了，企业的营业利润间接增加了。如果与政府补助相关的长期资产的使用与企业的非日常活动相关，那么资产价值减少带来折旧费用或推销费用减少，从而营业外支出减少了，企业的非经常性收益间接增加了。

实务中存在政府无偿给予企业长期非货币性资产的情况，比如无偿给予土地使用权和天然起源的天然林等。对无偿给予的非货币性资产，企业在收到时应当按照公允价值计量。在这种情况下，必须采用总额法进行账务处理。在直接增加非货币性资产价值的同时，增加递延收益。之后每个期末，按合理、系统的方法分期将递延收益转入“其他收益”或“营业外收入”。

企业应当根据经济业务的性质，判断某类政府补助业务应当采用总额法还是净额法。无论采用总额法还是净额法，根据会计信息可比性要求，对同类或类似政府补助业务只能选用一种方法。同时，企业对该业务应当一贯地运用该方法，不得随意变更。

【例 5—4】 按照国家有关政策，火力发电企业购置脱硫设备可以申请补贴以补偿其设备的折旧费。甲企业于 2018 年 1 月向政府有关部门提交了 210 万元补助申请，作为对其欲购置脱硫设备的补贴。2018 年 3 月 15 日甲企业收到了政府补贴款 210 万元。2018 年 4 月 20 日，甲企业购入设备一台，购入与安装成本为 480 万元，使用寿命 10 年，采用直线法计提折旧（不考虑净残值）。2026 年 4 月，甲企业的这台设备发生损毁而报废。本例中不考虑相关税费等其他因素。

方法一：甲企业选择总额法对此类补助进行会计处理。

该项资产按直线法折旧，故递延收益也按年限平均分摊计入损益。设备毁损报废时，将递延收益余额结转清零。

相关业务用会计等式模板描述见表 5—3。

表 5—3 与资产相关的政府补助总额法下的会计等式模板描述

单位：万元

资产负债表要素	资产				=	负债	+	所有者权益
资产负债表项目	货币资金	固定资产		固定资产清理	=	递延收益	+	未分配利润
资产负债表科目	银行存款	固定资产	累计折旧	固定资产清理	=	递延收益	+	利润分配
资产负债表二级科目					=		+	未分配利润
2018.3.15 取得政府补助	＋210				=	＋210	+	
2018.4.20 购入设备	－480	＋480			=		+	
每月月末固定资产计提折旧			－4		=		+	－4（管理费用）
每月月末摊销递延收益					=	－1.75	+	＋1.75（其他收益）
……共 96 个月								
2026.4. 设备报废时		－480	＋384	＋96	=		+	
				－96	=	－42	+	－54（营业外支出）
最终的结果	－270	0	0	0	=	0	+	－270

通过表 5－3 我们看到，企业固定资产的成本为 480 万元，由此使用和报废产生的费用和损失也为 480 万元(384 万折旧费＋96 万元清理成本)。由于获得 210 万元政府补助，提高了各期的利润，所以利润表中各年累计的费用和损失只有 270 万元。资产报废后，我们看到在资产负债表上，“货币资金”项目累计减少了 270 万元，其他项目结平，“未分配利润”项目也减少了 270 万元。

参照表 5－3，编制会计分录如下：

(1)2018 年 3 月 15 日实际收到财政拨款，确认递延收益：

借：银行存款　　2 100 000
　贷：递延收益　　2 100 000

(2)2018 年 4 月 20 日购入设备：

借：固定资产　　4 800 000
　贷：银行存款　　4 800 000

(3)自 2018 年 5 月起每个月末计提折旧，同时分摊递延收益：

①计提折旧(假设该设备折旧费用计入管理费用)：

借：管理费用　　40 000
　贷：累计折旧　　40 000

②分摊递延收益：

借：递延收益　　17 500
　贷：其他收益　　17 500

(4)2026 年 4 月设备毁损，同时转销递延收益余额：

借：固定资产清理　　960 000
　　累计折旧　　3 840 000
　贷：固定资产　　4 800 000
借：递延收益　　420 000
　　营业外支出　　540 000
　贷：固定资产清理　　960 000

方法二：甲企业选择净额法对此类补助进行会计处理

用会计等式模板描述见表 5－4。

对照表 5－3 我们看到，相比总额法，表 5－4 中净额法下相关长期资产的账面价值在获得 210 万元政府补助之后减少到 270 万元，于是最终通过计提折旧和处置转入损益的费用和损失也是 270 万元。最终的结果与获得政府补助采用总额法是一样的。但是净额法提供的信息不如总额法丰富。第一，没有反映资产的真实成本 480 万元；第二，没有反映真实的折旧费用每个月 4 万元；第三，没有反映得到政府补助后每个月增加了 1.75 万元收益。在利润表中，真实的折旧费与得到的政府补助收益两者相抵，以净额报告为 2.25 万元了。相比总额法，政府补助这一事项就在报表中被掩盖起来。

表 5—4 与资产相关的政府补助净额法下的会计等式模板描述

单位：万元

资产负债表要素	资产				＝	负债	＋	所有者权益
资产负债表项目	货币资金	固定资产		固定资产清理	＝	递延收益	＋	未分配利润
资产负债表科目	银行存款	固定资产	累计折旧	固定资产清理	＝	递延收益	＋	利润分配
资产负债表二级科目					＝		＋	未分配利润
2018.3.15 取得政府补助	＋210				＝	＋210	＋	
2018.4.20 购入设备	－480	＋480			＝		＋	
		－210			＝	－210	＋	
每月月末固定资产计提折旧			－2.25		＝		＋	－2.25(管理费用)
……共 96 个月					＝		＋	
2026 年 4 月设备报废			－54	＋54	＝		＋	
				－54	＝		＋	－54(营业外支出)
最终结果	－270				＝		＋	－270

参照表 5—4，编制会计分录如下。

(1)2018 年 3 月 15 日实际收到财政拨款，确认递延收益：

借：银行存款　　2 100 000

　贷：递延收益　　2 100 000

(2)2018 年 4 月 20 日的购入设备：

借：固定资产　　4 800 000

　贷：银行存款　　4 800 000

借：递延收益　　2 100 000

　贷：固定资产　　2 100 000

(3)自 2018 年 5 月起每个月末计提折旧：

借：管理费用　　22 500

　贷：累计折旧　　22 500

(4)2026 年 4 月设备毁损：

借：固定资产清理　　540 000

　　累计折旧　　2 160 000

　贷：固定资产　　2 700 000

借：营业外支出　　540 000

　贷：固定资产清理　　540 000

在上述先收到政府补助后购建资产的情形中，企业可以选择采用总额法或者净额法。如果企业先购建了长期资产之后才取得与资产相关的政府补助，这时就会面临以下两种情形。

第一种，购建资产时已满足确认政府补助的条件。这时企业选择采用总额法或者净额法。如果之后如期收到政府补助，则上述处理继续。如果之后不能收到政府补助，则按政府补助的退回做相应处理。

第二种，购建资产时不满足确认政府补助的条件。这时，只能按总额法确认资产价值并进行后续折旧或者摊销，即完全不受是否存在政府补助的影响。之后收到与资产相关的政府补助，从收到补助之日起选择采用总额法或者净额法来记录相应影响。

四、与收益相关的政府补助的账务处理

与收益相关的政府补助，不与特定的资产项目挂钩。

对于与收益相关的政府补助，也存在两种选择：一种是在利润表中报告因获得政府补助而取得的收益，即采用总额法；另一种在利润表中报告扣除了政府补助后发生的成本和费用，即采用净额法。

与收益相关的政府补助通常用于补偿企业的相关成本费用或损失。根据补偿期间的不同，有以下两种情形。

第一种，如果政府补助用于补偿企业以后期间的相关成本费用或损失，那么在收到来自政府的款项时应当先判断能否满足政府补助确认的条件。如果客观情况表明企业能够满足政府补助确认的条件，那么一方面确认资产，一方面确认递延收益。然后按照总额法或者净额法处理递延收益。

第二种，如果政府补助用于补偿企业已发生的相关成本费用或损失，则要么采用总额法直接计入当期利润表的收益项目，要么采用净额法冲减当期利润表中相关费用项目。这类政府补助往往与企业的行为有关，是对企业已发生的成本费用或损失的补偿，或是对企业过去行为的奖励。

【例5—5】 甲企业于2016年3月15日与其所在地地方政府签订合作协议。根据协议约定，当地政府将向甲企业提供1 000万元奖励资金，用于企业的人才激励和人才引进奖励，甲企业必须按年向当地政府报送详细的资金使用计划并按规定用途使用资金。协议同时还约定，甲企业自获得奖励起10年内注册地址不得迁离本地区，否则政府有权追回奖励资金。甲企业于2016年4月10日收到1 000万元补助资金，分别在2016年12月、2017年12月、2018年12月使用了400万元、300万元和300万元，用于发放给总裁级高管年度奖金。

本例中，甲企业应当在取得来自政府的款项时先判断是否满足政府补助的确认条件。如果客观情况表明甲企业在未来10年内离开该地区的可能性很小，比如通过成本效益分析认为甲企业迁离该地区的成本高于收益，则甲企业在收到款项时确认"递延收益"，当按规定用途使用补助资金时再计入当期利润表。

假设甲企业选择净额法对此类补助进行会计处理，用会计等式模板描述见表5—5。

表 5—5 净额法下与收益相关的政府补助的会计等式模板描述

单位:万元

资产负债表要素	资产	=	负债	+	所有者权益
资产负债表项目	货币资金	=	递延收益	+	未分配利润
资产负债表科目	银行存款	=	递延收益	+	利润分配
资产负债表二级科目		=		+	未分配利润
2016.4.10 取得政府补助	+1 000	=	+1 000	+	
2016.12. 向高管发放奖金	—400				—400(管理费用)
		=	—400	+	+400(管理费用)
2017.12. 向高管发放奖金	—300				—300(管理费用)
		=	—300	+	+300(管理费用)
2018.12. 向高管发放奖金	—300				—300(管理费用)
		=	—300	+	+300(管理费用)
最终结果	0	=	0	+	0

从表 5—5 看出,从 2016 年至 2018 年,企业向高管发放 1 000 万元奖金,本应累计增加 1 000 万元管理费用。由于从政府得到了 1 000 万元补贴,企业各年的管理费用得到了补偿。由于采用净额法,各年发生的管理费用被冲掉了,于是政府补助这一事项在利润表中被“隐身”,外部人从报表中无法看出这一事项的存在。

参照表 5—5,编制会计分录如下:

(1)2016 年 4 月 10 日甲企业实际收到补助资金:

借:银行存款 10 000 000

　贷:递延收益 10 000 000

(2)2016 年 12 月、2017 年 12 月、2018 年 12 月甲企业将补助资金用于发放高管奖金,同时相应结转递延收益:

①2016 年 12 月:

借:管理费用 4 000 000

　贷:银行存款 4 000 000

借:递延收益 4 000 000

　贷:管理费用 4 000 000

②2017 年 12 月:

借:管理费用 3 000 000

　贷:银行存款 3 000 000

借:递延收益 3 000 000

　贷:管理费用 3 000 000

③2018 年 12 月:

借:管理费用 3 000 000

贷:银行存款　　　　　　3 000 000

借:递延收益　　　　　　3 000 000

贷:管理费用　　　　　　3 000 000

如果甲企业在取得补助时暂时无法确定能否满足政府补助确认条件(即在未来10年内注册地址不得迁离本地区),则应当将收到的补助资金先计入“其他应付款”科目,待客观情况表明其能够满足政府补助条件后再转入“递延收益”科目。

【例5-6】 乙企业销售其自主开发的软件。按照国家有关规定,该企业的这种产品适用增值税即征即退政策,按16%的税率征收增值税后,对其增值税实际税负超过3%的部分,实行即征即退。乙企业2018年8月在进行纳税申报时,对归属于7月的增值税即征即退提交退税申请,经主管税务机关审核后的退税额为10万元。

本例中,乙企业即征即退增值税属于与收益相关的政府补助,且与企业日常销售密切关联。乙企业2018年8月申请退税并确定能够收到增值税退税额时,账务处理如下:

借:其他应收款　　　　　　100 000

贷:其他收益　　　　　　100 000

【例5-7】 丙企业2017年11月遭受重大自然灾害,并于2017年12月20日收到了政府补助资金200万元用于弥补其遭受自然灾害的损失。

2017年12月20日,丙企业实际收到的政府补助属于与收益相关的政府补助,且与非日常活动相关。丙企业对此类补助按照总额法处理,其账务处理如下:

借:银行存款　　　　　　2 000 000

贷:营业外收入　　　　　　2 000 000

【例5-8】 丁企业是集芳烃技术研发、生产于一体的高新技术企业。芳烃的原料是石脑油。石脑油按成品油项目在生产环节征消费税。根据国家有关规定,对使用石脑油生产乙烯芳烃的企业,按实际耗用石脑油的数量退还消费税。假设丁企业石脑油单价为5 333元/吨(其中含消费税2 105元/吨)。2017年7月,丁企业将115吨石脑油投入生产,共生产乙烯芳烃100吨。丁企业根据当期产量及所购原料供应商的消费税证明,向税务机关申请退还相应的消费税。

本例中,丁企业当期应收到退还的消费税115×2 105=242 075(元)。丁企业在期末对该政府补助的账务处理如下:

借:其他应收款　　　　　　242 075

贷:生产成本　　　　　　242 075

五、政府补助的退回

需要注意的是,如果在取得补助资金时,暂时无法确定能否满足政府所规定的得到补助的条件从而无法确认政府补助时,则应当将收到的补助资金先计入“其他应付款“,待客观情况表明其能够满足政府所规定的条件后再转入”递延收益”。如果企业无法满足政府提供资源的所附条件时,企业需要将已经取得的资源返还政府。

已计入利润表的政府补助需要退回的,应当在需要退回的当期,分情况按照以下规定进行会计处理:

(1)接受政府补助后采用总额法进行处理的,冲销尚未分配完毕的递延收益,已经计入利润表的也予以冲销。

(2)接受政府补助后采用净额法进行处理的,调高资产的账面价值,同时调整相关损益;

(3)属于其他情况的,直接计入当期损益。此外,对于属于前期差错的政府补助退回,应当按照前期差错更正进行追溯调整。

【例 5—9】 承【例 5—4】,假设 2019 年 5 月,因客观环境改变甲企业不再符合申请补助的条件,有关部门要求甲企业全额退回补助款,甲企业于当月退回了补助款 210 万元。

甲企业的账务处理如下:

方法一:假设甲企业当初选择总额法对此类补助进行会计处理。在接受补助的一年里,递延收益转入其他收益为 21 万元。剩余尚未分配的递延收益 189 万元。

会计等式模板描述见表 5—6。

表 5—6 与资产相关的政府补助总额法下政府补助退回的会计等式模板描述

单位:万元

资产负债表要素	资产			=	负债	+	所有者权益
资产负债表项目	货币资金	固定资产		=	递延收益	+	未分配利润
资产负债表科目	银行存款	固定资产	累计折旧	=	递延收益	+	利润分配
资产负债表二级科目				=		+	未分配利润
2018.3.15 取得政府补助	+210			=	+210	+	
2018.4.20 购入设备	—480	+480		=		+	
每月月末计提折旧			—4	=		+	—4(管理费用)
每月月末摊销递延收益				=	—1.75	+	+1.75(其他收益)
……共 12 个月							
2019 年 5 月份退回政府补助	—210			=	—189	+	—21(其他收益)

参照表 5—6,编制会计分录如下。

2019 年 5 月甲企业退回补助款时:

①冲销过去一年与政府补助相关的处理

借:其他收益 2 100 000

贷:递延收益 2 100 000

②冲销当初接受政府补助的相关处理

借:递延收益 2 100 000

贷:银行存款 2 100 000

方法二:如果甲企业接受政府补助时按照净额法进行会计处理,那么在退回政府补助时视同一开始就没有收到政府补助一样,把原先用净额法进行的账务处理全都冲销掉。

会计等式模板描述见表 5—7。

表 5—7　与资产相关的政府补助净额法下政府补助退回的会计等式模板描述

单位:万元

资产负债表要素	资产			=	负债	+	所有者权益
资产负债表项目	货币资金	固定资产		=	递延收益	+	未分配利润
资产负债表科目	银行存款	固定资产	累计折旧	=	递延收益	+	利润分配
资产负债表二级科目				=		+	未分配利润
2018.3.15 取得政府补助	+210			=	+210	+	
2018.4.20 购入设备	−480	+480		=		+	
		−210		=	−210	+	
每月月末计提折旧			−2.25	=		+	−2.25(管理费用)
……共 12 个月							
2019 年 5 月退回政府补助			−21	=		+	−21(管理费用)
		+210		=	+210	+	
	−210			=	−210	+	

参照表 5—7,2019 年 5 月甲企业退回补助款时:

借:管理费用　　　　210 000
　贷:累计折旧　　　　210 000
借:固定资产　　　2 100 000
　贷:递延收益　　　2 100 000
借:递延收益　　　2 100 000
　贷:银行存款　　　2 100 000

六、特定业务的会计处理

(一)综合性项目政府补助

综合性项目政府补助同时包含与资产相关的政府补助和与收益相关的政府补助,企业需要将其进行分解并分别进行会计处理;难以区分的,企业应当将其整体归类为与收益相关的政府补助。

【例 5—10】 2017 年 6 月 15 日,某市科技创新委员会与乙企业签订了科技计划项目合同书,拟对乙企业的新药临床研究项目提供研究补助资金。该项目总预算为 600 万元,其中,某市科技创新委员会资助 200 万元,乙企业自筹 400 万元。某市科技创新委员会资助的 200 万元用于补助设备费 60 万元,材料费 15 万元,测试化验加工费 95 万元,差旅费 10 万元,会议费 5 万元,专家咨询费 8 万元,管理费用 7 万元,假设除设备费外的其他各项费用都属于研究支出。市科技创新委员会应当在合同签订之日起 30 日内将资金拨付给乙企业。根据双方约定,乙企业应当按合同规定的开支范围,对市科技创新委员会资助的经费实行专款专用。项目实施期限为自合同签订之日起 30 个月,期满后乙企业如未通过验收,在该项目实施期满后 3 年内不得再向市政府申请科技补贴资金。乙企业于 2017 年 7 月 10 日收到补助资金,在项目期内按照合同约定的用途使用了补助资金。乙企业于 2017 年 7 月 25 日按项目合同书的约定购置了相关设备，设备成本 150 万元，其中使用补助资金 60 万元，该设备使用年限为 10 年，采用直线法计提折旧(不考虑净残值)。假设不考虑相关税费。

本例中，乙企业收到的政府补助是综合性项目政府补助，需要区分与资产相关的政府补助和与收益相关的政府补助。假设乙企业对收到的与资产相关的政府补助采用总额法进行会计处理。

乙企业的账务处理如下：

(1)2017 年 7 月 10 日乙企业实际收到补助资金：

借：银行存款 2 000 000

贷：递延收益 2 000 000

(2)2017 年 7 月 25 日购入设备：

借：固定资产 1 500 000

贷：银行存款 1 500 000

(3)自 2017 年 8 月起每个月末计提折旧，折旧费用计入“研发支出”科目：

借：研发支出 12 500

贷：累计折旧 12 500

(4)与资产相关的政府补助 60 万元在设备的使用年限内，按直线法摊销，每月 5000 元。编制会计分录如下：

借：递延收益 5000

贷：其他收益 5000

(5)对其他与收益相关的政府补助，乙企业应当按照相关经济业务的实质确定采用总额法还是净额法。

(二)政策性优惠贷款贴息

政策性优惠贷款贴息是政府为支持特定领域或区域发展，根据国家宏观经济形势和政策目标，对承贷企业的银行借款利息给予的补贴。企业取得政策性优惠贷款贴息的，应当区分财政贴息资金拨付给贷款银行和直接拨付给企业两种情况，分别进行处理。

1. 财政贴息资金拨付给贷款银行

在这种情况下，接受财政贴息的银行并不是政府补助的受益主体，其仍然按照市场利率收取利息，只是一部分利息来自企业，另一部分利息来自财政贴息。在这种情况下，接受贴息贷款的企业是受益者，但是这些企业并没有直接从政府取得利息补助。企业可以选择下列方法之一进行会计处理：

一是按照企业与贷款银行签订的合同中借款本金和该政策性优惠利率计算借款费用。此时，计算的各期借款费用是企业享受了政策性优惠后的费用，没有体现“递延收益”，属于净额法。

二是先不考虑企业支付的低利率是政府补助的结果，而是严格按照借款业务进行处理：利用实际流出的现金(包括名义本金和名义利息)和实际利率，计算借款本金的公允价值。借款本金的公允价值的计算方法是将实际流出的现金按照实际利率折现后的现值。该公允价值与借款合同约定的本金之间的差额，就是企业享受的政府补助。然后按照实际利率法摊销政府补助。这种方法不仅体现了政府补助的总额，而且由于提供补助持续时间较长，还考虑了资金的时间价值。这种方法属于总额法。

企业选择了上述两种方法之一后，应当一致地运用，不得随意变更。

2. 财政贴息资金直接拨付给受益企业

在这种情况下，企业先按照同类贷款市场利率向银行支付利息，然后再与财政部门定期结算贴息。由于企业先按照同类贷款市场利率向银行支付利息，所以实际收到的借款金额通常就是借款的公允价值，企业应当将对应的贴息冲减相关借款费用。

第三节　政府补助的列报与披露

一、政府补助在利润表上的列报

与日常经营活动有关的政府补助，如果采用总额法，在利润表中的“营业利润”项目之上单独列报“其他收益”项目；如果采用净额法，在相关成本费用项目中反映的是扣减政府补助后的金额，政府补助对利润表的影响没有直接列示出来。

与企业日常经营活动无关的政府补助，如果采用总额法，在利润表的“营业外收入”项目列报。

二、政府补助在资产负债表上的列报

与资产相关的政府补助，或者与收益相关的政府补助但是受益期超过一个期间，如果采用总额法，期末在资产负债表的“递延收益”项目列示已经接受但尚未转入当期损益的政府补助的余额；如果采用净额法，期末在资产负债表的“递延收益”项目反映已经接受但是尚未冲减相关成本的政府补助。

与收益相关的政府补助，如果受益期在一个会计期间，接受政府补助时直接计入当期损益，期末在资产负债表中不予以列示。

三、政府补助在附注中的披露

企业应当在附注中披露与政府补助有关的下列信息：政府补助的种类、金额和列报项目；计入当期损益的政府补助金额；本期退回的政府补助金额及原因。

因政府补助涉及“递延收益”、“其他收益”、“营业外收入”以及成本费用等多个报表项目，为了全面反映政府补助情况，企业应当在附注中单设项目披露政府补助的相关信息。参考披露格式如表5－8、表5－9所示。

表5－8　计入递延收益的政府补助的明细表

补助项目	种类	期初余额	本期新增金额	本期结转计入损益或冲减相关成本的列报项目	本期结转计入损益或冲减相关成本的金额	期末余额
科技项目经费	财政拨款					
……						

表5－9　计入当期损益或冲减相关成本的政府补助的明细表

补助项目	种类	本期计入损益或冲减相关成本的金额	本期计入损益或冲减相关成本的列报项目
科技项目经费	财政拨款		
……			

本章小结

本章介绍了政府补助的定义、政府补助的特征，获取政府补助的方式以及政府补助的分类，并详细阐释了政府补助的总额法和净额法。其中总额法将获得的政府补助按照合理系统的方法分期计入损益，净额法减少相关资产的账面价值或者冲减费用。与日常活动相关的政府补助，最终影响企业的营业利润。与非日常活动相关的政府补助，最终影响企业的营业外收支。

一、复习思考题

1. 什么是政府补助？
2. 企业获得政府补助有哪些方式？
3. 什么是与资产相关的政府补助？什么是与收益相关的政府补助？
4. 总额法下政府补助如何进行账务处理？净额法呢？
5. 如何对政府补助的退回进行账务处理？
6. 政府补助该如何列报？

二、练习题

（一）单项选择题

下列项目中，属于与收益相关的政府补助的是（　　）。

A. 政府拨付的用于企业购买无形资产的财政拨款

B. 政府向企业无偿划拨长期非货币性资产

C. 政府对企业用于建造固定资产的相关贷款给与的财政补贴

D. 企业收到的先征后返的增值税

（二）多项选择题

1. 与收益相关的政府补助的确认，下列说法中正确的有（　　）。

   A. 用于补偿企业以后期间的相关费用或损失的，确认为递延收益，并在确认相关费用的期间，计入当期损益。

   B. 用于补偿企业已发生的相关费用或损失的，直接计入当期损益。

   C. 用于补偿企业已发生的相关费用或损失的，应当调整期初留存收益。

   D. 用于补偿企业以后期间的相关费用或损失的，应当计入当期损益。

   E. 收到与收益相关的政府补助，一定直接计入当期损益

2. 下列属于政府补助的有（　　）。

   A. 财政将贴息资金直接拨付给受益企业

   B. 增值税出口退税

   C. 行政划拨土地使用权

   D. 政府以投资者身份向企业投入资本

   E. 先征后返的所得税

3. 政府补助中的税收返还包括(　　)。

A. 先征后返办法向企业返还的税款

B. 即征即退办法向企业返还的税款

C. 先征后退办法向企业返还的税款

D. 增值税出口退税

E. 直接减征增值税

(三)账务处理题

1. 甲企业生产一种先进的模具产品,按照国家相关规定,该企业的这种产品适用增值税先征后返政策,即先按规定征收增值税,然后按实际缴纳增值税额返还70%。2018年1月,该企业实际缴纳增值税额120万元。2018年2月,该企业实际收到返还的增值税额84万元。

要求:说明该项政府补助的类别,编制相关会计分录。

2. 2018年1月1日,政府拨付A企业500万元财政拨款(同日到账),要求用于购买大型科研设备1台;并规定若有结余,留归企业自行支配。2018年2月1日,A企业购入大型设备(假设不需安装),实际成本为480万元,使用寿命为10年。2023年2月1日,A企业出售了这台设备。

要求:用会计等式模板分别描述采用总额法和净额法该企业的账务处理,试说明总额法与净额法对财务报表影响的异同,并根据会计等式模板编制会计分录。

(四)财务报表题

查阅"你的"公司的财务报表附注,确定该公司是否存在政府补助,如果存在,政府补助的种类有哪些?金额为多少?计入当期"其他收益"或"营业外收入"的政府补助的金额有多少?当期冲减成本或费用的政府补助金额有多少?

第六章

外 币 折 算

【学习目标】

通过学习本章，你应该：

1. 掌握记账本位币的概念和确定方式；
2. 了解折算汇率；
3. 掌握外币交易在发生日、资产负债表日以及结算日的会计处理；
4. 了解境外经营的概念，掌握外币财务报表折算；
5. 掌握现金流量表的外币折算。

一家火力发电企业在2005年至2008年间向银行举借日元长期借款。其间日元对人民币贬值，于是该企业借款的本息和折合成人民币以后金额减少了，于是该公司连续几年在利润表报告巨额财务收益。

《企业会计准则第19号——外币折算》（以下简称《外币折算准则》）对外币业务以及汇率变动带来的影响做了规范。

第一节　记账本位币的确定

一、记账本位币的定义

记账本位币是指企业经营所处的主要经济环境中的货币。主要经济环境，通常是指企业现金收入和支出的主要环境。在该环境下使用的货币，最能反映企业主要交易的经济结果。

二、企业记账本位币的确定

企业记账本位币的选定，应当综合考虑下列因素：

一是从日常活动流入现金的角度看，如果哪种货币在企业商品和劳务销售价格的确定和结算中起主要作用，那么通常考虑以该货币作为记账本位币。

二是从日常活动支出现金的角度看，如果哪种货币在商品和劳务所需人工、材料和其他费用的计价和结算中产生主要影响，那么通常考虑以该货币作为记账本位币。

三是考虑从融资活动获得的资金的币种以及保存从经营活动中收取款项时所使用的币种。即视融资活动获得的资金在其生产经营活动中的重要性，或者企业通常留存销售收入的货币而定。

在确定记账本位币时，上述三项因素的重要程度因企业具体情况不同而不同，需要根据实际情况进行判断。一般情况下，综合考虑前两项即可确定记账本位币，在综合考虑前两项因素仍不能确定的情况下，第三项因素对记账本位币的确定起重要作用。

我国大多数企业现金收入和支出的主要环境在国内，因此一般以人民币作为记账本位币。

【例 6－1】 国内 A 有限责任公司，该企业超过 80％的营业收入来自向美国的出口。A 企业除厂房设施、25％的人工成本在国内以人民币采购以外，其他支出，如生产所需原材料、机器设备以及 75％以上的人工成本都以美元在国际市场上采购。

从上述第一个影响因素看，A 企业应选择美元作为记账本位币。从第二个影响因素看，则可进一步确定。

换一种情形，如果 A 企业 80％的营业收入来自出口，而人工成本、原材料及相应的厂房设施、机器设备等 95％以上在国内采购并以人民币计价和结算，则难以确定其记账本位币。此时需要考虑第三项因素。如果 A 企业取得的美元营业收入在汇回国内时可随时换成人民币，且对所有以美元结算的资金的汇率波动都进行了套期保值，则 A 企业应当选定人民币为其记账本位币。

需要强调的是，企业根据自身情况确定的记账本位币只有一种。该货币一经确定，不得改变，除非与确定记账本位币相关的企业经营所处的主要经济环境发生重大变化。

第二节 外币交易的会计处理

记账本位币以外的货币，称为“外币”。会计中所说的“外币”与国际贸易中的“外币”是两个不同的概念。会计中所说的“外币”相对记账本位币而言。国际贸易中的“外币”相对于本币而言。如果有的中国境内企业把国际贸易中的某种外币作为记账本位币，那么在这些企业中，人民币就成为会计中的“外币”。

外币交易是指企业发生以外币计价或者结算的交易。这些交易主要包括以下五种类型：

(1)卖出以外币计价的商品或者劳务。例如:某企业甲以人民币为记账本位币，向国外的乙公司销售商品，货款以欧元结算。

(2)买入以外币计价的商品或者劳务。例如，某企业甲以人民币为记账本位币，从国外丙公司购入材料，货款以美元结算；从美国证券市场购入以美元计价的丁公司的股票。

(3)借入外币资金。例如，以人民币为记账本位币的甲公司从中国银行借入日元。

(4)从国外证券市场上筹集以外币计价和结算的资本。比如某企业甲以人民币为记账本位币，在香港联交所发行股票，取得以港元计价和结算的资本。

(5)与经营外币买卖业务的银行之间进行外币和记账本位币之间的兑换。例如，以人民币为记账本位币的甲公司，用记账本位币购入外币或者将外币出售换回记账本位币。

企业在发生上述外币交易时，不仅要记录外币金额，同时还要记录折算成的记账本位币金额。这样才能把以不同币种计价的资产或者负债按照记账本位币相加减。

在将外币金额折算成记账本位币时，要用到折算汇率。

一、折算汇率

折算汇率包括即期汇率和即期汇率的近似汇率两种。

(一)即期汇率

汇率是指两种货币相兑换的比率,是一种货币用另一种货币单位所表示的价格。汇率有三种表示方式:基准价、买入价和卖出价。基准价是中国人民银行公布的外汇汇率基准价格。买入价和卖出价是各商业银行根据基准价所确定的价格。其中买入价是指银行用本币买入其他货币的价格,卖出价是指银行出售其他货币换回本币的价格。银行的卖出价一般高于买入价,以获取其中的差价。

当日当时的汇率,称作即期汇率。与即期汇率相对的称作远期汇率。远期汇率是在未来某一日交付外币时的结算价格。

为方便企业进行外币业务的账务处理,《外币折算准则》规定,企业用以折算外币的汇率为即期基准汇率,即当日当时中国人民银行公布的外汇汇率。但是,在企业发生单纯的以外币兑换记账本位币或者方向相反的兑换业务时,需要使用与之交易的银行在当日当时的买入价或卖出价折算。

企业发生的外币交易只涉及人民币与美元、欧元、日元、港元之间折算的,可直接采用中国人民银行每日公布的人民币汇率的中间价作为即期汇率进行折算;企业发生的外币交易涉及人民币与其他货币之间折算的,应当按照国家外汇管理局公布的各种货币兑美元折算率采用套算的方法进行折算,发生的外币交易涉及人民币以外的货币之间折算的,可直接采用国家外汇管理局公布的各种货币对美元折算率进行折算。

(二)即期汇率的近似汇率

在汇率变动不大时,为简化核算,企业在外币交易日或在对外币报表的某些项目进行折算时,也可以选择即期汇率的近似汇率折算。即期汇率的近似汇率是“按照系统合理的方法确定的、与交易发生日即期汇率近似的汇率”,通常是指当期平均汇率或加权平均汇率等。加权平均汇率需要采用外币交易的外币金额作为权重进行计算。

确定即期汇率的近似汇率的方法应在前后各期保持一致。如果汇率波动使得采用即期汇率的近似汇率折算不适当时,应当采用交易发生日的即期汇率折算。

当前计算机技术和网络技术的迅猛发展,使得企业可以迅捷地得到中国人民银行的实时基准汇率。采用即期汇率折算,已经成为常态。

二、外币交易的记账方法

外币交易的记账方法有外币统账制和外币分账制两种。

(一)外币统账制

外币统账制是指在会计期间内一旦发生外币交易,无论采用哪种货币计价和结算,均按照即期汇率或者即期汇率的近似汇率折算为记账本位币入账,期末再按照资产负债表日的即期汇率进行调整。

(二)外币分账制

外币分账制是指企业在会计期间内发生外币交易时,直接按照原币记账,期末再将各种原币的所有发生额按照期末即期汇率折算成记账本位币。采用这种方法,需要按币种分设账户，分币种计算汇兑损益。

从我国目前的情况看，绝大多数企业采用外币统账制，只有银行等少数金融企业由于外币交易频繁，涉及外币币种较多，才采用分账制。

本节主要介绍外币统账制下的会计处理。

三、外币交易的账务处理

（一）外币交易账务处理的基本程序

企业发生外币交易时，其会计核算的基本程序为：

第一，在交易发生日，将外币金额按照当日的即期汇率或即期汇率的近似汇率折算为记账本位币，按照折算后的记账本位币登记有关账户；涉及外币货币性账户时，外币金额和记账本位币金额同时登记，即登记外币金额、记账本位币金额和汇率。

第二，在结算日，在收到或支付外币货币资金时，一方面登记货币资金账户的外币收付额，等额冲销应收应付项目的外币金额；另一方面将货币资金的外币收付额按照即期汇率或者即期汇率的近似汇率折算成记账本位币，同时冲销应收应付项目按照之前的汇率折算成的记账本位币，由于汇率的波动，借贷方的记账本位币金额不同，两者之间的差额作为汇兑差额计入当期利润表。

第三，在资产负债表日，将所有外币货币性项目的结存余额，按照期末即期汇率折算为记账本位币金额，并与原账面上记录的记账本位币的余额相比较，其差额作为汇兑差额计入当期利润表。

（二）外币交易的报表项目和科目设置

外币交易与记账本位币交易相比，除了在资产负债表日和结算日，记录经济活动的记账本位币金额因汇率变动而发生变化，从而产生的汇兑差额需要特别处理之外，使用的报表项目和科目与以记账本位币计量的经济活动并无区别。

汇兑差额报告在利润表的“财务费用”项目下。产生有利差额时，该项目报告为负数，产生不利差额时，该项目报告为正数。

在设置对应科目时，一般在“财务费用”科目下设置二级科目“汇兑差额”。该二级科目借方反映因汇率变动而产生的汇兑损失，贷方反映因汇率变动而产生的汇兑收益。期末余额结转入“本年利润”科目后无余额。

（三）外币业务的账务处理举例

1. 交易日的账务处理

（1）取得商品或劳务，用外币计价和结算

【例 6－2】 甲股份有限公司属于增值税一般纳税企业，选择的记账本位币为人民币，其外币交易采用交易日即期汇率折算。2017 年 3 月 12 日，从美国的乙公司购入某种工业原料 500 吨，每吨价格为 4 000 美元，当日的即期汇率为 1 美元＝6.82 元人民币，进口关税为 1 364 000 元人民币，进口环节增值税 2 550 680 元人民币，向供应商的货款尚未支付，进口关税及增值税已由银行存款支付。

原材料的购入成本为 15 004 000 元（即 500×4 000×6.82＋1 364 000），发生的应付账款为 2 000 000 美元，折算成记账本位币为 13 640 000 元。

该业务用会计等式模板描述在表 6－1“2017.3.12 购入原材料”行。其中“应付账款”

表 6—1

单位:元

资产负债表要素	资产					=	负债				+	所有者权益
资产负债表项目	货币资金				存货	=	应付账款			应交税费	+	未分配利润
资产负债表科目	银行存款	银行存款			原材料	=	应付账款			应交税费	+	利润分配
资产负债表明细科目	人民币户	美元户			＊＊材料	=	美国乙公司			应交增值税	+	未分配利润
		外币金额	汇率	记账本位币金额		=	外币金额	汇率	记账本位币金额			
2017.3.12 购入原材料	－3 914 680				＋15 004 000	=	＋2 000 000	$1=¥6.82	＋13 640 000	－2 550 680	+	
2017.6.30 根据即期汇率做调整						=			－ 580 000		+	＋580 000（财务费用）
2017.6.30 根据即期汇率调整后余额						=		$1=¥6.53	13 060 000		+	
2017.7.20. 支付欠款		－2 000 000	$1=¥6.52	－13 040 000		=	－2 000 000	$1=¥6.53	－13 060 000		+	＋20 000（财务费用）

项目属于货币性项目，未来支付的美元数200万元是确定的。但是由于汇率波动，未来偿还时折算为记账本位币的金额是随汇率变化的。在会计科目层次，“应付账款”美元户按照数量金额式填写。“存货”项目属于非货币性项目，在购买日按照即期汇率折算为记账本位币以后，不再随汇率变动而变动。具体使用的会计科目为“原材料”科目。

参照表6—1，编制会计分录如下：

借：原材料　　15 004 000

　应交税费——应交增值税（进项税额）　　2 550 680

　贷：应付账款——乙公司（美元）　　13 640 000

　　银行存款　　3 914 680

(2)销售商品或对外提供劳务，用外币计价和结算

【例6—3】 甲股份有限公司的记账本位币为人民币，对外币交易采用交易日的即期汇率折算。2017年4月3日向丙公司出口商品12 000件，销售合同规定的销售价格为每件250美元，当日的即期汇率为1美元＝6.80元人民币。假设不考虑相关税费，货款尚未收到。

上述业务用会计等式模板描述，见表6—2“2017年4月3日”行。“应收账款”的美元户属于外币货币性项目。甲公司未来要从丙公司那里收回300万美元，该金额未来随汇率变动折算成记账本位币的金额会变动。“主营业务收入”科目属于非货币性项目，在销售日按照即期汇率折算为记账本位币以后，不再随汇率变动而变动。

表6—2

单位：万元

资产负债表要素	资产				=	负债	+	所有者权益
资产负债表项目	货币资金	应收账款			=		+	未分配利润
资产负债表科目		应收账款			=		+	利润分配
资产负债表二级科目		丙公司			=		+	未分配利润
		美元数	汇率	人民币数	=		+	
2017年4月3日		300	\$1＝￥6.8	2 040	=		+	2 040（营业收入）
2017年6月30日根据即期汇率做调整				−90	=		+	−90（财务费用）
2017年6月30日调整后余额		300	\$1＝￥6.5	1 950	=		+	

参照表6—2，编制会计分录如下：

借：应收账款——丙公司（美元）　　20 400 000

　贷：主营业务收入　　20 400 000

(3)取得外币借款

【例6—4】 乙股份有限公司的记账本位币是人民币。对外币交易采用交易日即期汇率折算。2017年4月1日，从中国银行借入1 500 000港币，期限为6个月，借入的港币暂存银行。借入当日的即期汇率为1港币＝0.8元人民币。

上述业务用会计等式模板描述见表6—3。“银行存款”和“短期借款”项目都属于货币性项目，外币金额确定，但是折算成记账本位币的金额未来随汇率波动而变化。

表6—3

单位：万元

资产负债表要素	资产			=	负债			+	所有者权益
资产负债表项目	货币资金			=	短期借款			+	未分配利润
资产负债表科目	银行存款			=	短期借款			+	利润分配
资产负债表二级科目	港元户			=	港元户			+	未分配利润
	港元数	汇率	人民币数		港元数	汇率	人民币数		
2017/4/1取得借款	+1 500	$1=¥0.8	+1 200	=	+1 500	$1=¥0.8	+1 200	+	

参照表6—3，编制会计分录如下：

借：银行存款（港元）　　1 200 000

　贷：短期借款（港元）　　1 200 000

（4）取得外币资本投资

【例6—5】 甲股份有限公司的记账本位币为人民币，对外币交易采用交易日的即期汇率折算。根据其与外商签订的投资合同，外商将分两次投入外币资本，每次30万美元，共计60万美元，投资合同约定的汇率是1美元=7.00元人民币，外商投资折合成人民币金额为4 200 000万元，占投资总资本的50%。2017年7月1日，甲股份有限公司第一次收到外商投入资本300 000美元，当日即期汇率为1美元=6.7元人民币；2017年9月3日，第二次收到外商投入资本300 000美元，当日即期汇率为1美元=6.6元人民币。

企业收到投资者以外币投入的资本，无论是否有合同约定，均采用交易日的即期汇率折算。上述业务用会计等式模板描述见表6—4。两次接受外币资本投入，折合成记账单位币以后，“股本”项目合计数为399万元人民币。

表6—4

单位：万元

资产负债表要素	资产			=	负债	+	所有者权益
资产负债表项目	货币资金			=		+	股本
资产负债表科目	银行存款			=		+	股本
资产负债表二级科目	美元户			=		+	＊＊＊外商
	美元数	汇率	人民币数				
2017/7/1取得第一次投资	+30	$1=¥6.7	+201	=		+	+201
2017/9/3取得第二次投资	+30	$1=¥6.6	+198	=		+	+198

参照表 6－4，编制相关会计分录如下：

2017 年 7 月 1 日，第一次收到外币资本时：

借：银行存款——美元（300 000×6.7）　　2 010 000

　贷：股本　　2 010 000

2017 年 9 月 3 日，第二次收到外币资本时：

借：银行存款——美元（300 000×6.6）　　1 980 000

　贷：股本　　1 980 000

上述处理会导致“股本（或实收资本）”项目的金额只有 399 万元，不是合同约定的 420 万元。但这并不改变投资合同约定的比例，即外商投资者在甲股份有限公司享有的分配、清算和投票等与股权相关的比例仍为 50％。

（5）货币兑换

企业与银行发生货币兑换时，用银行的买入价或者卖出价兑换，而通常记账采用的汇率为中间价，于是货币兑换就会产生汇兑差额。

【例 6－6】 乙股份有限公司以人民币为记账本位币，对外币交易采用交易日的即期汇率折算。2017 年 6 月 1 日，到银行将 50 000 美元兑换为人民币，银行当日的美元买入价为 1 美元＝6.55 元人民币。假设兑换前该笔美元以 1 美元＝6.56 元人民币折算成记账本位币。

本例中，企业将美元兑换给银行，采用银行的买入价计算所得到的人民币金额为 32.75 万元，而兑换出的美元折合为人民币的账面价值以之前的即期汇率（中间价）折算的金额为 32.8 万元，因汇率不同而产生汇兑损失 0.05 万元计入当期财务费用。

该笔业务用会计等式模板描述见表 6－5“2017.6.1 出售美元”行。

参照表 6－5，编制会计分录如下：

借：银行存款——人民币　　327 500

　财务费用——汇总差额　　500

　贷：银行存款——美元　　328 000

【例 6－7】 甲股份有限公司以人民币为记账本位币，对外币交易采用交易日的即期汇率折算。2017 年 6 月 1 日，因外币支付需要，从银行购入 10 000 欧元，银行当日的欧元卖出价为 1 欧元＝7.81 元人民币，当日的中间价为 1 欧元＝7.75 元人民币。

本例中，企业从银行购入欧元，购入成本以银行卖出欧元的价格计算，金额为 78 100 万人民币；而兑换得到的欧元采用即期汇率（中间价）折算，金额为 77 500 元人民币，产生的汇兑损失 600 元计入当期财务费用。

该笔业务用会计等式模板描述见表 6－5“2017.6.1 购入欧元”行。

参照表 6－5，编制会计分录如下：

借：银行存款——欧元　　77 500

　财务费用——汇总差额　　600

　贷：银行存款——人民币　　78 100

2. 资产负债表日，分别外币货币性项目和非货币性项目进行处理

（1）将外币货币性资产或者货币性负债项目按照当日即期汇率进行调整

货币性项目是企业持有的货币和将以固定或可确定金额的货币收取的资产或者偿付的

表 6—5

单位:万元

资产负债表要素	资产							=	负债	+	所有者权益
资产负债表项目	货币资金							=		+	未分配利润
资产负债表科目	银行存款							=		+	利润分配
资产负债表二级科目	美元户			欧元户			人民币户	=		+	未分配利润
	美元数	汇率	人民币数	欧元数	汇率	人民币数					
2017.6.1 出售美元	−5	$1=¥6.56	−32.8				+32.75	=		+	−0.05 (财务费用)
2017.6.1 购入欧元				+1	1=¥7.75	+7.75	−7.81	=		+	−0.06 (财务费用)

负债。货币性项目分为货币性资产和货币性负债，货币性资产包括现金、银行存款、应收账款、其他应收款、长期应收款等，货币性负债包括应付账款、其他应付款、短期借款、应付债券、长期借款、长期应付款等。注意，“预付账款”将来收到存货或固定资产等物资，不属于货币性资产项目；而“预收款项”将来要用商品或劳务去偿还，不属于货币性负债项目。

资产负债表日，应以当日即期汇率重新折算外币货币性项目，如果某货币性项目折算的金额与之前账面金额不同，那么这一汇兑差额计入当期损益。

【例 6—8】 沿用【例 6—2】，2017 年 6 月 30 日为半年度报表日，甲股份有限公司尚未向乙公司支付所欠工业原料款。当日即期汇率为 1 美元＝6.53 元人民币。应付乙公司货款按当日即期汇率折算为 13 060 000 元人民币（500×4 000×6.53），与该货款原记账本位币金额 13 640 000 相比，减少了 580 000 元人民币，产生汇兑收益，冲减当期财务费用。

用会计等式模板描述见表 6—1 的第二行“2017.6.30 根据即期汇率做调整”。

参照表 6—1，编制会计分录如下：

借：应付账款——乙公司（美元）　　　580 000

　贷：财务费用——汇兑差额　　　　　　580 000

【例 6—9】 沿用【例 6—3】，2017 年 6 月 30 日，甲股份有限公司仍未收到乙公司发来的销售货款。当日的即期汇率为 1 美元＝6.5 元人民币。乙公司所欠销售货款按当日即期汇率折算为 19 500 000 元人民币（12 000×250×6.5），与该货款原记账本位币之差额为 900 000 元人民币（20 400 000－19 500 000）。

美元对人民币汇率降低导致“应收账款”折算成记账本位币的金额降低。用会计等式模板描述见表 6—2 的第二行“根据 2017 年 6 月 30 日即期汇率做调整”。参照表 6—2，编制会计分录如下：

借：财务费用——汇兑差额　　　　900 000

　贷：应收账款——乙公司（美元）　　　900 000

（2）外币非货币性项目在资产负债表日的处理

非货币性项目是货币性项目以外的项目，如：存货、长期股权投资、交易性金融资产、固定资产、无形资产等。

①对于以历史成本计量的外币非货币性项目，已在交易发生日按当日即期汇率折算，资产负债表日不改变其原记账本位币金额，不产生汇兑差额。

②对于以成本与可变现净值孰低计量的存货，如果其可变现净值以外币而非记账本位币确定，那么在确定存货的期末价值时，应先将期末存货以外币计价的可变现净值折算为记账本位币，再与以记账本位币反映的存货成本进行比较。如果可变现净值的折算金额低，以该金额入账，并且计提存货跌价准备。

【例 6—10】 甲公司以人民币为记账本位币。2017 年 11 月 2 日，从美国乙公司采购国内市场尚无销售的 A 商品 1 000 件，每件价格为 1 000 美元，当日即期汇率为 1 美元＝6.4 元人民币。2017 年 12 月 31 日，尚有 400 件 A 商品未销售出去，国内市场仍无 A 商品供应，A 商品在国际市场的价格降至 900 美元。12 月 31 日的即期汇率是 1 美元＝6.34 元人民币。

本例中，由于 A 存货在资产负债表日采用成本与可变现净值孰低法计量，而期末 A 存货的可变现净值只能以外币反映。在考虑 A 存货是否计提存货跌价准备以及计提多少时，就要综合考虑以外币计价的可变现净值以及汇率两个因素。

期末,结存的400件A商品的成本为2 560 000元人民币(1 000×400×6.4),可变现净值为2 282 400元人民币(900×400×6.34),可变现净值低于成本277 600元,计提存货跌价准备。

12月31日,计提存货跌价准备:

借:资产减值损失　　　　277 600

　贷:存货跌价准备　　　　277 600

③对于以公允价值计量的股票、基金等非货币性项目,如果在国外证券市场上交易,期末的公允价值以外币反映,则应当将以外币反映的公允价值,按照当日的即期汇率折算为记账本位币后的金额,作为期末的公允价值。该公允价值与原账面上记账本位币的差额,作为公允价值变动损益,记入当期损益。也就是说,资产的公允价值变动既考虑了以外币表示的价格变动,又考虑了汇率变动。

【例6—11】 国内甲公司的记账本位币为人民币。2017年12月10日以每股15美元的价格购入乙公司B股10 000股作为交易性金融资产,当日汇率为1美元=6.35元人民币,款项已付。2017年12月31日,由于市价变动,当月购入的乙公司股票的市价下降为每股14.75美元,当日汇率为1美元=6.3元人民币。

上述交易性金融资产在购入时以人民币金额952 500(即15×10 000×6.35)入账,资产负债表日以人民币表示的公允价值为929 250元(14.75×10 000×6.3),产生公允价值变动损失23 250元。这一金额既包括了以外币表示的公允价值的变化,又包含着汇率变动。

相应的会计分录为:

借:公允价值变动损益　　　　23 250

　贷:交易性金融资产——公允价值变动　　　　23 250

3. 结算日的处理

在结算日,收到或支付外币时,按照当日即期汇率折算为记账本位币。与相应解除的应收项目或应付项目的记账本位币金额之间的差额,计入当期损益。

【例6—12】 承例6—8,2017年7月20日,甲公司向美国乙公司支付货款200万美元,当日汇率1美元=6.52元人民币,相比6月30日汇率下降了,产生了汇兑收益。

用会计等式模板描述见表6—1第四行"2017.7.20. 支付欠款"。

相应的会计分录为:

借:应付账款——乙公司　　　　13 060 000

　贷:银行存款——美元　　　　13 040 000

　　财务费用——汇兑差额　　　　20 000

第三节　外币折算的其他问题

一、境外经营与财务报表折算

(一)境外经营的含义

境外经营是指企业在境外的子公司、合营企业、联营企业、分支机构。这些在境外经营的实体根据主要经营环境选择的记账本位币，很可能不同于母公司或者投资企业的记账本位币，所以母公司或投资企业在报表中反映这些境外经营机构的财务状况、经营成果和现金流量时，就要进行特别处理。

根据境外经营的确定原则，当企业在境内的子公司、联营企业、合营企业或者分支机构选定的记账本位币，不同于母公司或投资企业的记账本位币时，也应当视同境外经营。

区分某实体是否为该企业的境外经营，有两个关键因素：一是该实体与企业的关系是否为企业的子公司、合营企业、联营企业、分支机构；二是该实体选择的记账本位币，是否与企业的记账本位币不相同。如果同时满足这两个条件，就属于境外经营。至于该实体所处的地理位置是否在企业所在地的境外，不是影响因素。

（二）在境外经营的实体记账本位币的确定

境外经营实体是一个经营实体，在确定其记账本位币时，应考虑其所处的主要经营环境。境外经营实体如果与母公司或投资企业的关系非常密切，那么其与母公司或投资企业的往来就可能成为其主要经营环境中的重要组成部分，在选择记账本位币时要着重考虑。

境外经营实体选择记账本位币，具体考虑以下因素：

1. 境外经营实体对其所从事的活动是否拥有很强的自主性。境外经营实体所从事的活动如果视同母公司或投资企业经营活动的延伸，那么就应该选择与母公司或投资企业相同的记账本位币。境外经营实体所从事的活动如果拥有极大的自主性，那么就应该选择其主要经营环境中所使用的货币作为记账本位币。在后一种情况下，境外经营实体与母公司或投资企业的记账本位币很可能不同。

2. 境外经营实体与母公司或投资企业的交易是否在境外经营活动中占有较大比重。境外经营实体如果与母公司或投资企业的交易在境外经营活动中所占的比例较高，就应当选择与母公司或投资企业相同的记账本位币；反之，应选择其他货币。

3. 境外经营实体所产生的现金流量是否直接影响母公司或投资企业的现金流量、是否可以随时汇回。境外经营实体所产生的现金流量如果直接影响母公司或投资企业的现金流量，并可随时汇回，那么境外经营实体应当选择与母公司或投资企业相同的记账本位币；反之，应选择其他货币。

4. 境外经营实体产生的现金流量是否足以偿还其现有债务和可预期的债务。境外经营实体产生的现金流量如果在母公司或投资企业不提供资金的情况下，难以偿还其现有债务和正常情况下可预期的债务，那么境外经营实体应当选择与母公司或投资企业相同的记账本位币。反之，应选择其他货币。

上述任何一种情况下，境外经营实体如果选择的记账本位币与母公司或投资企业不一致，就成为“境外经营”。

【例 6－13】 国内甲公司以人民币作为记账本位币，该公司在美国设有一家子公司乙。乙公司在美国的经营活动拥有完全的自主权：自主决定其经营政策、销售方式、进货来源、人员聘用等，其产品主要在美国、欧洲市场销售，一切费用开支均自行解决。甲公司与乙公司除了投资与被投资关系外，基本不发生业务往来。

由于乙公司收支现金的主要环境在美国，与甲公司几乎没有现金往来，乙公司应当选择美元作为其记账本位币。乙公司是甲公司的境外经营。

（三）境外经营外币财务报表的折算方法

因为境外经营的记账本位币不同于母公司和投资企业的记账本位币，所以在母公司编制合并报表（此时境外经营属于子公司），或者投资企业采用权益法（此时境外经营属于合营企业或联营企业）核算，或者企业编制汇总报表（此时境外经营属于分支机构）时，就必须将境外经营的财务报表以母公司或者投资企业的记账本位币予以调整。这一过程就是境外经营外币财务报表的折算。

境外经营外币财务报表折算，其根本目的是将境外经营的财务报表与母公司或投资企业的保持一致：记账本位币一致，会计期间一致，会计政策一致。所以在对境外经营的财务报表折算前，应当先在工作底稿中调整境外经营财务报表的会计期间和会计政策，使之与母公司或投资企业的相一致。

境外经营财务报表的折算方法，根据报表各项目的内容及所选汇率的不同，主要有四种方法：现行汇率法，流动与非流动法、货币与非货币法和时态法。我国会计准则综合采用这些方法，规定了外币财务报表折算的实务处理依据。

1. 现行汇率法

现行汇率是指公司或投资企业折算报表时采用的汇率。这种方法的基本内容是：

（1）资产负债表各资产与负债项目均按照财务报表折算日的即期汇率折算；

（2）资产负债表上的实收资本项目，按照投入资本时的当日即期汇率折算；

（3）资产负债表上留存收益项目，无须按照特定汇率折算，是资产、负债和实收资本项目折算后，按照资产负债表的平衡关系倒挤的结果；

（4）利润表上的收入和费用项目，按照确认这些项目时的即期汇率或者即期汇率的近似汇率折算。

现行汇率法采用单一汇率对各资产、负债项目进行折算，因而折算后的资产负债表各项目基本上维持原外币报表中各项目之间的比例关系（只有所有者权益的内部结构因折算汇率不同而发生变化），所以计算出来的财务指标能够反映境外经营的状况。

这种方法的缺点是：对各资产负债项目的折算，在折算汇率的选择方面缺乏理论依据。

2. 流动与非流动项目法

流动与非流动项目法是将资产与负债项目区分为流动性项目与非流动性项目两大类，将流动性项目按照折算日的汇率折算，非流动性项目按照业务发生时的汇率折算。这种方法的基本内容是：

（1）流动资产与流动负债各项目按照报表折算日的即期汇率折算；

（2）其他资产负债表项目，除留存收益以外，按照业务发生时的即期汇率折算；

（3）资产负债表的留存收益不必按照特定汇率折算，是根据资产负债表的平衡关系倒挤出来的数。

（4）利润表中的折旧、摊销费用，按照有关资产取得时的即期汇率折算；

（5）利润表上的其他项目，按照确认这些项目时的即期汇率或者即期汇率的近似汇率折算。

流动与非流动项目法试图对不同的资产与负债项目采用不同的汇率折算，但是折算汇率的选择缺乏足够的理论依据，没有充分的理由说明为什么流动性项目按照财务报表折算日的即期汇率折算，而非流动项目按照业务发生时的即期汇率折算。

3. 货币与非货币项目法

货币与非货币项目法是将资产与负债项目分为货币性项目与非货币性项目，将货币性项目按照财务报表折算日的即期汇率折算，将非货币性项目按照业务发生时的即期汇率折算。这种方法的具体内容是：

(1)资产负债表中的货币性资产或者负债，按照财务报表结算日的即期汇率折算；

(2)资产负债表中的非货币性资产和负债项目，按照业务发生时的即期汇率折算；

(3)资产负债表中的实收资本项目，按照业务发生时的即期汇率折算；

(4)留存收益是倒挤数；

(5)利润表中的营业成本、折旧、摊销费用，均按照有关资产取得时的即期汇率折算；

(6)利润表上的其他项目，按照确认这些项目时的即期汇率或者即期汇率的近似汇率折算。

这一方法的优点是考虑到货币性项目容易受汇率变动的影响，因为货币性项目代表了未来一定的货币，而这些未来产生的、金额固定或者确定的以外币表示的货币，会受到汇率变动的影响。这种方法的缺点在于，如果非货币性项目按照公允价值计量，按照业务发生时的即期汇率折算，就不能得到合理的结果。

4. 时态法

时态法以资产、负债项目的计量基础作为选择汇率折算方法的依据。这种方法的理论依据是，外币折算实质上是将外币报表按照新的货币单位重新表述的过程。在这一过程中，改变的只是计量单位，比如以美元计量改为以人民币计量，而不改变计量属性，比如以历史成本计量的资产、以期末公允价值计量的资产等，折算后仍然以历史成本或者期末的公允价值计量。因此，资产负债表各个项目应该按照报表折算日的汇率折算。这种方法的具体内容是：

(1)资产负债表中的货币资金、应收、应付项目以及长期负债项目，按照财务报表折算日的即期汇率折算；

(2)资产负债表中按照历史成本计价的各类资产，包括存货、固定资产、无形资产等，按照业务发生时的即期汇率折算；

(3)资产负债表中按照公允价值计价的非货币性资产项目，比如投资性房地产、交易性金融资产等，按照财务报表折算日的即期汇率折算；

(4)资产负债表中各所有者权益项目与前述方法相同；

(5)利润表中的折旧、摊销费用，均按照有关资产取得时的即期汇率折算；

(6)利润表上的其他项目，按照确认这些项目时的即期汇率或者即期汇率的近似汇率折算。

5. 我国会计准则规定的外币财务报表折算方法

《外币折算准则》所规定的折算方法，具体内容如下：

(1)境外经营的资产负债表中的资产和负债项目，采用资产负债表日的即期汇率折算。这意味着境外经营的资产和负债，在母公司或投资企业的资产负债表中以资产负债表日的即期汇率折算；

(2)所有者权益项目除"未分配利润"项目外,其他项目采用发生时的即期汇率折算;

(3)利润表中的收入和费用项目,采用交易发生日的即期汇率或即期汇率的近似汇率折算;

(4)由于在资产负债表日境外经营的资产和负债均以资产负债表日的即期汇率折算,而所有者权益的各个项目按照交易发生日的即期汇率或即期汇率的近似汇率折算,两者之间会产生差额。该差额在母公司编制的合并资产负债表或投资企业的资产负债表中以"其他综合收益"项目列示。

【例 6-14】 国内甲公司的记账本位币为人民币,该公司在境外有一联营企业乙公司,乙公司确定的记账本位币为美元。甲公司拥有乙公司 20%的股权,并能够对乙公司的财务和经营政策施加重大影响。2017 年 12 月 31 日,即期汇率为 1 美元=6.3 元人民币。乙公司 2017 年度利润表及其折算以及资产负债表及其折算分别见表 6-6 和表 6-7。乙公司 2017 年度利润表按照平均汇率 1 美元=6.5 元人民币折算。

表 6-6 乙公司 2017 年度利润表及其折算

	美元数	折算汇率	折算为人民币金额
一、营业收入	10,505	6.5	68,282.50
减:营业成本	8,008	6.5	52,052.00
税金及附加	153	6.5	994.50
销售费用	0	6.5	0.00
管理费用	707	6.5	4,595.50
财务费用	1,956	6.5	12,714.00
资产减值损失	1,400	6.5	9,100.00
加:投资收益(损失以"-"填列)	5,988	6.5	38,922.00
其中:对联营企业和合营企业的投资收益	936	6.5	6,084.00
公允价值变动损益	0	6.5	0.00
其他收益	0	6.5	0.00
三、营业利润	4,269	6.5	27,748.50
加:营业外收入	749	6.5	4,868.50
减:营业外支出	11	6.5	71.50
四、利润总额	5,007	6.5	32,545.50
减:所得税费用	434	6.5	2,821.00
五、净利润	4,573	6.5	29,724.50
六、其他综合收益的税后净额	19	6.5	123.50
(一)以后不能重分类进损益的其他综合收益	0	6.5	0.00
(二)以后将重分类进损益的其他综合收益	19	6.5	123.50
1. 其他债权投资公允价值的变动损益	0	6.5	0.00
2. 权益法下在被投资单位以后将重分类进损益	19	6.5	123.50
3. 外币财务报表折算差额	0	6.5	0.00
七、综合收益总额	4,592	6.5	29,848.00

表 6—7 乙公司资产负债表及其折算

2017 年 12 月 31 日

单位:千元

	期末余额				期末余额		
流动资产:	美元数	折算汇率	人民币数	流动负债:	美元数	折算汇率	人民币数
货币资金	1,393	6.3	8,775.90	短期借款	800	6.3	5,040.00
交易性金融资产	0	6.3	0.00	应付账款	1,482	6.3	9,336.60
应收票据	10	6.3	63.00	预收款项	1	6.3	6.30
应收账款	1,227	6.3	7,730.10	应付职工薪酬	25	6.3	157.50
预付账款	3	6.3	18.90	应交税费	118	6.3	743.40
应收股利	1,338	6.3	8,429.40	应付利息	382	6.3	2,406.60
其他应收款	819	6.3	5,159.70	应付股利	0	6.3	0.00
存货	161	6.3	1,014.30	其他应付款	597	6.3	3,761.10
一年内到期的非流动资产	4,900	6.3	30,870.00	一年内到期的非流动负债	657	6.3	4,139.10
其他流动资产	4,736	6.3	29,836.80	其他流动负债	14,215	6.3	89,554.50
流动资产合计	14,587	6.3	91,898.10	流动负债合计	18,277	6.3	115,145.10
非流动资产:				非流动负债:			
其他债权投资	4,102	6.3	25,842.60	长期借款	8,250	6.3	51,975.00
债权投资	0	6.3	0.00	应付债券	15,410	6.3	97,083.00
长期应收款	0	6.3	0.00	长期应付款	11	6.3	69.30
长期股权投资	48,473	6.3	305,379.90	长期应付职工薪酬	0	6.3	0.00
投资性房地产	216	6.3	1,360.80	专项应付款	0	6.3	0.00
固定资产	10,922	6.3	68,808.60	预计负债	0	6.3	0.00
在建工程	4,751	6.3	29,931.30	递延收益	533	6.3	3,357.90
工程物资	237	6.3	1,493.10	非流动负债合计	24,204	6.3	152,485.20
无形资产	745	6.3	4,693.50	负债合计	42,481	6.3	267,630.30
开发支出	0	6.3	0.00	股东权益:			
商誉	33	6.3	207.90	股本	13,310	6.4	85,184.00
长期待摊费用	0	6.3	0.00	资本公积	9,926	6.4	63,526.40
递延所得税资产	151	6.3	951.30	其他综合收益	37	6.6	244.20
其他非流动资产	5,239	6.3	33,005.70	盈余公积	18,664	6.53	121,875.92

续表

	期末余额				期末余额		
非流动资产合计	74,869	6.3	471,674.70	未分配利润	5,038		32,696.62
				其他综合收益——外币报表折算差额			(7,584.64)
				所有者权益合计	46,975	6.3	295,942.50
资产合计	89,456	6.3	563,572.80	负债和所有者权益合计	89,456	6.3	563,572.80

见表6—7,乙公司2017年12月31日的资产负债表中,资产和负债各项目以当日汇率1美元=6.3元人民币折算;而所有者权益的"实收资本"、"资本公积"项目按照筹资时即期汇率1美元=6.4元人民币折算,至2017年末,余额分别为85,184.00千元人民币和63,526.40千元人民币;"其他综合收益"项目按照发生日的汇率1美元=6.6元人民币折算为244.2千元人民币;"盈余公积"项目按照发生日的汇率1美元=6.53元人民币折算为121,875.92千元人民币;"未分配利润"项目按照各年利润表采用的汇率以及各年进行利润分配当日采用的汇率折算,持续计算到2017年末的余额为32,696.62千元人民币。

截止到2017年末,以上所有者权益各项目折算为记账本位币的余额之和为303,527.14千元人民币,而2017年末各资产和负债项目折算为记账本位币的差额为295,942.50千元人民币,后者比前者减少了7 584.64千元人民币。这一金额就是外币报表折算差额,在"其他综合收益"中报告。

2017年末,甲公司确认从乙公司取得的投资收益时,要根据乙公司折算后的利润表进行。

根据表6—6,

甲公司确认的投资收益=29 724.50×20%=5 944.90(千元人民币)

甲公司确认的其他综合收益=123.50×20%=24.70(千元人民币)

根据表6—7,甲公司确认的外币财务报表折算差额=—7 584.64×20%=—1 516.928(千元人民币)

甲公司编制会计分录如下:

借:长期股权投资　　4 452 672

　　其他综合收益——外币报表折算差额　　1 516 928

　贷:投资收益　　5 944 900

　　　其他综合收益——采用权益法核算从被投资企业得到的份额　　24 700

如果乙公司是甲公司的子公司,那么甲公司要根据折算后乙公司财务报表编制合并报表。

需要提醒读者的是,表6—6和6—7中折算为人民币的金额,是甲公司用来确认投资收益的。该折算仅在甲公司工作底稿中进行,并不影响乙公司对外报送的财务报表和分类账记录。

二、确定现金流量表中"汇率变动对现金和现金等价物的影响"

现金流量表反映了一个会计期间内现金的增减变化。引起现金增减变化的主要原因是筹资活动、投资活动和经营活动。如果企业持有外币，那么发生外币收支活动时，按照发生日的即期汇率或即期汇率的近似汇率折算成记账本位币。期末结余的外币按照当日的即期汇率折算成记账本位币，与外币账户上按照交易发生日的即期汇率折算、持续记录的记账本位币余额很可能不一致，两者的差额是汇率变动造成的。

《企业会计准则第31号——现金流量表》第七条规定，外币现金流量以及境外子公司的现金流量，应当采用现金流量发生日的即期汇率或按照系统合理的方法确定的、与现金流量发生日即期汇率近似的汇率折算。汇率变动对现金的影响额应当作为调节项目，在现金流量表中单独列报。

在记录分类账时，在资产负债表日汇率变动产生的差额，一方面调整外币现金账户的余额，另一方面确认汇兑损益。在现金流量表中，以"汇率变动对现金和现金等价物的影响"来报告。该项目构成了影响现金流量的第四个因素。

【例6—15】 甲企业以人民币作为记账本位币。2017年初持有现金和现金等价物1 000万元，其中人民币660万元，美元50万元，按照1美元＝6.8元人民币折算成记账本位币为340万元。甲公司2017年度发生现金流情况如表6—8。

表6—8

单位：万元

	人民币账户	外币账户			合计
		美元	折算汇率	人民币	
期初余额	660	50	1＄＝￥6.8	340	1 000
经营活动产生现金流入	2 500	60	1＄＝￥6.82	409.2	2 909.2
经营活动产生现金流出	1 800	30	1＄＝￥6.81	204.3	2 004.3
经营活动产生的现金流量净额	700			204.9	904.9
投资活动产生现金流入	300			0	300
投资活动产生现金流出	1 500			0	1 500
投资活动产生的现金流量净额	－1 200			0	－1 200
筹资活动产生现金流入	300			0	300
筹资活动产生现金流出	250			0	250
筹资活动产生的现金流量净额	50			0	50
汇率变动对现金和现金等价物的影响				－4.9	－4.9
期末余额	210	80	1＄＝6.75	540	750

见表6—8。为简化说明，本例假设以外币发生的经营活动现金流入，所有的折算汇率均为6.82；以外币发生的经营活动现金流出，所有的折算汇率均为6.81；没有发生以外币计价

和结算的投资活动筹资活动现金流量。期末外币现金账户余额 80 万美元，即期汇率为 1 美元＝6.75 元人民币，折算人民币为 540 万元。而外币现金账户的收入和支出按照即期汇率或即期汇率的近似汇率折算为记账本位币后，持续记录下来的余额为 544.9 万元(340＋409.2－204.3)。前者比后者少 4.9 万元，这就是汇率变动对现金的影响。

本章小结

本章首先介绍了两个概念：记账本位币和外币，并在此基础上着重讲述了外币交易分别在交易日和结算日的会计处理，讲述了资产负债表日对外币货币性项目和非货币性项目的处理。另外，本章介绍了境外经营的概念，阐述了境外经营的财务报表如何按照母公司或投资企业的记账本位币进行折算。最后介绍了现金流量表中"汇率变动对现金及现金等价物的影响"项目的确定方法。

一、复习思考题

1. 什么是记账本位币？什么是外币？如何确定记账本位币？

2. 按照统账制记账方法，外币交易在交易日该如何进行处理？结算日呢？

3. 资产负债表日，外币货币性项目和外币非货币性项目分别如何处理？

4. 什么是境外经营？遵循会计准则的规定，境外经营的财务报表如何按照母公司或投资企业的记账本位币进行折算？

5. 如何确定现金流量表中"汇率变动对现金和现金等价物的影响"项目的金额？

二、练习题

(一)单项选择题

1. 某企业采用人民币作为记账本位币。下列项目中，不属于该企业外币业务的是(　　)

A. 与外国企业发生的以人民币计价结算的购货业务

B. 与外国企业发生以美元计价结算的销售业务

C. 与外国企业发生以美元计价结算的购货业务

D. 与中国银行之间发生的美元与人民币的兑换业务

2. 按我国现行会计准则的规定，企业发生的外币业务中，平时就可能产生汇兑差额的是(　　)。

A. 购入货物以外币结算　　B. 企业从银行买入外币

C. 外币投入资本业务　　D. 外币借贷业务

3. 企业采用外币业务发生时的即期汇率作为折算汇率的情况下，将人民币兑换成外币时所产生的汇兑损益，是指(　　)。

A. 当日市场汇率与银行买入价之差所引起的折算差额

B. 当日银行卖出价与账面汇率之差所引起的折算差额

C. 当日市场汇率与账面汇率之差所引起的折算差额

D. 当日市场汇率与银行卖出价之差所引起的折算差额

4. 甲公司的记账本位币为人民币。2017 年 12 月 6 日，甲公司以每股 9 美元的价格购入乙公司 B 股 10 000 股作为交易性金融资产，当日即期汇率为 1 美元＝7.8 元人民币。2017 年 12 月 31 日，乙公司股票市价为每股 10 美元，当日即期汇率为 1 美元＝7.5 元人民币。假定不考虑相关税费。2017 年 12 月 31 日，甲公司应确认的公允价值变动损益金额为（　　）

A. －48 000 元　　B. 48 000 元　　C. －78 000 元　　D. 78 000 元

（二）账务处理题

某企业以人民币作为记账本位币，以交易日的即期汇率作为外币业务的折算汇率。某一年内发生如下外币业务：

（1）1 月 3 日，接受外币投资，金额＄10 000 元，接受投资当日的即期汇率为＄1＝￥6.5。

（2）2 月 21 日，用美元购入原材料，金额为＄1 000 元，货款未付，交易发生的当日即期汇率为＄1＝￥6.6。所购原材料单价＄10 元，共 100 件。

（3）4 月 30 日，销售商品，金额为＄2 000 元，货款未收＄1＝￥6.65。

（4）5 月 28 日，借入美元短期借款＄10 000 元，金额为＄1＝￥6.7。

（5）6 月 10 日，支付 2 月 21 日所欠货款＄1 000，当日即期汇率为＄1＝￥6.75。

（6）12 月 31 日，即期汇率为＄1＝￥6.8。

分别就上述业务用会计等式模板描述并编制会计分录。

（三）财务报表题

查阅“你的”公司的财务报告，看看当期是否持有外币？如果有，当期利润表中产生的汇兑差额有多少？汇率变动对公司持有的外币造成了多大影响？“你的”公司存在境外经营吗？如果存在，那么境外经营财务报表的折算金额有多大？

第七章

借 款 费 用

【学习目标】

通过学习本章，你应该：

1. 掌握借款费用的概念；
2. 熟悉“符合资本化条件的资产”、“专门借款”和“一般借款”的概念；
3. 熟悉借款费用开始资本化、终止资本化和暂停资本化的条件；
4. 掌握专门借款的借款费用资本化的计算方法；
5. 掌握一般借款的借款费用资本化的计算方法；
6. 掌握借款费用资本化的账务处理与报告。

某公司兴建一栋办公楼，为期 15 个月，于 2017 年初动工，2018 年 4 月份完工。由于兴建大楼的资金不足，2017 年初向银行借入为期两年的借款，于 2018 年 12 月底到期。2018 年底，财务主管发现当年经营处于亏损的边缘。如果将 2018 年一年的借款费用全部计入办公楼的建造成本中，公司就能盈利。

财务主管这么做是否违反会计准则呢？

本章根据企业《会计准则第 17 号——借款费用》（以下简称《借款费用准则》）来阐述每个会计年度企业发生的借款费用中有多少可以资本化的问题。

第一节 借款费用概述

根据《借款费用准则》的规定，借款费用是企业因从银行、非银行的金融机构以及债券市场等借入资金而付出的代价，包括借款利息，债券的折价或者溢价的摊销、辅助借款费用以及因外币借款而发生的汇兑差额等。

一、因借款而发生的利息

因借款而发生的利息，是指以合同或者协议约定的利率计算出来的名义利息。主要指企业向银行或者其他金融机构等借入资金发生的利息以及发行公司债券发生的利息。

二、因借款而发生的折价或溢价的摊销

因借款而发生的折价或者溢价主要是指发行债券所发生的折价或者溢价。折价或者溢价的形成机制在于：如果债券的票面利率高于市场平均利率，就溢价发行，从而把债券的实际利率调低到市场平均利率；如果债券的票面利率低于市场平均利率，就折价发行，从而把债券的实际利率调高到市场平均利率。每个会计期间通过折价或者溢价的摊销，就把当年度的借款费用从名义利息（即上文"因借款而发生的利息"）调整到实际利息。

三、因借款而发生的辅助费用

因借款而发生的辅助费用，是指企业在借款过程中发生的诸如手续费、佣金、印刷费等费用，由于这些费用是因安排借款而发生的，也属于借入资金所付出的代价，是借款费用的构成部分。辅助费用抵减了相关借款的初始金额，从而影响以后各期实际利息的计算。换句话说，由于辅助费用的发生将导致相关借款实际利率的上升，从而需要对各期利息费用作相应调整，所以在确定借款辅助费用资本化金额时要结合借款利息资本化金额一起计算。

【例 7－1】 甲企业向银行借款。借款协议约定借款本金 1 000 万元，利率 5%，手续费率 0.2%，每年付息一次，为期三年。计算每年的借款费用。

甲企业每年支付 50 万元（三年共支付 150 万元），属于"因借款而发生的利息"，支付的 2 万元手续费属于"因借款而发生的辅助费用"。

甲企业每年实际承担的借款费用是将以上两项作为一个整体计算的。

第一步，确定借款利率。借款利率是这样的利率：如果以该利率为折现率，那么将借款未来现金流（未来三年每年支付 50 万元，到期支付 1 000 万元）折成的现值就是实际得到的借款额 998 万元（借款本金扣除辅助费用），即

$$998=50\text{PVIFA}(3,i)+1\,000\text{PVIF}(3,i)。$$

采用逐步逼近法计算得出这一利率为 5.07%。

第二步：计算每年的借款费用，见表 7－1。

表 7－1 显示，综合考虑"利息"、"辅助费用"两个因素，甲企业在三年内每年发生的利息费用分别是 50.60 万元、50.63 万元和 50.77 万元，三年合计 152 万元，其中含名义利息 150 万元，辅助费用 2 万元。

表 7－1　实际利息费用计算表

单位：万元

时间	期初摊余成本 a_n	实际利息费用 $b_n=a_n\times5.07\%$	支付名义利息 c_n	调整金额 $d_n=b_n-c_n$	期末摊余成本 $e_n=a_n+d_n$
2018 年初	998.00	50.60	50.00	0.60	998.60
2019 年初	998.60	50.63	50.00	0.63	999.23
2020 年初	999.23	50.77①	50.00	0.77	1 000.00
合计		152.00	150.00	2.00	

①含尾差 .1.1 万元

【例 7—2】 乙企业在债券市场上发行企业债，2017 年 10 月份计划在 2018 年初发行每张面值为 100 元的债券 100 万张，总面值 1 亿元，票面利率 5%，存续期从 2018 年到 2020 年，从 2019 年开始每年年初付息。待 2018 年初实际发行债券时债券市场的平均利率为 4%，票面利率高于市场平均利率。债券以 102.80 元/张溢价发行。为发行债券，支付了印刷费、承销费等共 220 万元。计算乙企业每年发生的借款费用。

乙企业每年支付 500 万元(三年共 1 500 万元)票面利息属于“因借款而发生的利息”，溢价 280 万元按照实际利率法分摊到三年存续期，每年摊销的金额属于“因借款而发生的溢价摊销”，支付的印刷费、承销费等共 220 万元，属于“因借款而发生的辅助费用”

乙企业每年发生的借款费用是把票面利息、溢价摊销和辅助借款费用作为一个整体计算的。

第一步，确定借款利率。采用逐步逼近法，找到将债券未来现金流(未来三年每年支付 500 万元，到期支付 1 个亿)折成现值 10 060 万元(债券发行金额 10 280 万元扣除辅助费用 220 万)的折现率，即

$$10\ 060=500PVIFA(3,i)+10\ 000PVIF(3,i)。$$

采用逐步逼近法计算得出这一利率为 4.77%。

第二步：计算每年的借款费用，见表 7—2。

表 7—2 显示，综合考虑“利息”、、“溢价摊销”和“辅助费用”三个因素，乙企业在三年内每年发生的利息费用分别是 479.86 万元、478.90 万元和 481.24 万元，三年合计 1 440 万元，其中含名义利息 1 500 万元，溢价 280 万元(冲减了借款费用)和辅助费用 220 万元。

表 7—2 实际利息费用计算表

单位：万元

时间	期初摊余成本 a_n	实际利息费用 $b_n=a_n\times4.77\%$	支付名义利息 c_n	调整金额 $d_n=b_n-c_n$	期末摊余成本 $e_n=a_n+d_n$
2018 年初	10 060.00	479.86	500.00	20.14	10 039.86
2019 年初	10 039.86	478.90	500.00	21.10	10 018.76
2020 年初	10 018.76	481.24①	500.00	18.76	10 000.00
合计		1 440.00	1 500.00	60.00	

①含有尾差 3.34 万元。

四、因外币借款而发生的汇兑差额

因外币借款而发生的汇兑差额，是指由于汇率变动导致计息日、付息日、本金偿还日的市场汇率与取得借款时的市场汇率出现差异，从而对外币借款本金及其利息的记账本位币金额所产生的影响。汇率的变化是企业外币借款所需承担的风险，因此，因外币借款相关汇率变化所导致的汇兑差额属于借款费用的有机组成部分。

第二节 借款费用资本化的确认条件

借款费用的确认主要解决的问题是每期发生的借款费用究竟该资本化、计入相关资产

的成本,还是该费用化、计入当期损益。

借款费用的基准处理原则是:借款费用予以费用化。只有同时具备以下条件,借款费用才予以资本化:

第一,借款用于生产和建造满足资本化条件的资产。

第二,符合借款费用资本化的时间条件。

一、符合借款费用资本化的资产条件

符合资本化条件的资产是指需要经过相当长时间的购建或者生产活动才能达到预定可使用或者可销售状态的固定资产、投资性房地产和存货等资产。

符合资本化条件的存货,主要包括房地产开发企业开发的用于对外出售的房地产开发产品、企业制造的用于对外出售的大型机械设备,建造承包商的建造合同项目等等,这类存货通常需要经过相当长时间的建造或者生产过程,才能达到预定可销售状态。

满足资本化条件的开发支出也属于此列。

以上这些资产的生产和建造具有两个特点,一是生产和建造期比较长,超过一个会计年度;二是每项资产的生产和建造是独立的,既不是成批的,也不是连续的,相当于一个一个独立的“项目”,有单独的预算和生产建造计划。如果生产和建造这些资产借入了资金,那么由此产生的借款费用,要一个会计年度以后资产达到预定可销售状态或者可使用状态才能受益,所以应该资本化。而且因为这些资产的生产和建造是独立,可以明确究竟为了生产和建造哪项资产发生了借款费用,所以资本化的金额可以度量。

企业成批生产而且生产期短于一年的存货,就不属于符合资本化条件的资产。这是因为:第一,生产期短于一年,借款费用即使资本化,形成了存货的生产成本,也随着存货的销售计入营业成本,成为利润表的费用类项目,是否资本化对利润表的影响不大;第二,将一年发生的借款费用在连续生产的存货中进行分配,从而计入单项存货的成本项目,对分配方法的科学性要求较高。

【例 7—3】 甲公司于 2018 年 1 月 1 日起,用银行借款开工建设一幢简易厂房,厂房于 3 月 5 日完工,达到预定可使用状态。

在本例中,尽管公司借款用于固定资产的购建,但是由于该固定资产建造时间较短,不属于需要经过相当长时间的购建才能达到预定可使用状态的资产,因此,所发生的相关借款费用不应予以资本化计入在建工程成本,而应当根据发生额计入当期财务费用。

在实务中,购入后即可使用的资产,或者购入后需要安装但所需安装时间较短的资产,或者需要建造或者生产但所需建造或者生产时间较短的资产,均不属于符合资本化条件的资产。如果人为因素导致资产的购建或者生产时间相当长的,该资产不属于符合资本化条件的资产。

【例 7—4】 甲公司向银行借入资金分别用于生产 A 产品和 B 产品,其中,A 产品的生产时间较短,为 15 天;B 产品属于大型发电设备,生产时间较长,为 1 年零 3 个月。

本例中,由于 A 产品的生产时间较短,不符合需要经过相当长时间的生产才能达到预定可使用状态的资产,因此,为 A 产品的生产而借入的资金所发生的借款费应当计入当期财务费用。B 产品的生产时间比较长,属于需要经过相当长时间的生产才能达到预定可销售状态的资产，符合资本化的条件，有关借款费用可以资本化，计入B产品的成本中。

二、符合借款费用资本化的时间条件

(一)借款费用开始资本化的时点

借款费用允许开始资本化必须同时满足三个条件，即资产支出已经发生、借款费用已经发生、为使资产达到预定可使用或者可销售状态所必要的购建或者生产活动已经开始。

1.“资产支出已经发生”的界定

“资产支出已经发生”，是指企业已经发生了支付现金、转移非现金资产或者承担带息债务等形式的支出。其中：

(1)支付现金，是指用货币资金支付符合资本化条件的资产的购建或者生产支出。

比如，某企业用现金或者银行存款购买为建造或者生产符合资本化条件的资产所需用材料，支付有关职工薪酬，向工程承包商支付工程进度款等，这些支出均属于资产支出。

(2)转移非现金资产，是指企业将自己的非现金资产直接用于符合资本化条件的资产的购建或者生产。

比如，某企业将自己生产的产品，包括自己生产的水泥、钢材等，用于建造办公楼，而该办公楼属于符合资本化条件的资产，这些支出属于资产支出。

(3)承担带息债务，是指企业为了购建或者生产符合资本化条件的资产所需用物资等而承担的带息应付款项，如带息应付票据。企业以赊购方式购买这些物资所产生的债务可能带息，也可能不带息。如果企业赊购这些物资承担的是不带息债务，那么只有等到实际偿付债务，支付现金时才能将其作为资产支出。如果企业赊购物资承担的是带息债务，要为这笔债务支付利息，那么在赊购时就视同资产支出已经发生。

【例7—5】 本例中，甲公司因建设长期工程所需，于2018年3月1日购入一批工程用物资，金额为30万元。甲公司向供应商开出一张10万元的带息银行承兑汇票，期限为6个月，票面年利率为6%，其余20万元承诺3个月以后支付。

本例中，甲公司在2018年3月1日购入工程物资用于建造符合资本化条件的资产，为此承担了10万元带息债务，所以在当日发生了资产支出10万元。其余20万元是不带息债务，3个月以后向供应商支付该笔款项时才发生资产支出。

2.“借款费用已经发生”的界定

“借款费用已经发生”，是指企业已经发生了因购建或者生产符合资本化条件的资产而借入款项的借款费用。

借款费用的发生时点是借入款项后开始计息的时点，不是支付利息的时点。比如，甲公司于2018年7月1日为建造一幢建设期为2年的厂房从银行专门借入款项9 000万元，为期两年，每年6月30日付息。借入款项当日开始计息，于是在2018年7月1日应当认为借款费用已经发生。

3.“为使资产达到预定可使用或者可销售状态所必要的购建生产活动已经开始”的界定

“为使资产达到预定可使用或者可销售状态所必要的购建或者生产活动已经开始”，是指符合资本化条件的资产的实体建造或者生产工作已经开始，例如主体设备的安装、厂房的实际开工建造等。如果仅仅持有资产、但并没有发生为改变资产形态而进行的实质上的建造或者生产活动，则不符合此条件。

比如，某企业为了建造写字楼购置了建筑用地，但是尚未开工兴建房屋，有关房屋实体建造活动也没有开始，在这种情况下，即使企业为了购置建筑用地已经发生了支出，也不应当将其认为使资产达到预定可使用状态所必要的购建活动已经开始。

企业只有在上述三个条件同时满足时，有关借款费用才可开始资本化。只要其中有一个条件没有满足，借款费用就不能开始资本化。

比如，某企业专门借入款项建造某符合资本化条件的固定资产，相关借款费用已经发生，同时固定资产的实体建造工作也已开始，但为固定资产建造所需物资等都是赊购或者客户垫付的(且所形成的负债均为不带息负债)，发生的相关薪酬等费用也尚未形成现金流出。在这种情况下，固定资产建造本身并没有占用借款资金，没有发生资产支出，该事项只满足借款费用开始资本化的第二、三个条件，但是没有满足第一个条件，所以，所发生的借款费用不应予以资本化。

又比如，某企业一直没有借款，为了建造一项符合资本化条件的固定资产专门借入资金。在专门借款到位之前，企业就购置了工程物资，并且开始动工兴建。在这种情况下，企业尽管发生了资产支出，相关资产的生产和建造活动已经开始，但是没有发生借款费用，所以不满足开始资本化的条件。

再比如，某企业为了建造一项符合资本化条件的厂房已经使用银行存款购置了水泥、钢材等，发生了资产支出，相关借款也已开始计息，但是厂房因各种原因迟迟未能开工兴建。在这种情况下，企业尽管发生了资产支出，发生了借款费用，但是相关资产的生产和建造活动并未开始，所以不满足资本化的条件。

(二)借款费用暂停资本化的条件

符合资本化条件的资产在购建或者生产过程中发生非正常中断、且中断时间连续超过3个月的，应当暂停借款费用的资本化。

“非正常中断”相对于“正常中断”而言。正常中断通常仅限于因购建或者生产符合资本化条件的资产达到预定可使用或者可销售状态所必要的程序，或者事先可预见的不可抗力因素导致的中断。比如，某些工程建造到一定阶段必须暂停下来进行质量或者安全检查，检查通过后才可继续下一阶段的建造工作，这类中断是在施工前可以预见的，而且是工程建造必须经过的程序，属于正常中断。又比如，北方某地建造某工程期间，遇上冰冻季节(通常为6个月)，工程施工因此中断，待冰冻季节过后方能继续施工。由于该地区在施工期间出现较长时间的冰冻为正常情况，由此导致的施工中断是可预见的不可抗力因素导致的中断，属于正常中断。

非正常中断，通常是由于企业管理决策上的原因或者其他不可预见的原因等所导致的中断。比如，企业与施工方发生了质量纠纷，或者工程、生产用料没有及时供应，或者资金周转发生了困难，或者施工、生产发生了安全事故，或者发生了与资产购建、生产有关的劳动纠纷等，导致资产购建或者生产活动发生中断，均属于非正常中断。

“中断时间连续超过三个月”，是指中断必须是连续的，如果断断续续，累计超过三个月，则不符合暂停资本化的条件，仍然可以资本化。

【例 7—6】 甲企业于 2018 年 1 月 1 日利用专门借款开工兴建一幢办公楼，支出已经发生，借款费用从当日起开始资本化。工程预计于 2019 年 3 月完工。2018 年 5 月 15 日，工程施工发生了安全事故，导致工程中断，直到 9 月 10 日才复工。

该中断属于非正常中断，且中断时间连续超过三个月，这一段时期发生的借款费用要停止资本化，予以费用化处理。

（三）借款费用停止资本化的条件

购建或者生产符合资本化条件的资产达到预定可使用或者可销售状态时，借款费用应当停止资本化。

购建或者生产符合资本化条件的资产达到预定可使用或者可销售状态，可从下列几个方面进行判断：

◇ 符合资本化条件的资产的实体建造（包括安装）或者生产工作已经全部完成或者实质上已经完成。

◇ 所购建或者生产的符合资本化条件的资产与设计要求、合同规定或者生产要求相符或者基本相符，即使有极个别与设计、合同或者生产要求不相符的地方，也不影响其正常使用或者销售。

◇ 继续发生在所购建或生产的符合资本化条件的资产上的支出金额很少或者几乎不再发生。

【例 7—7】 ABC 公司借入一笔款项，于 2017 年 2 月 1 日采用出包方式开工兴建一幢办公楼。2018 年 10 月 10 日工程全部完工，达到合同要求。10 月 30 日工程验收合格，11 月 15 日办理工程竣工结算，11 月 20 日完成全部资产移交手续，12 月 1 日办公楼正式投入使用。

在本例中，企业应当将 2018 年 10 月 10 日作为借款费用停止资本化的时点。后续的工程验收日、竣工结算日、资产移交日和投入使用日均不应作为借款费用停止资本化的时点，否则会因延长资本化时间而导致过多的借款费用计入资产成本，同时导致当期因低估财务费用而高估利润。

如果所购建或者生产的符合资本化条件的资产的各部分分别完工，且每部分在其他部分继续建造或者生产过程中可供单独使用或者可单独对外销售，且为使该部分资产达到预定可使用或可销售状态所必要的购建或者生产活动实质上已经完成，就应当停止与该部分资产相关的借款费用的资本化。比如，企业利用借入资金建造由若干幢厂房组成的生产车间，每幢厂房完工时间不一样，但每幢厂房在其他厂房继续建造期间均可单独使用。在这种情况下，当其中的一幢厂房完工并达到预定可使用状态时，企业应当停止该幢厂房相关借款费用的资本化。

如果企业购建或者生产的资产的各部分分别完工，但必须等到整体完工后才可使用或者对外销售的，应当在该资产整体完工时停止借款费用的资本化。在这种情况下，即使各部分资产已经完工，也不能够认为该部分资产已经达到了预定可使用或者可销售状态，企业只能在所购建固定资产整体完工时，才能认为资产已经达到了预定可使用或者可销售状态，借款费用方可停止资本化。比如，某企业在建设某一涉及数项工程的钢铁冶炼项目时，每个单项工程都是根据各道冶炼工序设计建造的，因此只有在每项工程都建造完毕后，整个冶炼项目才能正式运转，达到生产和设计要求，所以每一个单项工程完工后不应认为资产已经达到了预定可使用状态，企业只有等到整个冶炼项目全部完工，达到预定可使用状态时，才停止借款费用的资本化。

第三节　借款费用资本化金额的确定

企业每个会计年度发生的借款费用，在满足资本化的资产条件和时间条件下，究竟有多少应该资本化，其计算方法要区分专门借款和一般借款而定。

一、专门借款和一般借款

专门借款是指为购建或者生产符合资本化条件的资产而专门借入的款项。专门借款通常应当有明确的用途，即为购建或者生产某项符合资本化条件的资产而专门借入的，并应当在借款合同上标明。例如，某卫浴公司为建造马桶生产线向某银行专门贷款 5 000 万元、某发电企业为了建造脱硫设施向银行专门贷款 1 亿元、某酒店为了建造大楼向银行专门贷款 2 亿元，某能源集团公司为了建造风力发电场在债券市场发行债券 5 个亿等，均属于专门借款，其使用目的明确，而且其使用受到相关合同限制。

一般借款是指除专门借款之外的借款。相对于专门借款而言，一般借款在借入时，其用途通常没有特别指明。

专门借款和一般借款与符合资本化条件的资产的生产和建造关联程度不同，于是在每年的资本化期间内，借款费用资本化金额的计算方法也不同。以下分别阐述。

二、专门借款费用资本化金额的确定

如果借入的资金是专门借款，用于生产或建造符合资本化条件的资产，那么在每年的资本化期间内，实际发生的借款费用就全部予以资本化；同时专门借款尚未动用的资金存入银行取得的利息收入或进行暂时性投资取得的投资收益，冲减正在生产或者建造的符合资本化条件的资产的成本。

专门借款带来两方面影响：一是产生了借款费用，二是借入资金后尚未动用的部分存入银行产生了利息收入。由于专门借款除了用于符合资本化条件的资产的生产或者建造，不能用于其他项目，所以在符合资本化条件的时间范围内，产生的借款费用增加了资产的生产或者建造成本，而闲置资金取得的收益则降低了资产的生产或者建造成本；在不符合资本化条件的时间范围内，专门借款产生的借款费用计入财务费用，闲置资金取得的收益冲减财务费用。

【例 7—8】　甲公司于 2018 年 1 月 1 日正式动工兴建一幢办公楼，工期预计为 1 年零 3 个月，工程采用出包方式，分别于 2018 年 1 月 1 日、2018 年 7 月 1 日和 2019 年 1 月 1 日支付工程进度款。

公司为建造办公楼于 2018 年 1 月 1 日专门借款 1 000 万元，借款期限为 2 年，年利率为 5%。另外在 2018 年 7 月 1 日又专门借款 2 000 万元，借款期限为 1 年，年利率为 6%。借款利息按年支付。不考虑辅助借款费用。

闲置借款资金存入银行，月收益率为0.3%。

办公楼于2019年3月31日完工，达到预定可使用状态。

公司为建造该办公楼的支出金额如表7—3所示：

表7—3

资产支出时间	资产支出金额(万元)	累计资产支出金额(万元)	专门借款闲置资金金额(万元)
2018年1月1日	600	600	400
2018年7月1日	1 200	1 800	1 200
2019年1月1日	1 200	3 000	0

(1)2018年度借款费用的计算

2018年1月1日，资产支出已经发生，借款费用已经发生，资产已经开始动工兴建，同时满足了借款费用资本化的三个条件，从当日开始资本化。截止到2018年12月31日，资产没有完工，尚未达到预计可使用状态，不满足终止借款费用资本化的条件。于是2018年全年度都满足借款费用资本化的时间条件。

2018年两笔专门借款的借款费用总和＝1 000×5%×12/12＋2 000×6%×6/12＝110(万元)

两笔专门借款发生的借款费用全部资本化，金额为110万元，计入办公楼的建造成本。

两笔专门借款闲置资金取得的收益＝400×6×0.3%＋1 200×6×0.3%＝28.8(万元)，冲减办公楼的建造成本。

(2)2019年度借款费用的计算

2019年3月31日，资产达到预计可使用状态，借款费用终止资本化。借款费用资本化期间是2019年1月1日至3月31日。从4月1日开始借款费用予以费用化。

①2019年1月1日至3月31日，借款费用资本化期间

两笔专门借款资本化的借款费用＝1 000×5%×3/12＋2 000×6%×3/12＝42.5(万元)，计入资产的建造成本。

其间，没有闲置资金取得的收益。

②从2019年4月1日开始至年底，借款费用予以费用化。

两笔专门借款的借款费用＝1 000×5%×9/12＋2 000×6%×3/12＝67.5(万元)，计入财务费用。

三、一般借款费用资本化金额的确定

一般借款没有特定用途，从银行举借时不跟具体的符合资本化条件的资产的生产和建造项目挂钩。如果符合资本化条件的资产累计发生的资产支出超过了专门借款，且企业存在一般借款，那么借款费用准则视同超过专门借款的资产支出动用了一般借款，允许将一般借款在资本化期间内发生的借款费用资本化。借款费用资本化的金额，取决于这些资产项目占用一般借款的金额、时间以及一般借款的利率。

一般借款费用资本化金额＝占用一般借款的累计资产支出加权平均数×一般借款的资本化率。

这种方法没有在每一笔资产支出发生时与特定的某一笔一般借款对应起来，仅是期末进行的一种简化计算。

(一)累计资产支出加权平均数

累计资产支出加权平均数，既考虑了资本化期间内资产支出占用一般借款的金额，同时也考虑了占用的时间。

【例7—9】 甲企业有一项符合资本化条件的资产的建造项目，没有取得专门借款，资金不足时动用一般借款。发生的资产支出时间和金额见表7—4。假设从2017年初开始符合资本化条件，工程于2018年底达到预定可使用状态，其间没有暂停资本化。分别计算2017年度和2018年度累计资产支出加权平均数。

表7—4

资产支出时间	资产支出金额	累计资产支出金额
2017年1月1日	100万元	100万元
2017年3月1日	600万元	700万元
2017年9月1日	420万元	1 120万元
2018年1月1日	100万元	1 220万元

2017年全年符合资本化条件。

2017年占用一般借款累计资产支出加权平均数＝100×12/12＋600×10/12＋420×4/12＝740(万元)，相当于占用一般借款740万元一年。

2018年全年符合资本化条件。

2018年占用一般借款累计资产支出加权平均数＝1 220×12/12＝1 220(万元)。

(二)一般借款资本化率

一般借款资本化率是指企业当期存续的多笔一般借款的平均利率，即把多笔一般借款视为一笔一般借款的利率。

一般借款资本化率＝多笔一般借款当期利息之和/多笔一般借款当期本金加权平均数。

【例7—10】 2017年，甲企业有两笔一般借款。一笔2016年1月1日取得，为期三年，本金100万元，实际利率5%；另一笔2017年4月1日取得，为期两年，本金1 000万元，实际利率6%。分别计算2017年度和2018年度甲企业一般借款平均资本化率。

①计算2017年度一般借款资本化率

2017年两笔一般借款当期利息之和＝100×12/12×5%＋1 000×9/12×6%＝50(万元)

2017年两笔一般借款当期本金加权平均数＝100×12/12＋1 000×9/12＝850(万元)

这就相当于850万元的一笔一般借款，在2017年度产生了50万元的利息费用。于是，2017年两笔一般借款当期资本化率＝50/850×100%＝5.88%。

②计算2018年度一般借款资本化率

2018年两笔一般借款当期利息之和＝100×12/12×5%＋1 000×12/12×6%＝65(万元)

2018年两笔一般借款当期本金加权平均数＝100×12/12＋1 000×12/12＝1 100(万元)

这就相当于 1 100 万元的一笔一般借款，在 2018 年度产生了 65 万元的利息费用。于是，

2018 年两笔一般借款当期资本化率＝65/1 100＝5.91％。

【例 7－11】 资料沿用例 7－9 和 7－10。分别计算甲公司 2017 年和 2018 年每年一般借款的借款费用总额、资本化金额和费用化金额。

2017 年度一般借款的借款费用总额＝100×12/12×5％＋1 000×9/12×6％＝50(万元)。

其中，资本化金额＝740×5.88％＝43.512(万元)，

费用化金额＝50－43.512＝6.488(万元)。

2018 年度一般借款的借款费用总额＝100×12/12×5％＋1 000×12/12×6％＝65(万元)。

其中，资本化金额＝1 220×5.91％＝72.102(万元)

2018 年计算出来的一般借款费用资本化金额为 72.102 万元，超过了当期借款费用总额 65 万元，此时应以借款费用总额为限，确定资本化金额为 65 万元。

由于计算一般借款资本化金额时采用了在期末简化计算的方式，没有将每一笔资产支出与特定的一般借款相对应，所以一个会计期间内一般借款费用资本化金额有可能超过当期实际发生的借款费用，此时资本化金额以当期实际发生的借款费用为限。如例 7－11 中 2018 年一般借款费用资本化金额的计算。

(三)一般借款闲置资金取得的收益

一般借款没有与符合资本化条件的资产挂钩，所以闲置资金取得的收益也与这些资产项目无关，计入当期损益。闲置资金取得的收益根据银行对账单确定。

例 7－12 综合考虑了专门借款和一般借款。

【例 7－12】 甲公司 2017 年初开始动工兴建一栋符合资本化条件的办公楼。为建造办公楼，2017 年 1 月 1 日举借专门借款 1 000 万元，年利率 5％，为期两年。2017 年 7 月 1 日举借另一笔专门借款 2 000 万元，年利率 6％，为期两年。同期甲公司还有两笔一般借款，一笔 2016 年 1 月 1 日借入，为期三年，年利率 4％，本金 200 万元，另一笔 2017 年 4 月 1 日借入，为期三年，年利率 5％，本金 500 万元。无论专门借款还是一般借款，闲置资金取得的收益均为 0.3％。甲公司办公楼于 2018 年 6 月 30 日达到预定可使用状态。

甲公司建造办公楼发生资产支出情况如表 7－5：

表 7－5

资产支出时间	资产支出金额	累计资产支出金额
2017 年 1 月 1 日	500 万元	500 万元
2017 年 3 月 1 日	500 万元	1 000 万元
2017 年 10 月 1 日	2 500 万元	3 500 万元
2018 年 1 月 1 日	500 万元	4 000 万元

分别计算 2017 年度和 2018 年度甲公司借款费用资本化金额和费用化金额。

①2017 年度借款费用的计算

2017 年全年满足借款费用资本化的条件。

2017年度专门借款资本化金额＝1 000×12/12×5％＋2 000×6/12×6％＝110(万)，专门借款没有费用化金额。

2017年专门借款闲置资金取得的收益＝500×2/12×0.3％＋2 000×3/12×0.3％＝1.75(万元)

2017年两笔一般借款的资本化率＝(200×12/12×4％＋500×9/12×5％)/(200×12/12＋500×9/12)×100％＝26.75/575×100％＝4.65％。

2017年度占用一般借款累计资产支出加权平均数＝500×3/12＝125(万元)

2017年度一般借款资本化金额＝125×4.65％＝5.8125(万元)

2017年度一般借款的借款费用总额＝200×12/12×4％＋500×9/12×5％＝26.75(万元)

2017年度一般借款费用化金额＝26.75－5.8125＝20.9375(万元)

②2018年度计算费用的计算

由于6月30日符合资本化条件的资产已经达到预定可使用状态，所以2018年资本化时间为1月1日起至6月30日止。之后，借款费用予以费用化。

第一个时间段：从2018年初至2018年6月30日

专门借款资本化金额＝1 000×6/12×5％＋2 000×6/12×6％＝85(万元)，

这个期间专门借款没有闲置资金取得的收益。

一般借款资本化率＝(200×6/12×4％＋500×6/12×5％)/(200×6/12＋500×6/12)×100％＝16.5/350×100％＝4.71％。

该时期占用一般借款包括上年10月1日的500万元和本年1月1日的500万元，共计1 000万元，于是2018年资本化期间内累计资产支出加权平均数＝1 000×6/12＝500(万元)

该时期一般借款资本化金额＝500×4.71％＝23.55(万元)

而该时期一般借款的借款费用总额只有16.5万元，低于采用简化计算方式得出的23.55万元，所以一般借款资本化金额为16.5万元。

第二个时间段：从2018年7月1日至2018年12月31日

该时期专门借款的借款费用全部费用化，金额＝1 000×6/12×5％＋2 000×6/12×6％＝85(万元)，这个时期内，一般借款的借款费用也全部费用化，金额＝200×6/12×4％＋500×6/12×5％＝16.5(万元)。

四、外币专门借款汇兑差额资本化金额的确定

当企业为购建或者生产符合资本化条件的资产所借入的借款为外币借款时，在借款费用资本化期间内，外币借款本金和利息所产生的汇兑差额，是购建这类资产付出的代价，应当予以资本化，计入资产的成本。出于简化核算的考虑，除外币专门借款之外的一般外币借款，其本金及利息所产生的汇兑差额作为财务费用，计入当期损益。

【例7－13】 甲公司于2017年1月1日，为建造某工程项目专门以美元借款1 000万元，年利率为8％，期限为2年，假定不考虑辅助费用、专门借款闲置资金产生的利息收入或投资收益。每年12月31日支付当年利息，2018年12月31日还本。

工程于2017年1月1日开始实体建造，2018年12月31日完工，达到预定可使用状态，

这一期间发生的资产支出如下：

2017 年 1 月 1 日，支出 200 万美元；

2017 年 7 月 1 日，支出 500 万美元；

2018 年 1 月 1 日，支出 200 万美元；

2018 年 7 月 1 日，支出 100 万美元。

公司的记账本位币为人民币，外币业务采用外币业务发生时当日的市场汇率折算。相关汇率如下：

2017 年 1 月 1 日市场汇率为 1 美元＝6.80 元人民币；

2017 年 12 月 31 日，市场汇率为 1 美元＝6.70 元人民币；

2018 年 12 月 31 日，市场汇率为 1 美元＝6.75 元人民币。

(1)2017 年度资本化金额的计算

2017 年全年度都是资本化期间，专门借款的利息和因本金、利息产生的汇兑差额均予以资本化。

2017 年 12 月 31 日专门借款利息＝1 000×8%×6.70＝536(万元)，全部予以资本化。

2017 年 12 月 31 日专门借款本金及利息产生的汇兑差额＝1 000×(6.7－6.80)＋80×(6.70－6.70)＝－100(万元)，冲减在建工程成本。

(2)2018 年度资本化金额的计算

2018 年全年度都是资本化期间，专门借款的利息和因本金、利息产生的汇兑差额均予以资本化。

2018 年 12 月 31 日专门借款利息＝1 000×8%×6.75＝540(万元)，全部予以资本化。

2018 年 12 月 31 日专门借款本金及应付利息产生的汇兑差额＝1 000×(6.75－6.70)＋80×(6.75－6.75)＝50(万元)，全部予以资本化。

第四节　借款费用的账务处理与报告

一、借款费用报表项目与会计科目设置

资产负债表日，应付未付的借款费用在资产负债表的“应付利息”项目下报告，资本化的借款费用累计金额与其他生产或建造成本一起，在“存货”、“在建工程”、“开发支出”等项目下报告。对应于报告项目，设置“应付利息”、“生产成本”、“在建工程”和“研发支出——资本化支出”等会计科目。

二、借款费用账务处理与列报举例

【例 7－14】 沿例 7－12

本例中，涉及的业务包括取得借款、发生资产支出、每年年底计提应付利息、付息日支付利息、借款到期日偿还本金、闲置资金取得收益等。此处，我们仅就每年年底计提应付利息以及资本化期间内专门借款闲置资金取得的收益予以账务处理和列报。

(1)2017 年 12 月 31 日的账务处理和列报用会计等式描述见表 7—6。

表 7—6

单位:万元

资产负债表要素	资产		=	负债	+	所有者权益
资产负债表项目	货币资金	在建工程	=	应付利息	+	未分配利润
资产负债表科目	银行存款	在建工程	=	应付利息	+	利润分配
资产负债表二级科目						未分配利润
2017 年底计提专门借款的应付利息		+110	=	+110	+	
2017 年底确定专门借款在资本化期间内的收益	+1.75	−1.75	=		+	
2017 年底计提一般借款的应付利息		+5.8125	=	+26.75	+	−20.9375(财务费用)

表 7—6 显示,在 2017 年度资产负债表中,“货币资金”项目增加了 1.75 万元,“在建工程”项目增加了 114.0625 万元,“应付利息”项目增加了 136.75 万元,“未分配利润”项目减少了 20.9375 万元;所有者权益变动表“综合收益总额”行“未分配利润”列减少了 20.9375 万元;利润表“财务费用”项目增加了 20.9375 万元;现金流量表“其他筹资活动产生的现金流入”增加了 1.75 万元。

2017 年 12 月 31 日编制的会计分录如下。

计提专门借款的借款费用,

借:在建工程　　1 100 000

　贷:应付利息　　1 100 000

记录专门借款闲置资金取得的收益,

借:银行存款　　17 500

　贷:在建工程　　17 500

计提一般借款的借款费用,

借:在建工程　　58 125

　　财务费用　　209 375

　贷:应付利息　　267 500

(2)2018 年的账务处理与列报用会计等式描述如表 7—7。

表 7—7 显示,在 2018 年度资产负债表中,“固定资产”项目增加了 101.5 万元(6 月 30 日工程达到预定可使用状态后转到“固定资产”项目了),“应付利息”项目增加了 203 万元,“未分配利润”项目减少了 101.5 万元;所有者权益变动表“综合收益总额”行“未分配利润”列减少了 101.5 万元;利润表“财务费用”项目增加了 101.5 万元;现金流量表不受影响(本例没有考虑当期支付利息的业务)。

表 7—7

单位:万元

资产负债表要素	资产		=	负债	+	所有者权益
资产负债表项目	在建工程	固定资产	=	应付利息	+	未分配利润
资产负债表科目	在建工程	固定资产	=	应付利息	+	利润分配
资产负债表二级科目			=		+	未分配利润
2018 年 6 月 30 日计提专门借款的应付利息	+85		=	+85	+	
2018 年 6 月 30 日计提一般借款的应付利息	+16.5		=	+16.5	+	
2018 年 12 月 31 日计提专门借款的应付利息			=	+85	+	−85(财务费用)
2018 年 12 月 31 日计提一般借款的应付利息			=	+16.5	+	−16.5(财务费用)

6 月 30 日编制会计分录如下。

计提专门借款的借款费用,

借:在建工程　　850 000

　贷:应付利息　　850 000

计提一般借款的借款费用,

借:在建工程　　165 000

　贷:应付利息　　165 000

2018 年 12 月 31 日编制会计分录如下。

计提专门借款的借款费用,

借:财务费用　　850 000

　贷:应付利息　　850 000

计提一般借款的借款费用,

借:财务费用　　165 000

　贷:应付利息　　165 000

【例 7—15】 沿用例 7—13 的资料,分别就 2017 年 12 月 31 日、2018 年 6 月 30 日专门借款的利息费用和汇兑差额进行账务处理和列报。

(1)2017 年 12 月 31 日的账务处理和列报用会计等式描述见表 7—8。

表 7—8 显示,2017 年资产负债表中,“在建工程”项目增加了 436 万元,“长期借款”项目减少了 100 万元,“应付利息”项目增加了 536 万元;所有者权益变动表和利润表不受影响。

2017 年 12 月 31 日编制计提专门借款利息的会计分录如下:

借:在建工程　　5 360 000

　贷:应付利息——美元户　　5 360 000

表 7—8

单位：万元

资产负债表要素	资产		=	负债		+	所有者权益
资产负债表项目	货币资金	在建工程	=	长期借款	应付利息	+	未分配利润
资产负债表科目	银行存款	在建工程	=	长期借款	应付利息	+	利润分配
资产负债表二级科目			=	美元户	美元户	+	未分配利润
2017 年 12 月 31 日计提专门借款利息费用		+536	=		+536	+	
2017 年 12 月 31 日计提专门借款利息费用		−100	=	−100		+	

2017 年 12 月 31 日编制专门借款本金及应付利息产生的汇兑差额的分录如下：

借：长期借款——美元户　　1 000 000

　贷：　在建工程　　1 000 000

(2)2018 年 12 月 31 日的账务处理与列报用会计等式描述见表 7—9。

表 7—9

单位：万元

资产负债表要素	资产		=	负债		+	所有者权益
资产负债表项目	货币资金	在建工程	=	长期借款	应付利息	+	未分配利润
资产负债表科目	银行存款	在建工程	=	长期借款	应付利息	+	利润分配
资产负债表二级科目			=	美元户	美元户	+	未分配利润
2018 年 12 月 31 日计提专门借款利息费用		+540	=		+540	+	
2018 年 12 月 31 日计提专门借款利息费用		+50	=	+50		+	

表 7—9 显示，2018 年资产负债表中，“在建工程”项目增加了 590 万元，“长期借款”项目增加了 50 万元；“应付利息”项目增加了 540 万元，所有者权益变动表和利润表不受影响。

2018 年 12 月 31 日编制计提专门借款利息的会计分录如下：

借：在建工程　　5 400 000

　贷：应付利息——美元户　　5 400 000

2018 年 12 月 31 日编制专门借款本金及应付利息产生的汇兑差额的分录如下：

借：在建工程　　500 000

　贷：长期借款——美元户　　500 000

三、借款费用的披露

企业应在报表附注中披露与借款费用有关的下列信息：

➢ 当期资本化的借款费用金额；

➢ 当期用于计算确定借款费用资本化金额的资本化率。

本章小结

借款费用的基准处理原则是费用化，计入当期损益。如果满足了借款费用准则规定的资本化条件，借款费用就计入资产的生产或建造成本。

借款费用资本化，首先要满足资产条件，即动用借款资金生产或建造的资产应是生产或建造期长于一年的存货、固定资产、符合资本化条件的开发支出和投资性房地产；其次要满足时间条件，包括开始资本化、暂停资本化和终止资本化的条件。

企业在每年年末确定当期借款费用资本化金额时，应当首先判断当年度哪些阶段是资本化期间，哪些阶段是费用化期间。在资本化期间里，分别专门借款和一般借款计算借款费用资本化金额。在费用化期间里，无论专门借款还是一般借款，借款费用均全部费用化。

在每个会计年度的资本化期间内，将专门借款当期实际发生的借款费用予以资本化，计入资产的生产或建造成本中；而专门借款闲置资金取得的利息收入或者进行暂时性投资而获取的投资收益，冲减资产的生产或建造成本。如果当期生产或建造符合资本化条件的资产因专门借款资金不足而占用了一般借款，则以一般借款当期累计资产支出加权平均数乘以一般借款的资本化率即一般借款加权平均利率，计算确定一般借款应予资本化的借款费用金额；如果当期一般借款予以资本化的借款费用金额超过了当期一般借款的借款费用总额，则以当期一般借款的借款费用总额为限，确定一般借款的资本化金额。

一、复习思考题

1. 借款费用包括哪些内容？
2. “符合资本化条件的资产”是什么含义？
3. 什么是专门借款？什么是一般借款？
4. 借款费用开始资本化、暂停资本化和终止资本化，各需要满足什么条件？
5. 在资本化期间内，专门借款和一般借款的借款费用资本化金额，应分别如何计算？
6. 期末借款费用如何进行账务处理、列报和披露？

二、练习题

（一）单项选择题

1. A公司为建造厂房于2016年4月1日从银行借入2 000万元专门借款，借款期限为2年，年利率为6%，不考虑借款手续费。该项专门借款在银行的存款利率为年利率3%，2016年7月1日，A公司采取出包方式委托B公司为其建造该厂房，并预付了1 000万元工程款，厂房实体建造工作于当日开始。该工程因发生施工安全事故在2016年8月1日至11月30日中断施工，12月1日恢复正常施工，至年末工程尚未完工。该项厂房建造工程在2016年度应予资本化的利息金额为（　　）万元。

A. 20　　B. 45　　C. 60　　D. 15

2. A公司为建造厂房于2017年4月1日从银行借入2 000万元专门借款，借款期限为2年，年利率为6%。2017年7月1日，A公司采取出包方式委托B公司为其建造该厂房，并预付了1 000万元工程款，厂房实体建造工作于当日开始。该工程因发生施工安全事故在2017年8月1日至11月30日中断施工，12月1日恢复正常施工，至年末工程尚未完工。2017年将未动用借款资金进行暂时性投资获得投资收益10万元(其中资本化期间内闲置资金获得投资收益7万元)，该项厂房建造工程在2017年度应予资本化的利息金额为(　　)万元。

A. 80　　B. 13　　C. 53　　D. 10

3. 某企业借入两笔一般借款：第一笔为2016年1月1日借入的800万元，借款年利率为8%，期限为2年；第二笔为2016年7月1日借入的500万元，借款年利率为6%，期限为3年；该企业2016年为购建固定资产而占用了一般借款所使用的资本化率为(　　)(计算结果保留小数点后两位小数)。

A. 7.00%　　B. 7.52%　　C. 6.80%　　D. 6.89%

(二)多项选择题

1. 下列项目中，属于借款费用应予资本化的资产范围的有(　　)。

A. 经过相当长时间的购建达到预定可使用状态的投资性房地产

B. 需要经过相当长时间的生产活动才能达到销售状态的存货

C. 经营性租赁租入的生产设备

D. 经过相当长时间自行制造的生产设备

E. 经过1个月即可达到预定可使用状态的的生产设备

2. 下列关于借款费用资本化的暂停或停止的表述中，正确的有(　　)

A. 购建固定资产过程中发生非正常中断，并且非连续中断时间累计达3个月，应当暂停借款费用资本化

B. 购建固定资产过程中发生正常中断，并且中断时间连续超过3个月，应当停止借款费用资本化

C. 在所购建固定资产过程中，某部分固定资产已达到预定可使用状态，且该部分固定资产可供独立使用，则应停止该部分固定资产的借款费用资本化

D. 在所购建固定资产过程中，某部分固定资产已达到预定可使用状态，虽该部分固定资产可供独立使用，但仍需待整体完工后停止借款费用资本化

E. 在所购建固定资产过程中，某部分固定资产虽已达到预定可使用状态，但必须待整体完工后方可使用，则需待整体完工后停止借款资用资本化

3. 下列各项中，属于资产支出已经发生的是(　　)。

A. 提取在建工程人员福利费

B. 工程领用自产的产成品

C. 以银行存款购入工程物资

D. 购入工程物资，开出期限为6个月、面值为50万元，年利率为6%的银行承兑汇票

E. 购入工程物资，货款尚未支付

4. 以下关于借款费用表述正确的是(　　)。

A. 购建某项固定资产过程中发生非正常停工,并且停工时间连续超过3个月,应当暂停借款费用资本化

B. 购建某项固定资产过程中发生正常停工,停工时间连续超过3个月,应当暂停借款费用资本化

C. 某项固定资产部分已达到预定可使用状态,且该部分可单独提供使用,则这部分资产发生的借款费用应停止资本化

D. 某项固定资产部分已达到预定可使用状态,且该部分可独立提供使用,仍需待整体完工后方可停止借款费用资本化

E. 借款费用应予资本化的借款范围既包括专门借款,也包括一般借款

(三)账务处理

1. 黄河公司于2016年1月1日动工兴建一栋办公楼,工程采用出包方式,每半年支付一次工程进度款。工程于2017年6月30日完工,达到预定可使用状态。

建造工程资产支出如下:

日期	每期资产支出金额
2016年1月1日	1 000
2016年7月1日	3 000
2017年1月1日	2 000
总　计	6 000

黄河公司为建造办公楼于2016年1月1日取得专门借款2 000万元,借款期限为3年,年利率为8%,按年支付利息。除此之外,无其他专门借款。

办公楼的建造还占用两笔一般借款。一笔是长期贷款2 000万元,期限为2015年12月1日至2017年12月1日,年利率为6%,按年支付利息。另一笔是发行公司债券8 000万元,发行日为2015年1月1日,期限为5年,年利率为8%,按年支付利息。

闲置专门借款资金用于固定收益债券短期投资,假定短期投资月收益率为0.5%并收到款项存入银行。

假定全年按360天计,不考虑一般借款闲置资金利息收入的会计处理。

要求:

(1)分别计算2016年专门借款和一般借款利息资本化金额;用会计等式描述2016年发生的与借款费用有关的业务;编制2016年与借款费用有关的会计分录

(2)分别计算2017年专门借款和一般借款利息资本化金额,用会计等式描述2017年发生的业务;编制2017年与借款费用有关的会计分录

2. 甲公司为建造一栋办公楼,于2016年12月1日借入期限为三年,本金为1 000万元,年利率为6%,按年付息到期一次还本的专门借款。另外,甲公司有一般借款200万元,年利率为7%,期限为2年,每年年末计提利息,将于2018年6月30日到期。工程采用出包方式,2017年1月1日,用银行存款支付工程价款300万元;工程因质量纠纷于2017年3

月 1 日到 2017 年 6 月 30 日发生非正常中断。2017 年 9 月 1 日用银行存款支付工程价款 800 万元，工程于 2018 年 1 月 31 日达到预定可使用状态。2018 年 2 月 10 日办理竣工决算，2018 年 2 月 28 日交付使用。甲公司借款费用按年资本化。2017 年闲置的专门借款资金均用于固定收益债券短期投资，该短期投资月收益率为 0.3%。

要求：

(1)指出借款费用开始资本化的时点和停止资本化的时点；

(2)计算 2017 年借款利息资本化的金额；

(3)用会计等式描述在 2017 年发生的与借款费用有关的业务；

(4)编制公司 2017 年与借款费用有关的会计分录。

(四)财务报表披露题

查阅"你的"公司的财务报表附注，确定该公司当期借款费用资本化金额以及当期用于确定借款费用资本化金额的资本化率。

第八章

租　　赁

【学习目标】

通过学习本章，你应该：

1. 掌握经营租赁与融资租赁的划分标准；
2. 掌握经营租赁下承租人和出租人的会计处理；
3. 掌握融资租赁下承租人和出租人的会计处理；
4. 掌握售后租回下承租人的会计处理。

某公司长期使用某种型号的设备，但是公司资金不足，无力购买。公司设备科负责人听说有专营租赁的公司出租这种设备，就打算与租赁公司签署长期租赁合同，并且希望最好在合同到期就把设备买下来。财务部负责人知悉以后，仔细研究了本公司近几年的财务报表，建议设备科签署短期合同。设备科负责人不理解。财务部负责人解释说，第一，签署长期租赁合同并有意愿在合同到期时买下来，通常就符合了融资租赁的条件。照此进行相关会计处理后，公司资产负债均增加，会提高公司的资产负债率，这对公司向银行举债不利。第二，如果签署短期合同，公司资产负债率不受影响。况且出租这类设备的租赁公司有多家，租期快到的时候，如果与这家公司续签不利，换家公司就可以了。

财务部负责人说得有道理吗？学习了《企业会计准则第21号——租赁》以后就清楚了。

第一节　租赁业务概述

一、租赁是企业重要的交易行为

租赁是指在约定的期间内，出租人将物品使用权让与承租人以获取租金的行为。

租赁协议不同于购销协议，转移的不是物品的所有权，而是一定期间内物品的使用权，物品的所有权仍然属于出租人。租赁期内，承租人要按照协议支付租金。租赁期满后，承租人要将物品返还给出租人。

租赁是经济生活中购销行为以外重要的交易行为。出租人专门从事某一领域的出租业务，租赁物品涉及建筑物、机器设备、运输工具和不动产等，以获取租金收入。承租人为了满足短期需要，通过支付租金获得租赁物的使用权，相比自行购置，租赁会大大减少成本，降低风险。比如商品流通企业租入卖场，技术型、服务型公司租入办公场所，季节性生产的公司在业务繁忙季节租入生产设备，等等。

随着租赁业务的发展，逐渐形成了另外一种类型的租赁。其基本特点是：租赁公司购入机器设备，不是某甲短期需要时租给某甲，某乙短期需要时再租给某乙，而是根据某甲或某乙的需要专门购置，然后再出租给其使用。本质上，租赁公司通过这种方式出借资本给承租人。这不仅为承租人开辟了一条获取资本的新途径，而且使租赁公司物品租不出去的风险也降低了。比如某租赁公司按照某航空公司的要求，从生产客机的公司购买这家航空公司指定的飞机再出租给其使用。

二、与租赁会计相关的术语

与租售会计相关的术语比较多，为方便后文阐释租赁业务的会计处理，现将有关术语解释如下。

1. 租赁期，是指租赁协议规定的不可撤销的租赁期间。如果承租人有权选择续租该资产，并且一开始就可以合理确定承租人会这么做，不论是否再支付租金，续租期也包括在租赁期内。

2. 租赁开始日，是指签订租赁协议日与租赁各方就主要租赁条款做出承诺日中的较早者。租赁开始日，因为租赁协议中双方的权利义务已经明确，所以承租人和出租人要在当日确定租赁的性质究竟是融资租赁还是经营租赁(后文将要解释这两个概念)。如果是融资租赁，要确定当日租赁资产的公允价值。

3. 租赁期开始日，是指承租人有权行使租赁资产的日期，表明租赁合同已经开始执行。在租赁期开始日，如果是融资租赁，承租人要确认和计量相关资产和负债并进行账务处理，出租人亦如此。

“租赁期开始日”不同于“租赁开始日”，租赁开始日是确定租赁性质的日期，决定在租赁期开始日如何进行会计处理，而租赁期开始日是开始实施会计处理的日期。

比如，甲乙双方 2018 年 5 月 10 日就某一块土地使用权达成租赁协议。协议约定，从 2018 年 6 月 1 日起这块土地由乙企业使用，使用期 20 年，至 2038 年 5 月 31 日返还土地使用权给甲企业。该项租赁的租赁开始日为 2018 年 5 月 10 日，租赁期开始日为 2018 年 6 月 1 日，租赁期为之后的 20 年整。

4. 初始直接费用，是指租赁双方在租赁谈判和签订租赁合同过程中发生的，可归属于租赁项目的相关费用，主要包括手续费、律师费、差旅费、印花税等。初始直接费用是租赁双方均要发生的费用，双方各自向服务商支付。

续前例，甲乙公司为该项租赁各自发生手续费、印花税、差旅费等 1 万元。

5. 或有租金，是指在租赁协议中约定的、金额不固定的、以时间长短以外的其他因素(销售量、使用量以及物价指数等)为依据计算的租金。租赁协议只能规定或有租金发生的条件以及计算的依据，无法明确具体的金额。

续前例，租赁协议约定，土地使用权的租金每年 10 万元，如果乙公司哪一年在这块土地上种植的果蔬销售量达 100 吨以上，那么产量每增加一吨，租金增加 1 千元。

6. 履约成本，是指承租人在租赁期内为租赁资产支付的各种使用费，如技术咨询费、保险费、人员培训费、维修费等。上述服务由出租人或者第三方提供。如果由出租人提供，承租人向其支付的履约成本不属于租金的组成部分。

续前例，租赁协议预定，出租人为承租人提供 10 人次的果蔬栽培技术培训，每人次 1 000 元，承租人需支付履约成本 1 万元。

7. 资产余值、担保余值和未担保余值

资产余值是指在租赁开始日估计的租赁期届满时租赁资产的公允价值。

为了保护出租人利益，避免承租人野蛮使用资产，有的租赁协议要求承租人或与其有关的第三方（承租人的母公司或子公司）对租赁期届满时承租人返还的租赁资产的余值进行担保，所担保的资产余值就是承租人的担保余值。除了承租人对资产余值做出担保之外，有时候出租人会请独立的第三方比如担保公司对租赁期届满时租赁资产的余值进行担保。这样，对出租人而言，担保余值包括了就承租人而言的担保余值和独立的第三方的担保余值两部分。

未担保余值是单独就出租人而言的，其金额为资产余值扣除经过担保的余值的差额。出租人要承担未担保余值无法收回的风险。

比如，甲公司出租一台大型设备给乙公司，租期 10 年。估计资产余值为 50 万元，乙公司担保在租赁期届满返还租赁资产时，资产的余值为 30 万元。甲公司所聘请的担保公司担保的余值为 15 万元。在该项租赁协议中，就承租人而言的担保余值为 30 万元，就出租人而言的担保余值为 45(30＋15)万元，未担保余值为 5 万元。

8. 最低租赁付款额，最低租赁付款额是指在租赁期内，承租人应支付或可能被要求支付的款项（不包括或有租金和履约成本），加上由承租人或与其有关的第三方担保的资产余值。之所以不包括履约成本，是因为与履约成本相关的是与租赁资产配套的服务而不是租赁资产本身。由于此处计算的是承租人最少要支付给出租人的金额，所以不包括或有租金。

比如，某租赁协议约定，承租人每期支付租金 10 万元，共 4 期，租赁期满时资产担保余值为 3 万元，支付履约成本 1 万元，承租人最低租赁付款额为 43(10×4＋3)万元。

计算最低租赁付款额，是为了计算最低租赁付款额的现值，该金额是会计准则用以判断承租人融资租赁的标准之一。

9. 最低租赁收款额，是指出租人关于租赁资产所能收到的最低金额，包括承租人的最低租赁付款额和独立的第三方的担保余值，不包括履约成本、或有租金和未担保余值。计算最低租赁收款额，是为了计算最低租赁收款额的现值，该金额是会计准则用以判断出租人融资租赁的标准之一。续前例，除了承租人担保的余值 3 万元以外，担保公司担保余值 2 万元。出租人的最低租赁收款额为 45(43＋2)万元。

10. 应收债权总额，应收债权净额、未实现融资收益、租赁内涵利率

这四个概念是站在出租人角度看待的。

应收债权总额是指出租人因出租而未来应得到的经济利益，通常等于最低租赁收款额与未担保余值之和，具体如何确定，视租赁合同条款而定。

应收债权净额，是指出租人租赁资产的公允价值与初始直接费用之和，这是出租人应收

债权的本金。

未实现融资收益，是指应收债权总额与应收债权净额之差，这是因出租而带来的收益，在租赁期内逐步实现。

租赁内涵利率是指使应收债权总额的现值等于应收债权净额的折现率，是将未实现融资收益的总额分摊到租赁期各个期间的实际利率。

11. 免租期，是指租赁协议中约定的承租人无需支付租金的期间，属于租赁期的一部分。出租人提供租赁免租期，相当于提供商业折扣。协议双方每一期的租金应以租金总额在包含免租期在内的整个租赁期内分摊计算。比如租赁期 4 年，每年租金 10 万元，外加一年免租期。那么真正的租赁期为 5 年，租金总额为 40 万元，平均每年租金 8 万元。

三、租赁的会计分类

《租赁准则》依据与租赁资产所有权相关的风险和报酬归属于出租人还是承租人，将租赁区分为经营租赁和融资租赁两类。这里“与租赁资产所有权有关的风险”，是指持有的租赁资产由于生产能力闲置或技术落后造成损失，以及由于经济环境的变化造成资产回报变动。这里“与租赁资产所有权有关的报酬”，是指持有租赁资产，在其经济寿命内享有其贡献以及将其处置带来的收益。

租赁，从法律属性看，是一项转移了资产使用权而非所有权的行为，租赁交易不同于转移资产所有权的购销行为。但是，如果从租赁协议的具体条款判断，租赁协议将与租赁资产所有权有关的风险和报酬从出租人转移给承租人，那么根据“经济实质重于法律形式”的要求，就视同发生了商品购销行为：承租人购买了资产，形成的应付款项于未来通过租金和担保余值的方式支付。出租人处置了资产，形成了资产处置损益，应收取的款项于未来以租金和未担保余值收取。这类租赁就是会计准则规定的“融资租赁”。如果从具体条款判断，无法判定与租赁资产所有权有关的风险和报酬转移给了承租人，那么这类租赁就是“经营租赁”。

《租赁准则》规定，符合下列一项或数项标准的，就属于融资租赁。

第一，在租赁期届满时，租赁资产的所有权转移给承租人。

如果根据租赁合同的约定，在租赁开始日就可以合理地推断，租赁期满时出租人会将租赁资产的所有权转移给承租人，那么该项租赁就应当认定为融资租赁。

第二，承租人有购买租赁资产的选择权，所订立的购买价款预计将远低于行使选择权时租赁资产的公允价值，因而在租赁开始日就可以合理确定承租人将会行使这种选择权。

第三，租赁期占租赁资产使用寿命的大部分。

这里的“大部分”一般指大于等于 75%。

如果不具备以上第一和第二个条件，无法判断租赁期结束时租赁资产的所有权是否会发生转移，但是如果租赁期占到租赁资产尚可使用寿命的 75%以上，那么也说明与租赁资产所有权相关的风险和报酬转移给了承租人，符合确认融资租赁的基本原则。

需要注意的是，如果租赁资产是旧资产，已经使用年限占资产使用寿命的比例超过 75%，那么这条判断标准失效，需通过其他条件判断是否为融资租赁。

第四，承租人在租赁开始日的最低租赁付款额现值，几乎相当于租赁开始日租赁资产的公允价值；出租人在租赁开始日的最低租赁收款额现值，几乎相当于租赁开始日租赁资产的公允价值。

最低租赁付款额是承租人支付给出租人的最少款项。如果该款项的现值几乎等于租赁开始日租赁资产的公允价值，那么说明承租方支付的对价相当于租赁资产的公允价值，与租赁资产相关的风险和报酬转移给了承租人，就承租人而言，该项租赁就属于融资租赁。

最低租赁收款额是出租人收到的最少款项。如果最低租赁收款额的现值几乎等于租赁开始日租赁资产的公允价值，那么说明与该项租赁资产相关的风险和报酬已经转移给承租人，对出租人而言，该项租赁就属于融资租赁。

在实际判断时，“几乎相当于”的量化标准一般是大于等于 90%。

第五，租赁资产性质特殊，如果不进行较大改造，只有承租人才能使用。

如果出租人根据承租人对资产型号、规格的要求专门购买租赁资产，供承租人专门使用，不进行较大改造就无法在其他企业使用，租赁资产具有专购、专用的性质，那么说明出租人无法在承租人以外的企业获得出租该项资产的经济利益，出租人势必要从承租人这里得到该项资产全部的经济利益，于是相当于将该项资产出售给了承租人。

如果以上任何一个条件都不满足，就属于经营租赁。

经营租赁和融资租赁的性质不同。融资租赁虽然只转移了租赁资产的使用权，但是其经济实质是出租人出售租赁资产给承租人，分期收回款项。所以经营租赁和融资租赁的会计处理具有明显区别。

第二节　经营租赁的会计处理

如果不满足融资租赁的条件，就属于经营租赁。就租赁双方而言，经营租赁无论从法律形式还是从经济实质，仅仅转移了租赁资产的使用权，与租赁资产所有权相关的风险和报酬仍然属于出租人。承租人支付租金，得到了租赁资产的经济利益，但是仅使当期受益，并不影响未来，于是支付的租金费用化，不将租赁资产确认为自有资产。出租人收到了租金，取得了当期转让租赁资产使用权的经济利益，但是由于与所有权相关的风险和报酬不发生转移，所以仍然要对租赁资产计提折旧。

一、承租人的会计处理

经营租赁下，由于与租赁资产所有权相关的主要风险和报酬并未转移给承租人，承租人无需将租赁资产作为自有资产入账，只需要对租金、初始直接费用以及履约成本等交易在支付时进行费用化处理。

1. 支付初始直接费用

承租人在经营租赁业务中发生的初始直接费用，如果租赁期在一年以内，在支付时计入“管理费用”科目；如果租赁期超过一年，那么先计入“长期待摊费用”，之后在租赁期内按年分摊。

2. 支付履约成本

承租人在经营租赁中支付的履约成本，在支付时根据租赁资产的用途计入“制造费用”科目或“管理费用”、“销售费用”等科目。

3. 支付租金

支付租金时，根据租赁资产的用途计入“制造费用”或“管理费用”、“销售费用”等科目。

如果租金一次支付，若干期受益，那么支付时先计入“长期待摊费用”科目，之后在每个资产负债表日摊销。

4. 出租人提供了免租期或优惠续租期

免租期和优惠续租期的实质是降低单位期间的租金。所以，应计算包含免租期或优惠续租在内的租赁期需支付的租金总额，按照直线法在租赁期内的各个会计期间分配。

【例 8－1】 甲公司作为专营租赁公司于 2018 年 1 月 31 日与乙公司签署租赁合同。合同标的物为一台专用设备用于生产 A 商品；租金为每个月 5 000 元；租期 4 个月，从 2018 年 2 月 1 日开始，5 月 31 日结束；乙公司在租满 4 个月之后可以每月 2 000 元的租金再租 1 个月；押金 30 000 元，在租赁开始日支付，如果租赁资产使用正常，租期满之后返还。

为了签署该租赁合同，乙公司支付 200 元手续费。在租赁期开始日，乙公司用银行存款向某服务商支付 500 元调试费和 300 元维修费。该专用设备在租赁期开始日的公允价值为 50 万元，预计使用 5 年。

乙公司在租赁开始日，首先判断该项租赁的性质。从租赁资产在租赁开始日的公允价值和预计使用年限判断，与租赁资产所有权有关的风险和报酬并没有转移给乙公司，该项租赁为经营租赁。乙公司将租赁资产发生的各项支出费用化。

乙公司判断，4 个月之后由于对方提供了优惠续租期 1 个月，愿意续租 1 个月，所以真正的租期为 5 个月。租金总额为 22 000 元，平均每月承担 4 400 元。200 元的手续费为初始直接费用，500 元调试费和 300 元维修费为履约成本。

乙公司上述业务用会计等式模板描述见表 8－1。参照表 8－1，编制会计分录如下。

表 8－1

单位：元

资产负债表要素	资产				＝	负债	＋	所有者权益
资产负债表项目	货币资金	存货	预付账款	其他应收款	＝		＋	未分配利润
资产负债表科目	银行存款	制造费用	预付账款	其他应收款	＝		＋	利润分配
资产负债表二级科目								未分配利润
支付押金	－30 000			＋30 000	＝		＋	
支付初始直接费用	－200				＝		＋	－200（管理费用）
支付调试费和维修费	－800	＋800			＝		＋	
支付租金	－5 000	＋4 400	＋600		＝		＋	
后续三笔重复的支付租金业务合计	－15 000	＋13 200	＋1 800		＝		＋	
支付第五笔租金	－2 000	＋4 400	－2 400		＝		＋	
收回押金	＋30 000			－30 000	＝		＋	
最终结果	－23 000	＋22 800	0	0	＝		＋	－200

(1)乙公司支付押金时，

借:其他应收款 30 000

贷:银行存款 30 000

(2)乙公司支付手续费时

借:管理费用 200

贷:银行存款 200

(3)乙公司支付调试费和维修费时，

借:制造费用 800

贷:银行存款 800

(4)乙公司从第 1 个月开始每月支付租金 5 000 元，连续支付 4 个月，编制会计分录如下，

借:制造费用 4 400

预付账款 600

贷:银行存款 5 000

(5)第 5 个月支付租金 2 000 元时，编制会计分录如下：

借:制造费用 4 400

贷:银行存款 2 000

预付账款 2 400

(6)租赁期满收回押金时，

借:银行存款 30 000

贷:其他应收款 30 000

二、出租人的会计处理

在经营租赁下，出租人支付的初始直接费用计入管理费用。由于跟租赁资产所有权相关的风险和报酬并未转移给承租人，出租人仍然将租赁资产作为自有资产，对租赁资产计提折旧。每个租期，出租人都要收取租金，作为租赁收入。

1. 支付初始直接费用

出租人支付的初始直接费用，如果租赁期在一年以内，那么费用化处理，计入“管理费用”。如果租赁期超过一年，那么要计入“长期待摊费用”，在租赁期内分摊。

2. 收取租金

出租人将收到的租金计入租赁收入。

经营租赁的出租人可能是专业的租赁公司，比如出租汽车公司，也可能是非专业租赁公司，比如将闲置的一台设备租给其他公司使用的某产品制造企业。对这两类公司而言，租赁业务分别是他们的主营业务和其他业务。对外报告时，租赁业务产生的收入都报告在“营业收入”项目。但是不同企业设置的会计科目不同，专业租赁公司设置“租金收入”科目，一般公司设置“其他业务收入”科目。

3. 对租赁资产计提折旧

租赁资产是出租人的自有资产，出租人根据自身关于固定资产的会计估计，确定租赁

资产的预计净残值、预计使用年限和折旧方法，每月计提折旧。专业租赁公司计入“主营业务成本”科目，一般企业计入“其他业务成本”科目，两类公司均报告在利润表的“营业成本”项目。

4. 出租人提供的免租期或优惠租赁期

出租人应将租金总额在包含免租期或优惠续租期在内的整个租赁期里分期摊销。

【例 8－2】 沿用例 8－1 的合同资料。甲公司是专业租赁公司。

租赁开始日，甲公司支付 300 元手续费。

甲公司在租赁开始日，首先断定该项租赁为经营租赁，将收取的租金作为出租收益。

甲公司断定乙公司会享受优惠租赁期，于是真正的租期为 5 个月。租金总额为 22 000 元，平均每月承担 4 400 元。用会计等式模板描述见表 8－2。

表 8－2

单位：元

资产负债表要素	资产		＝	负债		＋	所有者权益
资产负债表项目	货币资金	固定资产	＝	其他应付款	预收账款	＋	未分配利润
资产负债表科目	银行存款	固定资产	＝			＋	利润分配
资产负债表二级科目							未分配利润
收取押金	＋30 000		＝	＋30 000		＋	
支付初始直接费用	－300		＝			＋	－300(管理费用)
收取第一个月租金	＋5 000		＝		＋600	＋	＋4 400(租赁收入)
后续收取三笔租金合计	＋15 000		＝		＋1 800	＋	＋13 200(租赁收入)
收取第五笔租金	＋2 000		＝		－2 400	＋	＋4 400(租赁收入)
收回押金	－30 000		＝	－30 000		＋	
最终结果	＋21 700		＝	0	0	＋	＋21 700

(1)甲公司收取押金时，

借：银行存款　　30 000

　贷：其他应付款　　30 000

(2)甲公司支付初始直接费用时

借：管理费用　　300

　贷：银行存款　　300

(3)甲公司从第 1 个月开始每月收取租金，连续支付 4 个月，编制会计分录如下，

借：银行存款　　5 000

　贷：租赁收入　　4 400

　　预收账款　　600

(4)第 5 个月收取租金时，编制会计分录如下：

借：银行存款　　2 000

　预收账款　　2 400

　贷：租赁收入　　4 400

(5)到期偿还押金时，

借:其他应付款　　30 000

　贷:银行存款　　30 000

三、经营租赁的披露

承租人对于重大的经营租赁,应当在附注中披露资产负债表日后连续三个会计年度每年将支付的不可撤销经营租赁的最低租赁付款额,以及以后年度将支付的不可撤销经营租赁的最低租赁付款额总额。

出租人对经营租赁,应当披露各类租出资产的账面价值

第三节　融资租赁的会计处理

一、承租人的会计处理

在融资租赁下,与租赁资产相关的主要风险和报酬转移给了承租人。就承租人而言,租入资产的经济实质是用分期付款方式从出租人那里得到了一项资产,所以承租人将租赁资产确认为自有资产,并且在租赁期内像自有资产一样计提折旧,在租赁期内以支付租金和担保余值的方式支付所欠款项。

(一)主要报表项目和账户设置

1. “固定资产”项目和“固定资产”、“累计折旧”科目

承租人获得的租赁资产视为自有资产,在“固定资产”项目报告。在“固定资产”科目记录租赁资产的入账价值,在“累计折旧”科目记录租赁资产的折旧额。

2. “长期应付款”项目和“长期应付款”、“未确认融资费用”科目

承租人应支付给出租人的租赁款通过资产负债表“长期应付款”项目报告。

承租人设置“长期应付款”科目来记录最低租赁付款额。由于最低租赁付款额表示未来应支付的金额,其中包含了未来才产生的利息费用,不能表示承租人当下承担的债务,所以还应设置“未确认融资费用”科目来记录“长期应付款”科目中所包含的未来产生的利息。“长期应付款”科目与“未确认融资费用”科目期末余额相抵之后,才表示期末承租人承担的应支付给出租人的金额,即在资产负债表“长期应付款”项目中报告的金额。这样设置会计科目,不仅能满足对外报告的需要,同时能提供管理需要的多项信息,比如未来有多少必须支付的租赁付款额,其中有多少是未来产生的利息,有多少是当下承担的债务。

3. “财务费用”项目和“财务费用”科目

在租赁期内,随着长期应付款利息的逐步产生,在利润表“财务费用”项目报告当期确认的融资费用,在同名会计科目加以记录。

(二)账务处理

1. 租赁开始日的处理

租赁开始日虽然承租人无需进行账务处理,但是要就租赁的性质予以明确,是融资租赁

还是经营租赁。

2. 租赁期开始日的处理

租赁期开始日，承租人取得租赁资产，确认长期应付款，同时将初始直接费用资本化。

承租人要将租赁资产确认为自有资产——固定资产，同时确认长期应付款。根据《租赁准则》的规定，固定资产的入账价值为租赁开始日租赁资产的公允价值与最低租赁付款额的现值中较低者。在计算最低租赁付款额的现值时，采用的折现率从以下当中选择：(1)如果承租人知悉出租人的内涵利率，应采用出租人的内涵利率。(2)如果承租人不知悉出租人的内涵利率，采用租赁合同规定的利率。(3)如果上述两种利率都无法知悉，采用承租人同期银行贷款利率。

长期应付款的入账金额与租赁资产的金额相同。这一金额在承租人的会计处理中非常重要，因为它是承租人从出租人那里融通资金的本金。

承租人支付的初始直接费用是租赁资产作为自有固定资产达到预定可使用状态所发生的合理的必要的支出，所以计入固定资产的成本。

3. 租赁期内的处理

(1)每期期末计提折旧

租赁资产作为自有固定资产，在租赁期内的各个会计期末计提折旧。与折旧有关的会计估计如下：(1)如果承租人或与其有关的第三方担保了资产余值，那么预计净残值为担保余值。这是因为承租人既然要将担保余值返还给出租人，那么承租人为获得租赁资产所承担的成本是资产的入账价值扣除担保余值的差额。如果租赁合同中没有规定担保余值，那么预计净残值为零。如果承租人在租赁开始日就预计在租赁期满时取得租赁资产所有权，那么预计净残值与企业使用同样资产所估计的预计净残值相同。(2)使用年限为租赁期和租赁资产尚可使用年限中较短者。(3)采用的折旧方法根据租赁资产带来经济利益的方式，选择平均年限法、工作量法以及加速折旧法等。

折旧费用根据租赁资产用途计入“制造费用”或者“管理费用”、“销售费用”等科目。

(2)每期期末确认融资费用

每期期末确认从出租人融通资金发生的融资费用。

租赁期内各期融资费用总额＝最低租赁付款额－应付本金

各期融资费用的计算采用实际利率法。如果应付本金是最低租赁付款额的现值，那么实际利率显然等于最低租赁付款额折现时采用的折现率。如果应付本金是租赁开始日租赁资产的公允价值，那么需要重新计算实际利率。

(3)每期支付租金

每期支付租金时，不仅支付了当期生成的利息，而且支付了一部分本金。

(4)支付履约成本

支付的履约成本直接费用化，根据租赁资产的用途计入“制造费用”或者“管理费用”、“销售费用”中。

(5)支付或有租金

或有租金一旦发生，根据或有租金产生的原因，如果依据销售量确定，那么计入“销售费用”，如果依据物价指数确定，那么计入“财务费用”。

4. 租赁期届满时的处理

租赁期届满时，根据租赁合同的约定，进行不同处理。

(1)返还租赁资产

如果租赁合同规定，租赁期满时返还租赁资产，那么此时租赁资产的账面价值等于长期应付款的账面余额，所进行的账务处理是同时冲销租赁资产的账面价值和长期应付款。

(2)留购租赁资产

是否留购租赁资产，在租赁开始日就已经确定下来。如果留购租赁资产需要支付现金，那么这笔金额是最低租赁付款额的一部分。所以当留购资产支付现金时，冲销“长期应付款科目”。冲销后该科目无余额。

(3)优惠续租租赁资产

是否优惠续租租赁资产，在租赁开始日就已经确定下来。如果选择续租，那么续租租期是租赁期的一部分。此时不用进行会计处理。

【例8－3】 2013年12月30日，专营租赁的甲公司与从事产品制造的乙公司签署了一份租赁合同。合同内容如下：

◇ 租赁标的物为某专用设备，乙公司用来从事生产A产品；

◇ 起租日：2014年1月1日；

◇ 租赁期：5年，至2018年12月31日止；

◇ 租金：从2014年开始，每年12月31日支付10万元；

◇ 该设备在租赁期的保险费、维护费等由承租人承担；

◇ 该设备在2013年12月30日的公允价值为450 000元；

◇ 该设备在甲公司的账面价值等于40万元，预计使用年限为8年。

◇ 租赁合同预定的利率为5%。

◇ 租赁期满时，估计该设备的公允价值(资产余值)为100 000元，乙公司享有到期支付20 000元购买资产的选择权。

◇ 如果乙公司在租赁期内用该专有设备生产A产品的年销售收入超过400 000元，那么超过部分的10%当年支付给甲公司。

合同签订后，乙公司执行情况如下：

在租赁开始日乙公司确定到期行使优惠购买权，另外支付了初始直接费用1 000元。租赁期间，乙公司每年年底支付固定租金，由于每年销售A产品的收入均为450 000元，每年需另支付租金5 000元。乙公司每年支付设备的保险费、维修费3 000元。乙公司对该项资产采用平均年限法计提折旧。租赁期满时，乙公司行使了优惠购买选择权。

分析：

(1)承租人乙公司在租赁开始日的处理

第一步:首先在租赁开始日判断该项租赁是否为融资租赁。由于乙公司决定行使优惠购买选择权,在租赁期满时购买该项资产,那么说明从租赁期开始日与这项资产所有权有关的风险和报酬就转移给了乙公司。该项租赁属于融资租赁。

第二步:在租赁开始日确定该项资产的入账价值。

该项资产最低租赁付款额是每年年底支付租金 10 万元,共五年,外加到期用来行使购买权的 2 万元。采用租赁合同规定的利率 5%计算最低租赁付款额的现值。

最低租赁付款额的现值=100 000×PVIFA(5,5%)+20 000×PVIF(5,5%)=448 630(元)

而租赁开始日租赁资产的公允价值为 450 000 元。租赁资产的入账价值为上述两者中较低者 448 630 元。该金额也是从出租人那里融通资金的本金。

以下业务用会计等式描述见表 8—3。

(2)承租人在租赁期开始日的处理

乙公司确认租赁资产为自有资产,记入“固定资产”科目,金额为 448 630 元。这同时也是长期应付款的金额。但是为了提供更多管理方面的信息,在“长期应付款”科目记录的金额为最低租赁付款额。最低租赁付款额与固定资产入账价值的差额,是未来因产生利息才会产生的负债,不是现在的负债,所以要计入“未确认融资费用”科目,作为对“长期应付款”科目的备抵。

用会计等式描述见表 8—3“租赁期开始日确认租赁资产和负债”行,会计分录为:

借:固定资产　　　　448 630
　未确认融资费用　　71 370
　贷:长期应付款　　　　520 000

发生的初始直接费用予以资本化,记入固定资产的入账价值中,但是该金额不属于应付本金的组成部分。用会计等式描述见表 8—3“支付初始直接费用”行,会计分录如下。

借:固定资产　　　1 000
　贷:银行存款　　　1 000

(3)租赁期内每期支付设备的保险费、维修费 3 000 元,用会计等式描述见表 8—3“每期支付保险费等”行,会计分录如下。

借:制造费用　　　3 000
　贷:银行 存款　　　3 000

(4)每期支付或有租金 5 000 元,用会计等式描述见表 8—3“每期支付或有租金”行,会计分录如下。

借:销售费用　　　5 000
　贷:银行存款　　　5 000

(5)租赁期期末的处理

每个租赁期期末,一方面要就租赁资产计提折旧,一方面要就长期应付款确认融资费用。

①乙公司认为租赁资产可以使用 8 年。确定预计净残值像其他同类固定资产资产一样,为 2 000 元。采用直线法计提折旧。

表 8—3

单位:元

资产负债表要素	资产				=	负债		+	所有者权益
资产负债表项目	货币资金	存货	固定资产		=	长期应付款		+	未分配利润
资产负债表科目	银行存款	制造费用	固定资产	累计折旧	=	长期应付款	未确认融资费用	+	利润分配
资产负债表二级科目					=			+	未分配利润
租赁期开始日确认租赁资产和负债			+448 630		=	+520 000	−71 370	+	
支付初始直接费用	−1 000		+1 000		=			+	
每期支付保险费等	−3 000	+3 000							
每期支付或有租金	−5 000								−5 000 (销售费用)
每期期末计提折旧		+55 953.75		−55 953.75	=			+	
每期期末确认融资费用					=		+22 431.5	+	−22 430.5 (财务费用)
每期期末支付租金	−100 000				=	−100 000		+	
后续各期重复发生上述五笔业务	…	…		…	=	…	…	+	…
租赁期满行使优惠购买选择权	−20 000				=	−20 000		+	

固定资产每年的折旧额=(449 630-2 000)/8=55 953.75(元)

用会计等式描述见表 8-3“每期期末计提折旧”，编制会计分录：

借：制造费用　　55 953.75

　贷：累计折旧　　55 953.75

②确认融资费用

由于应付本金就是最低租赁付款额的现值，所以折现率 5%就是实际利率。各期融资费用计算表见表 8-4。

表 8-4　各期融资费用计算表

单位：元

时间	付款额 (A_n)	利息费用 ($B_n=D_{n-1}\times5\%$)	支付的本金 ($C_n=A_n-B_n$)	应付本金余额 ($D_n=D_{n-1}-C_n$)
2014 年初				D_0=448 630
2014 年末	100 000	22 431.50	77 568.50	371 061.50
2015 年末	100 000	18 553.08	81 446.93	289 614.58
2016 年末	100 000	14 480.73	85 519.27	204 095.30
2017 年末	100 000	10 204.77	89 795.23	114 300.07
2018 年末	120 000	5 699.93	114 300.07	0.00
合计	520 000	71 370	448 630	

①包含 15.07 元尾差

从 2014 年到 2018 年，每年的利息费用见表 8-4 的“利息费用”列。

2014 年末的处理见表 8-3 的“每期期末确认融资费用”行，编制会计分录如下：

借：财务费用　　22 431.50

　贷：未确认融资费用　　22 431.50

后续各期金额根据表 8-4“利息费用”列作相应调整。

因为“未确认融资费用”记录了将来才会发生、才会确认的融资费用，所以随着时间的推移，融资费用逐步发生时，冲减该科目(记入贷方)。当租赁期结束时，该科目余额应为零。

③每年年底支付租金

支付租金时，冲减“长期应付款”科目。这不仅支付了本期该付的利息，还偿还了一部分本金。

用会计等式描述见表 8-3“每期期末支付租金”行每期编制会计分录如下：

借：长期应付款　　100 000

　贷：银行存款　　100 000

在 2014 年末偿还的 10 万元中，22 431.50 元为当期的利息，77 568.50 元为支付的本金。

(6)承租人在租赁期届满时的处理

租赁期届满时，乙公司支付 2 万元购买了租赁资产所有权。由于这 2 万元已经包含在最低租赁付款额中，记录在“长期应付款”科目中，所以冲减“长期应付款”科目。

用会计等式模板描述见表8—3“租赁期满行使优惠购买选择权”行，编制会计分录如下：

借：长期应付款 20 000

贷：银行存款 20 000

从表8—3我们看到，第一个资产负债表日，资产负债表的“长期应付款”项目报告的金额为371 061.50元（“长期应付款”科目当日余额420 000元扣除“未确认融资费用”科目当日余额48 938.5元），正是表8—4显示的第一个期末“长期应付款”的本金数。以后各期期末在资产负债表上该项目报告的余额均为长期应付款届时的本金数。从这里我们能体会到设置“长期应付款”科目记录最低租赁付款额，同时设置备抵科目“未确认融资费用”扣除“长期应付款”科目中包含的未来才发生的利息，这种科目设置方法，既能保持“长期应付款”科目持续记录合同的执行情况，便于和出租人对账，同时对承租人而言，还能同时反映长期应付款的本金数（两科目余额之差）以及未来要发生的利息。

从表8—3还看出，承租人从租赁期开始日，租赁资产和长期应付款就成为各自独立的两条线。租赁资产与承租人通过其他方式取得的固定资产一样，入账价值包括一切使固定资产达到预计可使用状态所发生的合理的必要的支出，后续计提折旧。长期应付款则按照与出租人的约定，分期支付租金，同时按照实际利率法计算和确认各期产生的融资费用。五年租赁期结束时，长期应付款的本金和利息全部清偿，表明与出租人的债权债务关系结束。而此时租赁资产作为自有固定资产，其账面价值为169 861.25元，等于未来三年的折旧额与预计净残值之和。

【例8—4】 沿用例8—3的资料。

租赁合同中其他内容相同，不同的是，租赁期满时，承租人返还租赁资产，承租人担保的余值为60 000元。

合同签订后，乙公司执行情况除了上述条款，其余与例8—3相同。

(1)乙公司在租赁开始日的处理

乙公司计算最低租赁付款额的现值，最低租赁付款额等于租金50万元与承租人担保余值6万元之和。

最低租赁付款额的现值＝100 000×PVIFA(5,5%)＋60 000×PVIF(5,5%)＝479 990（元），大于租赁资产的公允价值450 000元。这说明与租赁资产所有权有关的风险和报酬已经转移给乙公司，该项租赁是融资租赁。租赁资产的入账价值为450 000元，同时这也是长期应付款的本金。

租赁期内融资费用总额＝100 000×5＋60 000－450 000＝110 000（元），实际利率是使最低租赁付款额56万元的现值等于45万元的折现率，折现率为7.2%。

承租人乙公司在整个租赁期内的账务处理见表8—5。

(2)租赁期开始日的处理

会计分录为：

借：固定资产 450 000

未确认融资费用 110 000

贷：长期应付款 560 000

表 8—5

单位:元

资产负债表要素	资产				=	负债		+	所有者权益
资产负债表项目	货币资金	存货	固定资产		=	长期应付款		+	未分配利润
资产负债表科目	银行存款	制造费用	固定资产	累计折旧	=	长期应付款	未确认融资费用	+	利润分配
资产负债表二级科目					=			+	未分配利润
租赁期开始日确认租赁资产和负债			+450 000		=	+560 000	−110 000	+	
支付初始直接费用	−1 000		+1 000		=			+	
每期支付保险费等	−3 000	+3 000			=			+	
每期支付或有租金	−5 000				=			+	−5 000(销售费用)
期末计提折旧		+78 200		−78 200	=			+	
期末确认融资费用					=		+31 500	+	−31 500 (财务费用)
期末支付租金	−100 000				=	−100 000		+	
后续各期重复发生上述五笔业务	…	…		…	=	…	…	+	…
租赁期满返还租赁资产			−451 000	+391 000	=	−60 000		+	

初始直接费用的处理同例 8—3,计入租赁资产的取得成本,租赁资产总成本为 451 000 元。

(3)租赁期内每期支付设备的保险费、维修费的处理见表 8—5,会计分录略。

(4)每期支付或有租金 5 000 元的处理见表 8—5,会计分录略。

(5)乙公司在租赁期期末的处理

每个租赁期期末,一方面要就租赁资产计提折旧,一方面要就长期应付款确认融资费用。

①固定资产预计使用 5 年,预计净残值为承租人担保的余值 60 000 元,采用直线法计提折旧。

固定资产每年的折旧额=(原值-资产担保余值)/租赁期=(451 000-60 000)/5=78 200(元)

编制会计分录:

借:制造费用 78 200

　贷:累计折旧 78 200

②确认融资费用

将最低租赁付款额 56 万元折成现值 45 万元的实际利率为 7.2%,各期融资费用计算表见表 8—6。

表 8—6 各期融资费用计算表

单位:元

时间	付款额 (A_n)	利息费用 ($B_n=D_{n-1}\times 7.2\%$)	支付的本金 ($C_n=A_n-B_n$)	应付本金余额 ($D_n=D_{n-1}-C_n$)
2014 年初				D_0=450 000
2014 年末	100 000	32 400.00	67 600.00	382 400.00
2015 年末	100 000	27 532.80	72 467.20	309 932.80
2016 年末	100 000	22 315.16	77 684.84	232 247.96
2017 年末	100 000	16 721.85	83 278.15	148 969.81
2018 年末	160 000	11 030.19①	148 969.81	0.00
合计	560 000	110 000.00	450 000.00	

①包含 304.36 元尾差

2014 年末编制会计分录如下:

借:财务费用 32 400

　贷:未确认融资费用 32 400

后续各期金额根据表 8—6 作相应调整。

③每年年底支付租金的处理见表 8—5,会计分录略。

(6)租赁期届满时的处理

租赁期届满时,乙公司返还租赁资产,其账面价值即为担保余值 60 000 元。

见表 8—5,编制会计分录如下:

借:长期应付款 60 000

　　累计折旧 391 000

　贷:固定资产 451 000

二、出租人的会计处理

就出租人而言，融资租赁资产的经济实质是分期收款销售资产，所以要确认资产处置损益，并在收回应收款的过程中确认融资收益。

(一)主要报表项目和科目设置

1.“长期应收款”项目和“长期应收款”、“未实现融资收益”科目

资产负债表日，出租人因为租赁资产而应收取的款项在资产负债表“长期应收款”项目报告。

出租人设置“长期应收款”科目来记录最低租赁收款额。由于该科目里记录了未来才会形成的融资收益，所以设置备抵科目“未实现融资收益”来予以扣除。“长期应收款”科目与“未实现融资收益”科目期末余额相抵之后，才表示期末出租人享有的债权，即在资产负债表“长期应收款”项目中报告的金额。这样设置会计科目，与承租人设置“长期应付款”科目来记录最低租赁付款额，再通过“未确认融资费用”扣除未来才会产生的融资费用，目的是相同的。

2.“营业收入”项目和“租赁收入”科目

专营融资租赁的公司本质上是金融公司。通过融资租赁赚取的利息收益是其营业收入。所以随着长期应收款利息收益逐步产生，在利润表“营业收入”项目报告当期产生的利息收益，在“租赁收入”科目加以记录。

3.“未担保余值”项目和“未担保余值”科目

未担保余值是一项长期资产，在资产负债表的“未担保余值”项目报告，设置同名会计科目予以记录。

(二)会计处理

1. 出租人在租赁开始日的处理

租赁开始日，出租人根据租赁合同判断租赁的类型，如果是融资租赁，确定租赁资产的公允价值。

2. 出租人在租赁期开始日的处理

(1)出租人终止确认租赁资产，根据租赁开始日租赁资产公允价值与账面的差额确认资产处置损益，同时确认长期应收款。长期应收款的金额为租赁开始日资产的公允价值。但是我们在“长期应收款”科目记录的是最低租赁收款额，其中包含了未来发生的融资收益，于是设置“未实现融资收益”科目记录最低租赁收款额与租赁资产公允价值的差额。

借：长期应收款——应收融资租赁款(最低租赁收款额)

　贷：融资租赁资产(租赁资产账面价值)

　　资产处置收益　(租赁资产公允价值与账面价值之差)

　　未实现融资收益(最低租赁收款额与租赁资产公允价值之差)

(2)如果有未担保余值，那么这一部分金额也是出租人将来要收回的，于是未实现融资收益相应增加。

借：未担保余值

贷:未实现融资收益

(3)初始直接费用作为实现债权收益必不可少的支出,应该予以资本化,即在债权未来带来收益时费用化。这就意味着债权带来的收益净额会减少,于是初始直接费用的发生导致未实现融资收益的减少。

借:未实现融资收益

贷:银行存款

以上三笔业务的分录合并一起如下:

借:长期应收款——应收融资租赁款

未担保余值

贷:融资租赁资产

资产处置收益

未实现融资收益

银行存款

该笔分录中,“长期应收款”和“未担保余值”科目发生额之和代表应收债权总额,“融资租赁资产”科目、“资产处置收益”科目与“银行存款”科目发生额之和代表应收债权净额,即债权的本金。

3. 每期期末确认融资收益

每期期末确认实现的融资收益。

各期融资收益的计算采用实际利率法。该利率是将最低租赁收额与未担保余值之和折现为租赁资产公允价值和初始直接费用之和的折现率。

4. 每期收取租金

每期收取租金时,不仅收回当期实现的融资收益,而且收回了一部分应收债权本金。

5. 收取或有租金

如果承租人的或有租金变成确定的租金,那么出租人收取时直接计入租赁收入。

6. 出租人在租赁期届满时的处理

租赁期届满时,根据租赁合同的约定,进行不同处理。

(1)承租人返还租赁资产

如果租赁资产经评估后其实际余值达到承租人的担保余值和出租人的未担保余值之和,那么说明出租人的债权足额收回,出租人收回租赁资产时,冲销“长期应收款”和“未担保余值”。

借:融资租赁资产

贷:长期应收款

未担保余值。

如果资产的实际余值小于租赁开始日估计的资产余值但是大于担保余值,表明未担保余值受损,收不回来的未担保余值计入营业外支出。

借:融资租赁资产

营业外支出

贷:长期应收款

未担保余值

如果资产实际余值小于担保余值,那么担保余值受损部分由承租人或担保公司补偿,未担保值无法收回带来的损失计入营业处支出。

借:银行存款

融资租赁资产

营业外支出

贷:长期应收款

未担保余值

(2)承租人留购租赁资产

如果承租人留购资产,且在租赁开始日就可以断定承租人会留购租赁资产,那么编制会计分录如下:

借:银行存款

贷:长期应收款

【例 8—5】沿用例 8—3 的合同资料。

合同签订后,甲公司执行情况如下:

甲公司的租赁资产在租赁开始日的账面价值为 400 000 元。支付初始直接费用 1 200 元。租赁到期时,乙公司行使了优惠购买选择权,甲公司收到款项 20 000 元。

(1)甲公司在租赁开始日的处理

在租赁开始日,甲公司预计乙公司会行使优惠购买选择权,与租赁资产所有权相关的风险和报酬会转移给承租人,于是判断该项租赁属于融资租赁。

以下业务用会计等式描述见表 8—7。

表 8—7

单位:元

资产负债表要素	资　产				=	负债	+	所有者权益
资产负债表项目	货币资金	长期应收款	融资租赁资产		=		+	未分配利润
资产负债表科目	银行存款	长期应收款	未实现融资收益		=		+	利润分配
资产负债表二级科目								未分配利润
租赁期开始日		+520 000	−70 000	−400 000	=		+	+50 000 (资产处置损益)
支付初始直接费用	−1 200		+1 200		=		+	
每期期末确认融资收益			+21 657.6		=		+	+21 657.6 (租赁收入)
每期期末收取租金	+100 000	−100 000			=		+	
后续各期末重复发生上述两笔业务	…	…	…		=		+	…
承租人行使优惠购买选择权	+20 000	−20 000			=		+	

(2)甲公司在租赁期开始日的处理

租赁期开始日,甲公司终止确认租赁资产,确认资产处置损益 50 000 元。长期应收款的入账金额为最低租赁收款额 520 000 元。支付了初始直接费用 1 200 元以后,未实现融资收益为 68 800 元(520 000－450 000－1 200)。

会计分录为:

借:长期应收款　　520 000
　贷:融资租赁资产　　400 000
　　资产处置收益　　50 000
　　未实现融资收益　　68 800
　　银行存款　　1 200

(3)甲公司在租赁期内每期收到或有租金

借:银行存款　　5 000
　贷:租赁收入　　5 000

(4)甲公司在租赁期期末的处理

每个租赁期期末,确认融资收益,并做收到租金的处理。

①确认融资收益

实际利率是将应收债权总额为 520 000 元折现为应收债权本金 451 200 元的折现率,经过测算实际利率为 4.8%。各期融资收益计算表见表 8—8。

表 8—8　各期融资收益计算表

单位:元

时间	收款额 (A n)	利息收益 ($B_n=D_{n-1}\times 4.8\%$)	收到的租赁投资净额 ($C_n=A_n-B_n$)	租赁投资净额余额 ($D_n=D_{n-1}-C_n$)
2014 年初				D_0＝451 200
2014 年末	100 000	21 657.60	78 342.40	372 857.60
2015 年末	100 000	17 897.16	82 102.84	290 754.76
2016 年末	100 000	13 956.23	86 043.77	204 710.99
2017 年末	100 000	9 826.13	90 173.87	114 537.12
2018 年末	120 000	5 462.88①	114 537.12	0.00
合计	520 000	68 800.00	451 200.00	

①包含 34.90 元的尾差

2014 年末编制会计分录如下:

借:未实现融资收益　　21 657.60
　贷:租赁收入　　21 657.60

后续各期金额根据表 8—8 作相应调整。

②每年年底收到租金

编制会计分录如下:

借:银行存款　　100 000

贷:长期应收款　　　　　　　　　　100 000

收回的金额不仅包含着当期的利息收益,还包括一部分本金。比如 2014 年底收回的 100 000 元中,包含利息收益 21 657.60 元,本金 78 342.40 元。

(5)租赁期届满时的处理

租赁期届满时,甲公司收到乙公司支付的 2 万元。由于这 2 万元已经包含在最低租赁收款额中,记录在"长期应收款"科目,所以冲减"长期应收款"科目。

编制会计分录如下:

借:银行存款　　　　　　　　　　20 000

贷:长期应收　　　　　　　　　　20 000

从表 8—7 我们看到,如果在租赁期开始日对外报告,"长期应收款"项目报告了当日长期应收款的本金 451 200 元。之后每一个资产负债表日,"长期应收款"项目报告的金额都是期末应收债权本金的余额。从这里我们能看到,设置"长期应收款"科目记录最低租赁收款额,同时设置备抵科目"未实现融资收益"扣除"长期应收款"科目中包含的未来才发生的利息收益,能保持"长期应收款"科目持续记录合同的执行情况,便于和承租人对账,同时对出租人而言,还能同时反映应收债权本金以及未来要发生的利息收益。

【例 8—6】沿用例 8—3 的合同资料。

租赁合同中其他内容相同。合同中约定,资产的余值为 60 000 元,租赁期满时,承租人返还租赁资产,承租人担保的余值为 40 000 元,有 20 000 元未担保余值。

租赁期满后,承租人返还租赁资产,资产的实际余值为 60 000 元。

(1)租赁开始日的处理

甲公司根据最低租赁收款额的现值判断为融资租赁。

最低租赁收款额的现值＝100 000×PVIFA(5%,5)＋40 000×PVIF(5%,5)＝464 289(元),超过租赁资产的公允价值,属于融资租赁。

以下各笔业务用会计等式描述见下页表 8—9。

(2)租赁期开始日的处理,

借:长期应收款　　　　　　　　　540 000

未担保余值　　　　　　　　　20 000

贷:融资租赁资产　　　　　　　　400 000

资产处置收益　　　　　　　　50 000

未实现融资收益　　　　　　　108 800

银行存款　　　　　　　　　　1 200

(3)租赁期内每期收到或有租金

借:银行存款　　　　　　　　　　5 000

贷:租赁收入　　　　　　　　　　5 000

(4)租赁期期末的处理

①确认融资收益

采用实际利率法计算各期融资费用,经过测算实际利率为 7.2%。

表 8—9

单位:元

资产负债表要素	资　　产					=	负债	+	所有者权益
资产负债表项目	货币资金	长期应收款		未担保余值	融资租赁资产	=		+	未分配利润
资产负债表科目	银行存款	长期应收款	未实现融资收益			=		+	利润分配
资产负债表二级科目						=		+	未分配利润
租赁期开始日		+540 000	−110 000	+20 000	−400 000	=		+	+50 000 （资产处置收益）
支付初始直接费用	−1 200		+1 200			=		+	
每期期末确认融资收益			+32 486.4			=		+	+32 486.4 （租赁收入）
每期期末收取租金	+100 000	−100 000				=		+	
后续各期末重复发生上述两笔业务	…	…	…			=		+	…
承租人以资产余值返还租赁资产		−40 000		−20 000	+60 000	=		+	

各期融资收益计算表见表 8—10。

表 8—10　各期融资收益计算表

单位:元

时　　间	收款额 (A_n)	利息收益 ($B_n=D_{n-1}\times 7.2\%$)	收到的租赁投资净额 ($C_n=A_n-B_n$)	租赁投资净额余额 ($D_n=D_{n-1}-C_n$)
2014 年初				D_0 =451 200
2014 年末	100 000	32 486.40	67 513.60	383 686.40
2015 年末	100 000	27 625.42	72 374.58	311 311.82
2016 年末	100 000	22 414.45	77 585.55	233 726.27
2017 年末	100 000	16 828.29	83 171.71	150 554.56
2018 年末	160 000	9 445.44①	150 554.56	0.00
合计	560 000	108 800.00	451 200.00	

①包含尾差 1 394.49

2014 年末确认融资收益时编制会计分录如下

借:未实现融资收益　　　　32 486.40

　贷:租赁收入　　　　　　　32 486.40

以后各期期末的金额根据表 8—10 进行同样处理。

②每年年底收到租金,编制会计分录如下:

借:银行存款　　　　　　　100 000

　贷:长期应收款　　　　　　100 000

甲公司持续关注乙公司使用租赁资产的状况,如果租赁资产预计在返还时,实际余值如果小于 60 000 元大于 40 000 元,那么说明未担保余值受损,应调低未担保余值,同时确认资产减值损失。会计分录为:

借:资产减值损失

　贷:未担保余值减值准备

在当期确认资产减值损失,其本质是提前确认未来融资收益水平降低产生的损失。在下一个租赁期初,通过调减未实现融资收益来转回上一期确认的资产减值损失。编制会计分录为:

借:未实现融资收益

　贷:资产减值损失

由于调减了未实现融资收益,需要调减未来期间的实际利率。未来期间确认的租赁收益也随之调减。

此例中在租赁期内租赁资产的未担保余值没有减损。

(5)租赁期届满时的处理

租赁期届满时,乙公司返还的租赁资产的实际余值为 60 000 元。

编制会计分录如下:

借:融资租赁资产　　　　　60 000

　贷:长期应收款　　　　　　40 000

　　未担保余值　　　　　　20 000

用会计等式模板描述见表 8—10。

表 8—9 显示,当承租人返还租赁资产时,资产的实际余值等于担保余值和未担保余值之和(即资产余值),"长期应收款"、"未担保余值"科目的余额最终均为零。

三、融资租赁的列报与披露

承租人应当在资产负债表中,将与融资租赁相关的长期应付款减去未确认融资费用的差额,分别"长期应付款"项目和"一年内到期的长期负债"列示。承租人应当在附注中披露与融资租赁有关的下列信息:

(1)各类租入固定资产的期初和期末原价、累计折旧额。

(2)资产负债表日后连续三个会计年度每年将支付的最低租赁付款额,以及以后年度将支付的最低租赁付款额总额。

(3)未确认融资费用的余额,以及分摊未确认融资费用所采用的方法。

出租人应当在资产负债表中，将应收融资租赁款减去未实现融资收益的差额，以“长期应收款”项目列示。

出租人应当在附注中披露与融资租赁有关的下列信息：

(1)资产负债表日后连续三个会计年度每年将收到的最低租赁收款额，以及以后年度将收到的最低租赁收款额总额。

(2)未实现融资收益的余额，以及分配未实现融资收益所采用的方法。

第四节 售后租回的会计处理

售后租回交易是指交易双方签订了一揽子协议，内容包括两个部分：第一部分是销售合同，销售方将商品所有权转移给购进方；第二部分是租赁合同，销售方再从购进方租入商品。根据《租赁准则》的规定，如果认定合同的第二部分是融资租赁，那么说明商品的所有权并没有从销售方转移给购进方，销售方不能确认资产处置损益。所以售后租回会计处理的核心问题是：销售方根据租赁的性质，确定是否确认资产处置损益。

一、售后租回形成融资租赁

销售方售后租回形成融资租赁，从法律形式看，商品的所有权从销售方转移给购进方，但是从经济实质看，与商品所有权有关的风险和报酬其实仍然保留在销售方，所以销售款与资产账面价值的差异不能作为资产处置损益，而应该作为未实现损益，在租赁期内随着租赁资产计提折旧的进度，以调整折旧费的方式逐步转入当期损益。

【例 8-7】甲公司销售一台设备给乙公司，然后又从乙公司租回。假设租赁符合融资租赁的条件。该设备的账面原值为 100 万元，已经计提折旧 20 万元。出售给乙公司的价款为 100 万。设备采用平均年限法计提折旧，租期为 5 年。

1. 甲公司销售时的账务处理为：

借：固定资产清理　　800 000

　累计折旧　　200 000

　贷：固定资产　　1 000 000

借：银行存款　　1 000 000

　贷：固定资产清理　　800 000

　　递延收益——未实现售后租回损益(融资租赁)　　200 000

3. 在租赁期内计提折旧时，按照 5 年进度分摊递延收益，每年 40 000 元。

借：递延收益——未实现售后租回损益(融资租赁)　　40 000

　贷：制造费用等　　40 000

该例题中融资租赁的其他业务略

2. 售后租回形成经营租赁

销售方一般将售价与资产账面价值的差额确认资产处置损益，同时按照经营租赁进行账务处理，但是以下两种情况除外：(1)如果售价高于公允价值，售价高出公允价值的部分予以递延，在资产预计使用期内摊销，同时资产公允价值与账面价值差额计入当期损益。

(2)如果售价低于账面价值,且租金也明显低于市场价格,那么售价与账面价值的差额予以递延。两种情况下,递延时都按照按租金支付比例分摊在预计的资产使用期内。

【例 8—8】甲公司在 2018 年 1 月 31 日,将一栋预计使用年限为 50 年、已经使用 10 年的办公楼出售给乙公司。办公楼账面原价为 2 000 万元,累计折旧 350 万元。假定出售同时签署了租赁合同,合同约定租赁期 5 年,每年支付租金 100 万元。租赁期满时乙公司收回该房屋的使用权。该项资产的公允价格为 3 000 万元。

以下为三种独立情形。

第一种情形:出售价格为公允价值 3 000 万

甲公司根据租赁合同判定该项租赁是经营租赁。甲公司出售资产的价格等于公允价值,甲公司在出售环节确认资产处置损益,在租赁环节按照经营租赁处理。

(1)将固定资产转入清理

借:固定资产清理 16 500 000

  累计折旧 3 500 000

 贷:固定资产 20 000 000

(2)出售资产

借:银行存款 30 000 000

 贷:固定资产清理 16 500 000

  资产处置收益 13 500 000

(3)支付租金

借:管理费用 1 000 000

 贷:银行存款 1 000 000

第二种情形:出售价格 3 200 万元,高于公允价值

高出公允价值 200 万元的金额表明未来营租赁的真正租金额低于合同租金额,所以在在未来 5 年担赁期内平均冲抵租金费用,每年 40 万元。

(1)将固定资产转入清理

借:固定资产清理 16 500 000

  累计折旧 3 500 000

 贷:固定资产 20 000 000

(2)出售资产

借:银行存款 32 000 000

 贷:固定资产清理 16 500 000

  资产处置收益 13 500 000

  递延收益——未实现售后租回损益(经营租赁) 2 000 000

(3)每年支付租金,同时摊销递延收益。

借:管理费用 600 000

  递延收益——未实现售后租回损益(经营租赁) 400 000

 贷:银行存款 1 000 000

第三种情形:出售价格 1 500 万元,且租金明显低于市场同类水平。

售价低于账面价值的部分作为递延损失，对租赁期内各期过低租金费用进行调整，每年调高 30 万元。

(1)将固定资产转入清理

借:固定资产清理　　　　16 500 000
　累计折旧　　　　　　3 500 000
　贷:固定资产　　　　　　20 000 000

(2)出售资产，不确认处置损益，确认递延损失。

借:银行存款　　　　　　　　　　　　　　15 000 000
　递延收益——未实现售后租回损益(经营租赁)　1 500 000
　贷:固定资产清理　　　　　　　　　　　　16 500 000

(3)每年支付租金，同时摊销递延损失。

借:管理费用　　　　　　　　　　　　　　1 3 000 000
　贷:银行存款　　　　　　　　　　　　　　1 000 000
　　递延收益——未实现售后租回损益(经营租赁)　300 000

以上业务用会计等式描述见表 8—11。

表 8—11

单位:万元

资产负债表要素	资　产			=	负债	+	所有者权益
资产负债表项目	货币资金	固定资产		=	递延收益	+	未分配利润
资产负债表科目	银行存款	固定资产	累计折旧	=	递延收益	+	利润分配
资产负债表明细科目							未分配利润
之前重要项目的余额	* * *	2 000	350	=	* * *	+	* * *
第一种情形按公允价值出售							
出售资产	+3 000	−2 000	+350	=		+	+1 350 (资产处置收益)
各期支付租金 100 万元	−100			=		+	−100(管理费用)
第二种情形高于账面价值出售							
出售资产	+3 200	−2 000	+350	=	+200	+	+1 350 (资产处置收益)
各期支付租金 100 万元	−100			=	−40	+	−60(管理费用)
第三种情形低于账面价值出售且租金低于市场价格							
出售资产	+1 500	−2 000	+350	=	−150		
各期支付租金 100 万元	−100			=	+30	+	−130(管理费用)

如果售价低于公允价值或者售价低于账面价值但是租金并不显著低于市价时，售价与账面价值的差额都确认为当期资产处置损益。

3. 售后租回的披露

根据租赁准则的要求，承租人和出租人应当披露各售后租回交易以及售后租回合同中的重要条款。

本章小结

本章遵照租赁准则的规定，阐述了租赁的定义，分析了融资租赁的判定条件，并且分别融资租赁和经营租赁介绍了承租人和出租人的会计处理，最后针对售后融资租回和售后经营租回，站在销售方即承租方的角度阐述了会计处理。

一、复习思考题

1. 什么是租赁？什么是经营租赁？什么是融资租赁？确认融资租赁的条件是什么？

2. 什么是就承租人而言的担保余值？什么是就出租人而言的担保余值？什么是未担保余值？什么是初始直接费用？什么是履约成本？什么是或有租金？什么是承租人的最低租赁付款额？什么是出租人的最低租赁收款额？

3. 如果是融资租赁，承租人如何计量租入资产的价值？如何确定租入资产的折旧政策？如何确定未确认融资费用？如何确定实际利率？

4. 如果是融资租赁，出租人如何确定未实现融资收益，如何确定实际利率？

5. 如果是融资租赁，承租人如何进行账务处理和报告？出租人如何进行账务处理和报告？

二、练习题

(一)单项选择题

1. 关于初始直接费用，下列说法中错误的是(　　)。

   A. 承租人融资租赁业务发生的初始直接费用应计入租入资产的价值

   B. 承租人融租赁业务发生的初始直接费用应计入管理费用

   C. 承租人经营租赁业务发生的初始直接费用，应当计入当期损益

   D. 出租人经营租赁业务发生的初始直接费用，应当计入当期损益

2. 未实现融资收益，是指(　　)。

   A. 最低租赁付款额与未担保余值的差额

   B. 最低租赁收款额与未担保余值的差额

   C. 最低租赁收款额与未担保余值之和与租赁资产账面价值与初始直接费用之和的差额

   D. 最低租赁收款额与最低租赁收款额的现值的差额

3. 出租人对于融资租赁产生的递延收益，在资产负债表中反映的项目是(　　)。

   A. 主营业务收入　　B. 其他业务收入

   C. 递延收益　　D. 应收融资租赁款

4. 2018年1月1日，甲公司从丁公司租入办公设备一套，租赁合同规定：租赁期为5年，第一年免租金，第二年和第三年各付租金10万元，第四年和第五年各付租金20万元，租金总额共计60万元，甲公司在租赁期的第一年和第二年应确认的租金费用分别为（　　）万元。

A. 0，10　　B. 0，15　　C. 12，10　　D. 12，12

5. 丁公司以融资租赁方式租入设备一台（该公司租赁资产占企业资产总额的22%），租赁合同规定租赁期满该设备的所有权归丁公司。租赁开始日该设备的原账面价值为348万元，最低租赁付款额的现值与其公允价值均为319万元，另发生运杂费8.5万元，安装调试费14.3万元，租赁合同签订过程中发生的业务人员差旅费1.2万元。该设备租赁期为6年，同类设备的使用寿命为8年，预计净残值为4万元。若丁公司对该设备采用年限平均法计提折旧，则每年应计提的折旧额为（　　）万元。

A. 42.225　　B. 42.375　　C. 43.000　　D. 56.500

（二）多项选择题

1. 在租赁合同没有规定优惠购买选择权时，下列属于承租人在租赁期内应支付或可能被要求支付给出租人的各种款项有（　　）。

A. 租赁期内承租人每期支付的租金

B. 租赁期届满时，由承租人或与其有关的第三方担保的资产余值

C. 租赁期届满时，承租人未能续租或延期而造成的任何应由承租人支付的款项

D. 在租赁期内为租赁资产支付的修理费

E. 未担保余值

2. 下列关于售后租回交易的会计处理中，说法正确的有（　　）。

A. 售后租回交易实质上是一种融资行为。

B. 如果售后租回形成融资租赁，出售方应将售价与资产账面价值的差额计入递延收益

C. 如果售后租回形成经营租赁，应将递延收益调整租金费用

D. 如果售后租回形成融资租赁，在递延收益为贷方余额时，应调整增加折旧费用

E. 承租人除披露一般租赁的条款外，还应披露租赁资产的售价

3. 下列关于租赁业务的说法，正确的有（　　）。

A. 租赁是指在约定的期间内，出租人将资产使用权或所有权让与承租人以获取租金的协议，其主要特征是转移资产的使用权或所有权

B. 企业在对租赁进行分类时，应当全面考虑租赁期届满时租赁资产所有权是否转移给承组人、承租人是否有购买租赁资产的选择权、租赁期占租赁资产尚可使用年限的比例等各种因素

C. 最低租赁付款额是指在租赁期内承租人应支付或可能被要求支付的各种款项，包括或有租金和履约成本，加上由承租人或与其有关的第三方担保的资产余值

D. 在经营租赁下，如果出租人向承租人提供了免租期，由于在免租期内承租人不需支付租金，因此也不必确认租金费用

（三）账务处理题

1. 甲股份有限公司（以下简称甲公司）于2016年1月1日从乙租赁公司（以下简称乙公

司)租入一台全新设备,用于行政管理。租赁合同的主要条款如下:

(1)租赁起租日:2016 年 1 月 1 日。

(2)租赁期限:2016 年 1 月 1 日至 2017 年 12 月 31 日。甲公司应在租赁期满后将设备归还给乙公司。

(3)租金总额:120 万元。

(4)租金支付方式:在起租日预付租金 80 万元,2016 年年末支付租金 20 万元,租赁期满时支付租金 20 万元。

起租日该设备在乙公司的账面价值为 500 万元,公允价值为 500 万元。该设备预计使用年限为 10 年。甲公司在 2016 年 1 月 1 日的资产总额为 1 200 万元。甲公司对于租赁业务所采用的会计政策是:对于融资租赁,采用实际利率法分摊未确认融资费用;对于经营租赁,采用直线法确认租金费用。

甲公司按期支付租金,并在每年年末确认与租金有关的费用。乙公司在每年年末确认与租金有关的收入。同期银行贷款年利率为 6%。假定不考虑在租赁过程中发生的其他相关税费。

要求:(答案中的金额单位用万元表示)

(1)判断此项租赁的类型,并简要说明理由。

(2)就甲公司用会计等式描述并编写会计分录。

(3)就乙公司用会计等式描述并编写会计分录。

2. 2014 年 12 月 1 日 A 公司与 B 公司签订了一份租赁合同。合同主要条款如下:

(1)租赁标的物:建筑构件生产线(该生产线不需安装)。

(2)起租日:租赁物运抵 A 公司生产车间之日(2015 年 1 月 1 日)。

(3)租赁期:2015 年 1 月 1 日—2017 年 12 月 31 日,共 3 年。

(4)租金支付方式:每年年初支付租金 270 000 元。首期租金于 2015 年 1 月 1 日支付。

(5)租赁期届满时建筑构件生产线的估计余值:117 000 元。

其中由 A 公司担保的余值为 100 000 元;未担保余值为 17 000 元。

(6)该生产线的保险、维护等费用由 A 公司自行承担,每年 10 000 元。

(7)该生产线在 2015 年 1 月 1 日的公允价值为 835 000 元,账面价值为 900 000 元。

(8)租赁合同规定的利率为 6%(年利率)。

(9)该生产线估计使用年限为 6 年,采用年数总和法计提折旧。(按年)

(10)2017 年 12 月 31 日,A 公司将该生产线交回 B 公司。

(11)双方均按采用实际利率法摊销未确认融资费用及收益。(按年)

要求:

(1)判断租赁类型;

(2)分别就 A 和 B 两公司的业务用会计等式描述并编写会计分录。

3. 201 8 年 1 月 1 日丙公司将一台设备出售给丁公司,取得收入 100 万元,设备的账面原值为 82 万元,未提折旧。销售协议同时规定,因丙公司管理需要,即从丁公司租回该设备。已知设备的预计使用年限为 8 年,租期 8 年,每年在年末支付租金 16 万元。丙企业未提供担保,租赁到期时,丙公司将设备退回丁公司。

双方约定的合同利率为 6%；8 年期、利率为 6%的年金现值系数为 6.210；本租赁合同属于不可撤消合同。丙公司对该设备采用直线法计提折旧，按实际利率法分摊未确认融资费用，不考虑交易中的相关税费。

要求：对丙公司 2018 年的上述售后租回业务用会计等式描述并编写会计分录。

（四）财务报表题

查阅“你的”公司的财务报表附注，根据“固定资产”项目的附注，判断是否有融资租入的固定资产，这些资产的期初和期末原价、累计折旧额。从“长期应付款”项目的附注中查找公司在资产负债表日后连续三个会计年度每年将支付的最低租赁付款额，以及以后年度将支付的最低租赁付款额总额。从“长期应付款”项目中确定未确认融资费用的余额，以及分摊未确认融资费用所采用的方法。

查阅“你的”公司的财务报表附注，根据“长期应收款”科目判断该公司是否有融资租赁应收款，如果有，查看在资产负债表日后连续三个会计年度每年将收到的最低租赁收款额、以后年度将收到的最低租赁收款额总额、未实现融资收益的余额以及分配未实现融资收益所采用的方法。

查看“你的”公司的财务报表附注，是否有经营租赁，“你的”公司是承租人还是出租人。查看是否有售后租回交易，如果有，售后租回合同中有哪些重要条款可以帮助你判断是售后融资租回还是售后经营租回。

第九章

股 份 支 付

【学习目标】

通过学习本章，你应该：

1. 掌握股份支付的概念和特征；
2. 了解股份支付的类型；
3. 了解股份支付的实施环节；
4. 理解可行权条件的概念，以此为基础，掌握股份支付的确认时点；
5. 了解权益工具公允价值的确定方法，以此为基础，掌握股份支付的计量；
6. 掌握股份支付的账务处理；
7. 掌握股份支付的列报；
8. 了解股份支付的披露。

2008 年 3 月 25 日，国内某上市保险公司官方网站上发布了一篇题为《公司长期激励计划首次支付》的新闻稿。文章称："据年报披露，受益于 2007 公司业绩强劲增长以及长期奖励计划的首次兑付，本公司高层 2007 年度共派得薪酬计人民币 2.82 亿元，较往年同期增长约 122%，其中，与业绩表现挂钩的年度绩效奖金，以及长期激励首期首次支付金额，占高管 2007 年个人总收入 80% 以上。管理层收入的增长，主要来源有两部分：一是四年前设置的与 H 股股价挂钩的长期奖励计划的兑现，二是 2007 年业绩高速增长产生的绩效奖金。"文章还称，从收入结构看，高管基础工资部分较 2006 年基本维持不变，包括期权奖励在内的奖金增长是主要原因。

文章一经发布，舆论哗然，该公司高管高薪一时成为坊间谈论的热门话题。那么该公司长期奖励计划为什么会给公司高管带来如此巨额的收入？这是因为该计划与公司股票市值增长有关。这种与公司权益工具挂钩的面向公司职工的支付计划属于股份支付的范畴，其会计处理由《企业会计准则第 11 号—股份支付》（以下简称《股份支付准则》）来规范。

第一节　股份支付概述

一、股份支付的定义

股份支付，是"以股份为基础的支付"的简称，它是指企业为获取职工和其他方提供服务而授予权益工具或者承担以权益工具为基础确定的负债的交易。

股份支付具有以下特征：

第一，股份支付的对象是企业职工或向企业提供类似服务的其他方。以股份为基础的支付可能发生在企业与股东之间、合并交易中的合并方与被合并方之间或者企业与其职工之间，而只有与后者之间的交易，才符合股份支付的定义。

第二，股份支付的目的是获取职工或其他方提供的服务。企业在股份支付交易中意在获取职工或其他方提供的服务或取得这些服务的权利，用以从事正常生产经营，而不是用以转手获利等其他目的。

第三，股份支付中企业支付的对价与其自身权益工具未来的价值密切相关。与企业和其职工之间其他类型的交易相比，股份支付最大的不同，是交易对价的价值与企业自身权益工具未来价值密切相关。在股份支付中，企业要么向职工支付其自身权益工具，要么向职工支付一笔现金，而其金额高低取决于结算时企业自身权益工具的公允价值。相比支付给职工其他对价，比如短期薪酬，股份支付具有长期激励性，于是会计处理与其他形式的职工薪酬明显不同。

目前一些企业向其职工支付期权，还有的企业实行职工期权激励计划、限制性股票激励计划，等等，这些行为都是具有代表性的股份支付交易。

二、常见的股份支付类型

股份支付根据付出对价的方式和工具，主要划分为两大类、四小类。

（一）以权益结算的股份支付

以权益结算的股份支付，是指企业为获取服务而以股份或其他权益工具作为对价进行结算的交易。

以权益结算的股份支付最常用的工具有两小类：限制性股票和股票期权。

限制性股票指企业按照预先确定的条件授予职工一定数量本公司股票，职工只有在工作年限或业绩目标符合规定条件时，才可出售这些股票从中获益。

股票期权是指企业授予职工或其他方在未来一定期限内以预先确定的价格和条件购买本企业一定数量股票的权利。

（二）以现金结算的股份支付

以现金结算的股份支付，是指企业为获取服务而承担的以股份或其他权益工具为基础计算的交付现金或其他资产的义务的交易。

以现金结算的股份支付最常用的工具有两小类：模拟股票和现金股票增值权。

模拟股票对职工的激励机制类似于限制性股票，只是支付方式不同。限制性股票，职工在满足一定条件时才能得到一定数量本企业的股票，之后在证券市场出售所持有的股票以获取现金。而模拟股票，职工在满足一定条件后，直接从企业获得与权益工具价值等额的现金。

现金股票增值权对职工的激励机制类似于股票期权，只是支付方式不同。职工满足一定条件后得到股票期权，以事先约定的价格购买本企业的股票，之后，在证券市场将股票出售获得现金。职工得到的利益是股票的出售价格与事先约定的股票期权行权时股票的购买价格的差额。而现金股票增值权，职工在满足一定条件后从企业获得现金，金额为职工行权时权益工具的市场价格与事先约定的股票价格的差额。

三、股份支付的实施环节

股份支付的实施环节比较多，下面以典型的股票期权为例加以说明。股票期权，是指从企业按照预先约定的价格购入股票的权利。股票期权通常涉及四个主要环节：股票期权授予日、股票期权可行权日、股票期权行权日和股票出售日。四个环节如图 9—1 所示。

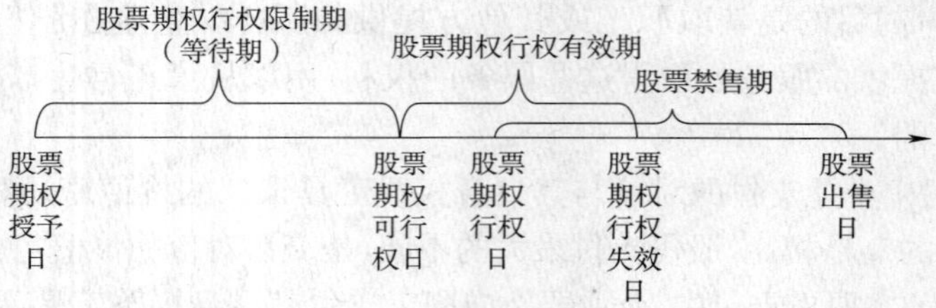

图 9—1

股票期权授予日是指股票期权协议获得批准的日期。其中“获得批准”，是指企业与职工或其他方就股票期权的协议条款和条件已达成一致，该协议获得股东大会或类似机构的批准。这里的“达成一致”是指，在双方对该计划或协议内容充分形成一致理解的基础上，均接受其条款和条件。

股票期权可行权日是指股票期权的可行权条件得到满足，职工或其他方具有行使股票期权权利的日期。行使股票期权的权利，是指以事先约定的价格购买公司股票的权利。只有已经可行权的股票期权，才是职工真正拥有的“财产”，才能去择机行权。从授予日至可行权日的时段，是可行权条件得到满足的期间，因此称为“股票期权行权限制期”，也称为“等待期”。

股票期权行权日是指持有股票期权的职工或其他方行使了以特定价格购买一定数量本公司股票的权利。在可行权日之后到股票期权行权失效日之前的这段时期称为“股票期权行权有效期”。

出售日是指股票的持有人将行使期权所取得的股票出售的日期。按照《国有控股上市公司(境内)实施股权激励试行办法》的规定，国有控股上市公司的职工因股权激励计划而持有的股权，在行权日与出售日之间设立“股票禁售期”。禁售期不得低于两年。

股票期权行权限制期即等待期，就是企业对职工的激励期。这个时期尚未满足行使股票期权的权利，职工只有努力工作才能达到行权所满足的各种条件。有的股份支付在授予日后立即可以行权，等待期很短，比如虚拟股票、业绩股票等。这种类型的股份支付仅对当期有激励作用。

第二节　股份支付的确认与计量

一、股份支付的确认

(一)股份支付的确认标准

股份支付属于职工薪酬的支付方式之一，其目的是激励职工长期、优质地服务于企业。

股份支付确认的关键是明确“等待期”，即从授予日始至可行权日止的时期。

授予日是指股份支付协议获得批准的日期，即企业与职工或其他方就股份支付的协议条款和条件已达成一致，该协议获得股东大会或类似机构的批准。股份支付协议正在协商或者企业与职工虽就股份支付协议达成一致但尚未获得批准，都不属于授予日。

可行权日是职工满足可行权条件的日期。

（二）股份支付的可行权条件

1. 可行权条件的种类

可行权条件包括服务期限条件和业绩条件。服务期限条件与职工的服务年限有关，判断标准比较简单，以下重点阐述业绩条件。

业绩条件包含了股权激励计划期望达到的业绩目标，包含市场条件和非市场条件。

市场条件是指行权价格、可行权条件以及行权可能性等与权益工具的市场价格相关的业绩条件，如股份支付协议中关于股价上升至何种水平职工可相应取得多少股份的规定。

非市场条件是指除市场条件之外的其他业绩条件，如股份支付协议中关于达到最低盈利目标或销售目标才可行权的规定。

【例 9—1】2014 年 1 月，为奖励并激励高管，上市公司 A 公司与其管理层成员签署股份支付协议，规定如果管理层成员在其后 3 年中都在公司任职，并且公司股价每年均提高 10%以上，管理层成员每人可以获得 1 000 股股票期权，从而能够以较低的价格购买公司的股票。

作为协议的补充，公司把全体管理层成员的年薪提高了 50 000 元，但公司将这部分年薪按月存入公司专门建立的内部基金，并规定 3 年后管理层成员可用属于其个人的部分抵减未来行权时支付的购买股票款项。如果管理层成员决定退出这项基金，可随时全额提取。

此例中涉及哪些条款和条件？

如果不同时满足服务 3 年和公司股价年均增长 10%以上的要求，管理层成员就无权行使股票期权，因此两者都属于可行权条件。其中服务满 3 年是一项服务期限条件，年平均 10%的股价增长是一项市场条件。公司为每位管理人员提薪，并把提高的部分存入统一账户保管，这不影响管理人员是否能够行权，因此统一账户条款不是可行权条件。

需要注意的是，对于行权条件为业绩条件的股份支付，如果满足了股权激励计划中的所有非市场条件，即使市场条件没有满足，也要确认人工成本。这是因为市场条件除了职工所提供的服务，还受到比如国家货币政策、资本市场资金供需等因素的影响。无论市场条件是否满足，市场条件都发挥了激励作用，企业取得了来自员工的服务。但是如果市场条件不满足，职工就不能行权，企业不支付对价。

【例 9—2】承例 9—1，到第一年末，公司股价提高了 12%，第二年提高了 13%，第三年提高了 4%。公司在第一年和第二年年末均预计未来能实现股价年平均增长 10%以上的目标。

该例中，激励期为三年。前两年的年末，公司均预计能满足年平均增长 10%的市场条件，于是分别在第一年末、第二年末确认人工成本。到第三年年末发现三年平均增长 10%的市场目标没有实现，职工不具备行权条件，但是企业仍要确认第三年职工提供的服务，只是不需向职工提供对价。

2. 可行权条件的修改

通常情况下，股份支付协议生效后，不应对其条款和条件随意修改。但在某些情况下，可能需要修改股份支付协议中的条款和条件。例如,股票除权、除息或者其他原因影响了发行在外股份数和股票的公允价值,就需要调整股票期权数量和行权价格。此外,为取得更佳的激励效果,有关法规也允许企业依据股份支付协议的规定,调整行权价格或股票期权数量,但应当由董事会作出决议并经股东大会审议批准,或者由股东大会授权董事会决定。

二、股份支付的计量

股份支付中权益工具的公允价值,反映了企业用于激励职工所付出对价的公允价值,是计量的关键。

(一)权益工具公允价值的确定

权益工具的公允价值,应当以市场价格为基础。而一些股份和股票期权并没有活跃的交易市场。在这种情况下,应当考虑估值技术。通常情况下,企业应当按照《企业会计准则第 22 号——金融工具确认和计量》的有关规定确定权益工具的公允价值,并根据股份支付协议条款中的条件进行调整。

1. 股份

对于授予职工的股份,企业应按照股份的市场价格计量。如果股份未公开交易,则应考虑股份支付协议的其条款和条件估计其公允价值。

2. 股票期权

授予职工的股票期权在许多情况下难以获得其市场价格,应通过期权定价模型来估计所授予的期权的公允价值。

在选择适用的期权定价模型时,企业应考虑以下因素:①期权的行权价格;②期权期限;③基础股份的现行价格;④股价的预计波动率;⑤股份的预计股利;⑥期权期限内的无风险利率。

期权的定价模型属于金融领域具有较强技术性的问题,感兴趣的读者,可以参阅有关书籍。

(二)股份支付的计量标准

1. 以权益结算的股份支付的计量标准

以权益结算的股份支付遵循历史成本原则,以授予日权益工具的公允价值和预计可行权的权益工具数量计算股份支付总额。因为有较长的等待期,所以在等待期的每个资产负债表日,还要不断调整预计可行权的权益工具数量,进而调整股份支付总额,并将其平均分配到等待期内的每个会计期间。

企业每年调整预计可行权的权益工具数量时,不受市场条件的影响。

【例 9—3】承例 9—1 和例 9—2。

公司共有管理层成员 100 名,股票期权在授予日的公允价值为每股期权 4 元。在第一个资产负债表日,A 公司估计 3 年内管理层离职的比例为每年 10%;第二年年末,A 公司调整离职率为 7%;到第三年年末,公司实际离职率为 5%。

A 公司根据管理层的离职比率来估计预计可行权的权益工具数量,该估计不受市场条件的影响。授予日权益工具的公允价值每股 4 元是计算股份支付总额的另一个影响因素。

第一年末，公司根据授予日权益工具的公允价值每股 4 元和预计可行权数量 1 000×100×(1－10%)来计算激励期结束后股份支付总额，计算如下

股份支付总额＝4×1 000×100×(1－10%)＝360 000(元)，

第一年末确认当年的人工成本，金额为上述金额的三分之一，即 120 000 元。

第二年末，公司将激励期结束后股份支付总额调整为＝4×1 000×100×(1－7%)＝372 000(元)，

第二年末确认当年的人工成本为 372 000×2/3－120 000＝128 000(元)。

第三年末，公司激励期结束后实际发生的股份支付总额＝4×1 000×100×(1－5%)＝380 000(元)，第三年末确认当年的人工成本＝380 000－120 000 － 128 000＝132 000(元)。

2. 以现金结算的股份支付的计量标准

以现金结算的股份支付，按照每个资产负债表日权益工具的公允价值重新计算股份支付总额。

如果以“历史成本”来描述以权益结算的股份支付的计量标准的话，那么以现金结算的股份支付的计量标准就可以用“公允价值”来描述。后者之所以采用公允价值标准，是因为一旦可行权条件满足后职工行权，企业就要支付现金，而等待期内各个资产负债表日权益工具的公允价值，相比授予日权益工具的公允价值，更接近于职工行权时企业要支付的现金。

【例 9－4】A 公司的股权激励计划采用现金股票增值权方式。2013 年 1 月 1 日，公司向其 200 名管理人员每人授予 1 000 股现金股票增值权，承诺这些职员从 2013 年 1 月 1 日起在该公司连续服务 3 年，就可以按照行权时股价相比计算基数的增长幅度(就是现金股票增值权的公允价值)得到现金。公司规定，现金股票增值权的计算基数是每股 3 元。2013 年初公司股票价格每股 8 元，此时现金股票增值权的公允价值为每股 5 元。职工将来行权时得到的利益取决于行权时现金股票增值权的公允价值。

2013 年末，公司估计 2015 年末这些管理人员离开的比例将达到 10%；此时由于公司股价上涨，现金股票增值权的公允价值上涨为每股 6 元；2014 年末公司估计将来管理人员离职的比例为 16%，此时现金股票增值权的公允价值为每股 7 元；2015 年末现金股票增值权的公允价值为每股 8 元，管理人员实际离职比率为 18%。

2013 末，A 公司以此时权益工具的公允价值每股 6 元和预计可行权数量来计算激励期结束后应支付的现金总额，

金额＝6×1 000×200×(1－10%)＝108(万元)，

第一年承担的人工成本＝108/3＝36(万元)。

2014 末，A 公司以此时权益工具的公允价值每股 7 元和预计可行权数量来计算激励期结束后应支付的现金总额，

金额＝7×1 000×200×(1－16%)＝117.6(万元)，

第二年承担的人工成本＝117.6×2/3－36＝42.4(万元)。

2015 末，A 公司等待期结束，应支付的现金总额以此时权益工具的公允价值每股 8 元和预计可行权数量来计算，

金额＝8×1 000×200×(1－18%)＝131.2(万元)，

第三年承担的人工成本＝131.2－36－42.4＝52.8(万元)。

三、股份支付在可行权日之后的会计处

可行权日之后，股份支付的激励作用消失，不再确认人工成本。

但是职工行权之后，权益工具的公允价值还在发生变化。对于权益结算的股份支付，由于以授予日权益工具的公允价值计量，所以对可行权日之后权益工具公允价值的变化不予处理。如果是现金结算的股份支付，企业与职工的结算金额始终受到权益工具公允价值的影响，所以可行权日之后要根据权益工具公允价值的变化，调整企业负债的金额，同时计入公允价值变动损益。

【例 9—5】 承例 9－4，2016 年，职工没有行权，年末现金股票增值权的公允价值每股上升了 0.4 元，达到 8.4 元/股；2017 初，全部职工行使权利。

2016 年末，公司股价上升导致现金股票增值权上升了 0.4×1 000×200×82％＝65 600（元），公司应向职工支付的现金因此增加。由于激励期已过，公司增加债务带来的损失与人工成本无关，而是来自于金融工具的价值波动，所以属于公允价值变动损益。

2017 年初，职工全部行权，公司向员工支付 1 377 600（8.4×1 000×200×82％）元。

第三节　股份支付的账务处理与报告

一、股份支付的报表项目和会计科目设置

股份支付属于职工薪酬的一种，所以股份支付的人工成本与以其他支付方式发生的人工成本一样，一方面确认人工成本，记录和报告在相关资产和费用科目和项目，另一方面确认支付对价。如果是权益结算的股份支付，支付对价通过“资本公积”项目加以报告，以“资本公积——其他资本公积”科目加以记录；如果是现金结算的股份支付，则以“应付职工薪酬”项目报告，以“应付职工薪酬——股份支付”科目加以记录。

二、股份支付各个环节的账务处理

股份支付的会计处理必须以完整、有效的股份支付协议为基础。

（一）授予日

除了立即可行权的股份支付外，无论权益结算的股份支付还是现金结算的股份支付，企业在授予日均不做处理。

（二）等待期内的每个资产负债表日

企业应当在等待期内的每个资产负债表日，将取得职工或其他方提供的服务计入人工成本（通常对管理人员进行股权激励，所以涉及的人工成本科目一般为“管理费用”科目），同时确认所有者权益（涉及的科目为“资本公积——其他资本公积”）或负债（涉及的科目为“应付职工薪酬——股份支付”）。

（三）可行权日之后

1. 对于权益结算的股份支付，在可行权日之后不再对已确认的人工成本和所有者权益总额进行调整。在职工行权时，将在等待期内记录于“资本公积——其他资本公积”科目的

金额转入“股本”、“资本公积——股本溢价”等科目。

2. 对于现金结算的股份支付，企业在可行权日之后不再确认人工成本。权益工具公允价值的变动，在调整“应付职工薪酬——股份支付”科目的同时，计入“公允价值变动损益”科目。

三、股份支付的账务处理与列报举例

股份支付的账务处理是指对股份支付业务编制会计分录并记入对应分类账的过程；股份支付的报告是指股份支付的列报与披露。以下对常见的股份支付业务根据会计等式模板列出了会计分录，同时分析了在四张主要财务报表中的列报。股份支付的披露，在本节最后一部分介绍。

（一）附业绩条件的权益结算的股份支付

【例 9—6】2016 年 1 月 1 日，A 公司根据股权激励计划赋予 100 名管理人员每人 100 份股票期权。该公司股权激励计划的可行权条件是动态的：第一年年末的可行权条件为企业净利润增长率达到 20%；第二年年末的可行权条件为企业净利润两年平均增长 15%；第三年年末的可行权条件为企业净利润三年平均增长 10%。每份期权在授予日 2016 年 1 月 1 日的公允价值为 3 元。

2016 年 12 月 31 日，企业当年净利润增长了 18%，同时有 8 名管理人员离开，企业预计 2017 年将以同样速度增长，因此预计将于 2017 年 12 月 31 日满足可行权条件。另外，企业预计 2017 年 12 月 31 日又将有 8 名管理人员离开。

2017 年 12 月 31 日，企业当年净利润仅增长了 10%，因此无法满足可行权条件。另外，又有 10 名管理人员离开，预计第三年将有 12 名管理人员离开。

2018 年 12 月 31 日，企业净利润增长了 8%，三年平均增长率为 12%，达到可行权状态。当年有 8 名管理人员离开。

分析：

本例的可行权条件是一项非市场业绩条件。

2016 年年末，虽然没能实现净利润增长 20%的要求，但公司预计 2017 年将以同样速度增长，因此能实现两年平均增长 15%的要求。所以公司将等待期调整为 2 年，同时调整了 2017 年末预计可行权的人数为 84 人（100－8－8）。2016 年发生人工成本＝3×100×84/2＝12 600（元）。

2017 年年末，虽然两年实现 15%增长的目标再次落空，但公司仍然估计能够在 2018 年取得较理想的业绩，从而实现 3 年平均增长 10%的目标。所以公司将其预计等待期调整为 3 年。由于 2017 年有 10 名管理人员离开，高于预计数字，因此公司预计 2018 年行权人数为 70（100－8－10－12）人。2017 年的人工成本＝3×100×70×2/3－12 600＝1 400（元）

2018 年年末，目标实现，当年实际离开人数为 8 人。2018 年末可行权人数为 74（100－8－10－8）人，2018 年的人工成本＝3×100×74－12 600－1 400＝8 200（元）。

账务处理如下。

（1）2016 年 1 月 1 日，授予日不做账务处理。

（2）2016 年 12 月 31 日，

借：管理费用　　　　　　　12 600

　贷：资本公积——其他资本公积　　12 600

(3)2017 年 12 月 31 日：

借：管理费用　　　　　　　　1 400

　贷：资本公积——其他资本公积　　1 400

(4)2018 年 12 月 31 日：

借：管理费用　　　　　　　　8 200

　贷：资本公积——其他资本公积　　8 200

用会计等式描述见表 9—1。

表 9—1

单位：元

资产负债表要素	资产	=	负债	+	所有者权益			
资产负债表项目	货币资金	=		+	股本	资本公积		未分配利润
资产负债表科目	银行存款	=		+		资本公积		利润分配
资产负债表二级科目		=		+		股本溢价	其他资本公积	未分配利润
2016 年底确认人工成本		=		+			+12 600	−12 600(管理费用)
2017 年底确认人工成本		=		+			+1 400	−1 400(管理费用)
2018 年底确认人工成本		=		+			+8 200	−8 200(管理费用)

表 9—1 显示，2016 年、2017 年、2018 年资产负债表的“资本公积”项目分别增加 12 600 元，1 400 元和 8 200 元，“未分配利润”项目分别等额减少；三个年度所有者权益变动表的“综合收益”行“未分配利润”列分别等额减少；三个年度利润表“管理费用”项目分别等额增加；现金流量表不受影响。

纵观三个会计年度发现，为激励职工三年累计付出了 22 200 元，这是以授予日股票期权的公允价值每股 3 元和达到可行权条件时可行权人数 74 人为基础计算的。

(二)附服务年限条件的权益结算股份支付

【例 9—7】A 公司为一上市公司。2013 年 1 月 1 日，公司向其 200 名管理人员每人授予 1 000 股股票期权，这些职工从 2013 年 1 月 1 日起在该公司连续服务 3 年，即可以每股 3 元购买 1 000 股本公司股票。公司估计该期权在授予日的公允价值为 5 元，即估计员工行权时所购买的股票价格为 8 元。职工购买的股票属于公司增发的股票。

2013 年有 10 名管理人员离开 A 公司，A 公司估计等待期满后这些管理人员离开的比例将达到 10%；2014 年又有 12 名管理人员离开公司，公司修正离职比例为 16%；2015 年又有 14 名职员离开。2016 年职工没有行权。2017 年 6 月 30 日，在职的 164 名管理人员行权，以每股 3 元的价格购买本公司股票 164 000 股。

2013 年末，A 公司估计激励期结束后股份支付总额为 5×1 000×200×(1−10%)，第一年承担其三分之一，金额为 30 万元；

2014 年末，A 公司估计激励期结束后股份支付总额为 5×1 000×200×(1−16%)，第二年末累计承担其三分之二，金额为 56 万元，扣除第一年的 30 万元，第二年承担 26 万元；

2015 年末，A 公司股份支付的等待期结束，实际股份支付总额为 5×1 000×200×(1−18%)，金额为 82 万元，扣除前两年累积承担的 56 万元，第三年承担 26 万元。

2017 年 6 月 30 日，公司向 164 名管理人员增发 164 000 股股票，每股 3 元。

以上业务用会计等式描述见表 9—2

表 9—2

单位：万元

资产负债表要素	资产	=	负债	+	所有者权益			
资产负债表项目	货币资金	=		+	股本	资本公积		未分配利润
资产负债表科目	银行存款	=		+		资本公积		利润分配
资产负债表二级科目		=		+		股本溢价	其他资本公积	未分配利润
2013 年底确认人工成本		=		+			+30	−30(管理费用)
2014 年底确认人工成本		=		+			+26	−26(管理费用)
2015 年底确认人工成本		=		+			+26	−26(管理费用)
2017 年 6 月 30 日行权	+49.2	=		+	+16.4	+114.8	−82	

表 9—2 显示，2013 年、2014 年、2015 年资产负债表的“资本公积”项目分别增加 30 万元、26 万元和 26 万元，“未分配利润”项目分别减少 30 万元、26 万元和 26 万元；三个年度所有者权益变动表的“综合收益”行“未分配利润”列分别减少 30 万元、26 万元和 26 万元；三个年度利润表“管理费用”项目分别增加 30 万元、26 万元和 26 万元；现金流量表不受影响。纵观 2013、2014 和 2015 年度，为激励职工支付对价 82 万元，这是根据股票期权授予日每股期权的公允价值 5 元和最终具有行权资格的人数 164 为基础计算出来的。

2017 年度，资产负债表的“货币资金”项目增加 49.2 万元，“股本”项目增加 16.4 万元，“资本公积”项目增加 32.8 万(114.8—82)元；所有者权益变动表中，“股东投入或减少资本”行，“股本”列增加了 16.4 万元，“资本公积”列增加了 32.8 万元；利润表不受影响；现金流量表中，筹资活动产生的现金流量中“接受投资”行增加了 49.2 万元。

纵观 2013 年到 2017 年，公司为了在 2013 到 2015 年度激励职工，付出对价 82 万元，于是在 2017 年职工行权时以仅每股 3 元的价格购买了公司价值每股 8 元的股票 16.4 万股，职工获利总额 82 万元。

参照表 9—2，编制会计分录如下。

(1)2013 年 1 月 1 日，授予日不做账务处理。

(2)2013 年 12 月 31 日，

借：管理费用　　　　　　　　　　300 000

　贷：资本公积——其他资本公积　　　　300 000

(3)2014 年 12 月 31 日：

借：管理费用　　　　　　　　　　260 000

　贷：资本公积——其他资本公积　　　　260 000

(4)2015 年 12 月 31 日：

借：管理费用　　　　　　　　　　260 000

　贷：资本公积——其他资本公积　　　　260 000

(5)2016 年 12 月 31 日，不予处理。

(6)2017 年 6 月 30 日，164 名职工全部行权，职工以每股 3 元的价格购买公司的股票，164 000 股将已经确认的 82 万元其他资本公积转入股本溢价。

借：银行存款　　492 000
　资本公积——其他资本公积　　820 000
　贷：股本　　164 000
　　资本公积——资本溢价　　1 148 000

(三)以现金结算的股份支付

【例 9—8】承例 9—4、9—5，

用会计等式模板描述见表 9—3。

账务处理如下：

(1)2013 年 12 月 31 日：

借：管理费用　　360 000
　贷：应付职工薪酬——股份支付　　360 000

(2)2014 年 12 月 31 日：

借：管理费用　　424 000
　贷：应付职工薪酬——股份支付　　424 000

(3)2015 年 12 月 31 日：

借：管理费用　　528 000
　贷：应付职工薪酬——股份支付　　528 000

(4)2016 年 12 月 31 日：

借：公允价值变动损益　　65 600
　贷：应付职工薪酬——股份支付　　65 600

(5)2017 年 1 月 2 日：

借：应付职工薪酬——股份支付　　1 377 600
　贷：银行存款　　1 377 600

表 9—3

单位：万元

资产负债表要素	资产	=	负　债	+	所有者权益
资产负债表项目	货币资金	=	应付职工薪酬	+	未分配利润
资产负债表科目	银行存款	=	应付职工薪酬	+	利润分配
资产负债表二级科目		=	股份支付	+	未分配利润
2013 年底确认人工成本		=	+360 000	+	−360 000(管理费用)
2014 年底确认人工成本		=	+424 000	+	−424 000(管理费用)
2015 年底确认人工成本		=	+528 000	+	−528 000(管理费用)
2016 年底调整金额		=	+65 600	+	−65 600(公允价值变动损益)
2017 年初向职工支付现金	−1 377 600	=	−1 377 600	+	

表9—3显示，2013年、2014年、2015年资产负债表的“应付职工薪酬”项目分别增加360 000元、424 000元和528 000元，至等待期结束时，余额达到1 312 000元；“未分配利润”项目在三年里分别等额减少；三个年度所有者权益变动表的“综合收益”行“未分配利润”列分别等额减少；三个年度利润表“管理费用”项目分别等额增加；现金流量表不受影响。

2016年度资产负债表中，“应付职工薪酬”又增加了65 600元，余额达到1 377 600元，“未分配利润”项目减少了65 600元。2017年度资产负债表中，“货币资金”项目减少了1 377 600元，“应付职工薪酬”项目减少了1 377 600元。

纵观2013年到2017年，为激励职工支付对价1 312 000元，但是实际支付现金1 377 600元，两者差额65 600元为行权期开始后现金股票增值权的增值。

（四）回购股份进行职工期权激励

企业以回购股份形式奖励本企业职工的，属于权益结算的股份支付。企业回购股份时，回购股份的全部支出计入库存股的成本，同时进行备查登记。企业应当在等待期内每个资产负债日按照权益工具在授予日的公允价值，确认人工成本，同时增加资本公积（其他资本公积）。在职工行权购买本企业股份时，企业应冲销库存股成本和等待期内累积的资本公积（其他资本公积），若有差额调整资本公积（股本溢价）。

【例9—9】承例9—7，假设公司为了满足职工行权的需要，于2013年初从资本市场回购本公司股票200 000股，每股回购成本7元。

会计等式模板描述见表9—4。

表9—4

单位：万元

资产负债表要素	资产	=	负债	+	所有者权益		
资产负债表项目	货币资金	=		+	资本公积		
资产负债表科目	银行存款	=		+	资本公积		库存股
资产负债表二级科目		=		+	股本溢价	其他资本公积	
之前重要项目的余额	* * *	=		+		82	－140
2017年6月30日行权	＋49.2	=		+	＋16.4	－82	＋114.8

“之前重要项目的余额”行，“其他资本公积”82万元代表股份支付的总额，“库存股”140万元代表库存股的成本。2017年资产负债表中，“货币资金”项目增加49.2万元，“资本公积”项目增加32.8万元（114.8—82）；所有者权益变动表中，“股东投入和减少的资本”行“资本公积”列增加32.8万元；利润表不受影响；现金流量表中筹资活动产生的现金流量的“接受投资”行增加49.2万元。

2017年6月30日，职工行权时，公司将库存股以每股3元的价格出售给职工。

借：银行存款　　492 000
　　资本公积——其他资本公积　　820 000
　贷：库存股　　1 148 000（7×164 000）
　　　资本公积——股本溢价　　164 000

四、股份支付的披露

企业应当在报表附注中披露与股份支付有关的下列信息：

- 当期授予、行权和失效的各项权益工具总额；
- 期末发行在外的股份期权或其他权益工具行权价格的范围和合同剩余期限；
- 当期行权的股份期权或其他权益工具以其行权日价格计算的加权平均价格；
- 权益工具公允价值的确定方法。

某国有控股股份有限公司在 2017 年报中对股份支付的披露如下：

(1)根据 2013 年 5 月 31 日召开的股东大会决议通过的《关于＊＊＊股份有限公司 A 股限制性股票激励计划修订草案》的议案，本公司向 686 名激励对象实施限制性股票激励。于 2013 年 6 月 6 日至 2013 年 6 月 25 日，本公司用自有资金从二级市场完成股权激励计划股票回购共 146,780,000 份股票(以下称“首批限制性股票”)，并于 2013 年 6 月 28 日(以下称“授予日”)完成对激励对象的授予，授予价格为人民币 3.58 元/股，激励对象的认购价格为授予价格的 50%，即人民币 1.79 元/股，有效期为 4 年，包括禁售期 2 年和解锁期 2 年。若达到该计划规定的限制性股票的解锁条件，激励对象在 2015 年 6 月 28 日(“第一批次”)，2016 年 6 月 28 日(“第二批次”)及 2017 年 6 月 28 日(“第三批次”)依次可申请解锁股票上限为该期计划获授股票数量的 33.33%、33.33%与 33.33%。

根据 2016 年 12 月 19 日召开的 2016 年第一次临时股东大会的授权，本公司于 2016 年 12 月 29 日召开第一届董事会第一百零四次会议审议通过的《＊＊＊股份有限公司第二期 A 股限制性股票激励计划授予议案》(以下称“第二期激励计划方案”)，本公司向 1,575 名激励对象(以下称“第二期激励对象”)实施限制性股票激励。于 2016 年 12 月 23 日至 2016 年 12 月 27 日，本公司用自有资金从二级市场完成股权激励计划股票回购共 260,130,000 份股票(“第二期限制性股票”)，并于 2016 年 12 月 29 日(“第二期授予日”)完成对第二期激励对象的授予，授予价格为人民币 9.08 元/股，第二期激励对象的认购价格为人民币 4.866 元/股，有效期为 4 年，包括禁售期 2 年和解锁期 2 年。若达到该计划规定的限制性股票的解锁条件，第二期激励对象在 2018 年 12 月 29 日(“第二期第一批次”)，2019 年 12 月 29 日(“第二期第二批次”)及 2 020 年 12 月 29 日(“第二期第三批次”)依次可申请解锁股票上限为该期计划获授股票数量的 33.33%、33.33%与 33.33%。

(2)报告期内限制性股票变动情况表

年初限制性股票份数：	306,263,736 份
本年授予的限制性股票份数：	—
本年解锁的限制性股票份数：	45,017,724 份
本年失效的限制性股票份数	1,116,012 份
年末限制性股票份数：	260,130,000 份

本章小结

股份支付是企业向职工以及提供服务的其他方支付报酬的一种方式，以企业的权益工具计价，以企业的权益工具或者现金结算。职工或者其他方要获得股份支付的利益，通常要满足服务年限条件或者业绩条件。相比企业向职工或者提供服务的其他方支付短期薪酬等方式，股份支付的确认、计量以及账务处理较复杂。

在股份支付的授予日和可行权日之间的时期属于等待期。职工在这段时期里持续提供服务。企业在这段时期的每个资产负债表日,确认当期发生的人工成本和新增的股份支付,金额为股份支付总额在当期的平均额。股份支付总额以单位权益工具价值和预计可行权的权益工具份数计算。如果以权益工具结算,单位权益工具价值为授予日权益工具的公允价值;如果以现金结算,单位权益工具价值为每个资产负债表日权益工具的公允价值。

如果是权益结算的股份支付,在记录人工成本(通常记入"管理费用"科目)时,记入"资本公积——其他资本公积",待职工行权时,再从该科目转入"股本"、"资本公积——资本溢价"等科目。如果是现金结算的股份支付,在记录人工成本(通常记入"管理费用"科目)时,记入"应付职工薪酬——股份支付"科目,待职工行权时,再从该科目转出,同时记入"银行存款"科目。

股份支付列报在资产负债表的"资本公积"、"应付职工薪酬"以及利润表的"管理费用"项目。报表附注中对股份支付的类型,公允价值的确定,等待、行权、失效的股份支付份数予以披露。

一、复习思考题

1. 什么是股份支付,有什么特征?
2. 股份支付有哪些类型?
3. 股份支付有哪些主要的实施环节?
4. 什么是可行权条件?分为哪几类?在确认股份支付时,可行权条件发挥什么作用?
5. 以权益工具结算的股份支付如何计量?以现金结算的股份支付如何计量?
6. 以权益工具结算的股份支付如何进行账务处理?以现金结算的股份支付如何进行账务处理?
7. 股份支付需要在报表中披露哪些内容?

二、练习题

(一)单项选择题

1. 下列事项属于授予日的是 ( )。
   A. 2018年1月6日企业与职工(或其他方)双方就股份支付交易的协议条款和条件进行协商
   B. 2018年2月6日企业与职工(或其他方)双方均接受股份支付交易的协议条款和条件
   C. 2018年3月6日该协议获得股东大会或类似机构批准
   D. 2018年5月31日持有股票期权的职工以特定价格购买一定数量的股票
2. 下列表述正确的是( )。
   A. 等待期是指行权条件得到满足的期间
   B. 行权有效期指可行权日至出售日的期间
   C. 行权限制期为授予日至可行权日的期间
   D. 禁售期为可行权日至出售日的期间

3. 2016年1月1日，A公司向200名管理人员每人授予100份股票期权，这些人员从2016年1月1日起必须在该公司连续服务3年，服务期满时才能以每股5元购买100股A公司股票。公司股票在授予日的公允价值为15元。2016年有20名管理人员离开A公司，A公司估计3年中离开的管理人员比例将达到20%；2017年又有10名管理人员离开公司，A公司估计第三年将不会再有人离开，将离开比例调整为15%，2017年末A公司应确认当期管理费用为（　　）万元。

A. 17　　B. 8　　C. 9　　D. 0

4. 甲上市公司2014年1月1日向其50名高级管理人员每人授予1 000份认购权证，该认购权证将于2018年末期满时行权，该公司期权在授予日的公允价值为4元，2014年和2015年12月31日该期权公允价值均为6元、2016年和2017年12月31日该期权公允价值均为8元，2018年12月31日为10元。假设没有人离职，甲公司因该项股份支付每年计入资本公积——其他资本公积的金额是（　　）元。

A. 40 000　　B. 60 000　　C. 200 000　　D. 300 000

5. 甲公司为上市公司。2015年1月1日，公司向其100名管理人员每人授予100份股票期权，这些人员必须从2015年1月1日起在该公司连续服务3年，服务期满时才能以每股5元购买100股A公司股票，A公司股票面值为每股1元。公司估计该期权在授予日的公允价值为12元。2015年有10名管理人员离开A公司，A公司估计三年中离开的管理人员比例将达到20%；2016年又有5名管理人员离开公司，公司将管理人员离开比例修正为15%；2017年又有4名管理人员离开。2018年12月31日未离开公司的管理人员全部行权。2015年1月1日A公司的会计处理正确的是（　　）。

A. 不作账务处理

B. 应按2015年1月1日的公允价值确认应付职工薪酬，同时计入管理费用

C. 应按2015年1月1日的公允价值确认应付职工薪酬，同时计入公允价值变动损益

D. 应按2015年1月1日的公允价值确认管理费用，同时计入资本公积

（二）多项选择题

1. 下列各项中，属于以现金结算的股份支付的工具有（　　）。

A. 优先股

B. 模拟股票

C. 股票期权

D. 限制性股票

E. 现金股票增值权

2. 对以现金结算的股份支付的价值确定方法，下列说法中正确的有（　　）。

A. 以现金结算的股份支付，应当按照企业承担的以股份或其他权益工具为基础计算确定的负债的公允价值计量

B. 以现金结算的股份支付，在等待期内的每个资产负债表日，根据职工人数变动情况等后续信息修正预计可行权权益工具数量

C. 授予后立即可行权的以现金结算的股份支付，应当在授予日以企业承担负债的

公允价值计入相关成本或费用，相应增加所有者权益

D. 在资产负债表日，后续信息表明企业当期承担债务的公允价值与以前估计不同的，应当进行调整，并在可行权日调整至实际可行权水平

E. 对于现金结算的股份支付，企业在可行权日之后按照权益工具的公允价值计入相关成本或费用，负债公允价值的变动应当计入当期损益

3. 关于股份支付，下列表述中正确的有（　　）。

A. 除授予后立即可行权的股份支付外，无论是以权益结算的股份支付还是以现金结算的股份支付，企业在授予日都不做会计处理

B. 企业以回购股份形式奖励本企业职工的，属于权益结算的股份支付

C. 授予后立即可行权的换取职工服务的以权益结算的股份支付，应当在授予日按照权益工具的公允价值计入相关成本或费用，并增加应付职工薪酬

D. 以权益结算的股份支付，在行权日，企业应根据实际行权的权益工具数量，计算确定应转入实收资本或股本的金额，将其转入实收资本或股本

E. 企业在确定权益工具授予日的公允价值时应考虑市场条件和非市场条件

4. 在等待期内的每个资产负债表日，下列会计处理方法中正确的有（　　）。

A. 对于附有市场条件的股份支付，只要职工满足了其他所有非市场条件，企业就应当确认已取得的服务

B. 对于权益结算的股份支付，应当按照授予日权益工具的公允价值计入成本费用和资本公积（其他资本公积），不确认其后续公允价值变动

C. 在等待期内每个资产负债表日，企业应将取得的职工提供的服务按照权益工具的公允价值计入成本费用

D. 以现金结算股份支付的方式，在等待期内的每个资产负债表日，将取得职工或其他方提供的服务计入成本费用，同时确认资本公积

5. 关于以权益结算的股份支付会计处理可能涉及到的科目有（　　）。

A. 股本

B. 管理费用

C. 资本公积

D. 应付职工薪酬

E. 公允价值变动损益

（三）账务处理题

1. 2014 年 12 月 20 日，经股东大会批准，甲公司向 200 名高管人员每人授予 2 万股普通股（每股面值 1 元）。根据股份支付协议的规定，这些高管人员自 2015 年 1 月 1 日起在公司连续服务满 3 年，即可于 2017 年 12 月 31 日无偿获得授予的普通股。甲公司普通股 2014 年 12 月 20 日的市场价格为每股 12 元，2014 年 12 月 31 日的市场价格为每股 15 元。2015 年 2 月 8 日，甲公司从二级市场以每股 10 元的价格回购本公司普通股 400 万股，拟用于高管人员股权激励。在等待期内，甲公司没有高管人员离开公司。2017 年 12 月 31 日，高管人员全部行权。当日，甲公司普通股市场价格为每股 13.5 元。

要求：用会计等式描述并编制甲公司上述经济业务的会计分录。

2. 乙上市公司 2014 年 1 月 1 日向其 50 名销售人员每人授予 1 000 份现金股票增值权，这些销售人员自 2014 年 1 月 1 日起在公司连续服务满 3 年，即可自 2016 年 12 月 31 日起根据公司股价的增长幅度获得现金，该增值权应在 2018 年 12 月 31 日之前行使完毕。公司估计，该增值权在负债结算之前的每一个资产负债表日以及结算日的公允价值和可行权后的每份增值权现金支出如下表所示：

单位：元

年　份	公允价值	支付现金	对应解释
2014	12		
2015	15		
2016	16	14	职工此时获得增值额，14 元/份
2017	20	17	职工此时获得增值额，17 元/份
2018		23	职工此时获得增值额，23 元/份

2014 年，有 5 名销售人员离开公司，公司估计三年中离开的销售人员比例为 20%；2015 年又有 3 名销售人员离开公司，公司将销售人员离开比例修正为 30%；2016 年又有 2 名销售人员离开。2017 年末，20 名销售人员行使股票增值权取得了现金，2018 年末，剩余销售人员全部行使股票增值权取得了现金。

要求：用会计等式描述并编制乙公司上述经济业务有关的会计分录。

（四）财务报表题

查阅“你的”公司财务报表附注，确定该公司是否存在股份支付；如果存在，该公司采用了哪些股份支付类型；如果是权益结算的股份支付，授予日的公允价值是多少，该公允价值采用什么方法确定；如果采用现金结算的股份支付，报告年度资产负债表日的公允价值是多少，采用什么方法确定；公司在报告当期，授予、行权、失效的股份支付数量各为多少？

第十章

资产负债表日后事项

【学习目标】

通过学习本章，你应该：

1. 了解资产负债表日后事项的含义；
2. 掌握资产负债表日后调整事项的会计处理；
3. 掌握资产负债表日后非调整事项的会计处理.

元旦刚过，某公司财务总监王先生精神焕发地来到办公室。让他神清气爽的不仅是度过了一个愉快舒适的假期，更重要的是财务数据显示公司上一年度圆满实现了董事会制定的利润目标。下午，销售部门传来消息：公司新发展的一个大客户去年12月底购进的货要退回。王总一听，心里"咯噔"一下。按照《企业会计准则第29号——资产负债表日后事项》的规定，报告期实现的销售，若在报告期报表批准对外报送之前退回，要调整报告期报表金额。这意味着，一旦这位大客户退货，上年利润目标就无法实现。于是王总马上联系销售部经理紧急商讨此事。

新的会计年度开始了。会计人员遵照各项具体会计准则的确认和计量要求，对新的一年里发生的交易和事项进行确认、计量，并在分类账中予以记录。此时上一年度财产清查工作已经结束，期末账项调整、资产减值测试以及入账工作已经完成，利润表账户和资产负债表账户已经结清，财务报表各项目的数据已经确定下来。财务报表经过审计人员审计、董事会批准后就可以报告给股东了。

新的会计年度已经开始，但是上一年度的财务报告尚未批准对外报出这一特殊时期，称作"资产负债表日后事项涵盖期间"。这个期间所发生的交易和事项的性质比较复杂。有的属于新的会计年度发生的交易和事项，有的则是上一期或更早期间已经发生的交易和事项的后续结果。

本章对这一特殊时期发生的交易和事项进行分析，按照《企业会计准则第29号——资产负债表日后事项》(以下简称《资产负债表日后事项准则》)的要求，阐述各类交易和事项的会计处理方法。

第一节　资产负债表日后事项相关概念

一、资产负债表日

资产负债表日是企业财务报表所反映的交易和事项的截止日。资产负债表正是反映了截至这一天经营活动结束时企业资产、负债和所有者权益的状态，而利润表、所有者权益变动表、现金流量表则反映了从上一个资产负债表日次日起到这一个资产负债表日止所发生的交易和事项对这三张报表产生的影响。

资产负债表日的另一个意义是，当期利润表账户及各资产、负债、所有者权益账户都已经在这一日结账。资产负债表账户的期末余额已经结转至下期，成为下期的期初余额。

二、财务报告批准报出日

财务报告批准报出日是对财务报告的内容负有法律责任的单位或个人批准财务报告对外公布的日期。财务报告的批准者包括所有者、所有者中的多数、董事会或类似的管理部门。对于设置董事会的公司制企业，财务报告批准报出日是指董事会批准财务报告报出的日期。对于其他企业，财务报告批准报出日一般是指经理（厂长）会议或类似机构批准财务报告报出的日期。

三、资产负债表日后事项

资产负债表日后事项是指自资产负债表日次日起至财务会计报告批准报出日止之间发生的需要调整或者说明的有利或不利的事项。“有利或不利事项”是指资产负债表日后对企业财务状况、经营成果等具有一定影响（既包括有利影响也包括不利影响）的事项。如果某些事项的发生对企业并无任何影响，那么就不属于资产负债表日后事项准则所规定的资产负债表日后事项。

自资产负债表日次日起至财务报告批准报出日这一段时间，又被称作“资产负债表日后事项涵盖期间”，该期间发生的交易和事项有三类。以下分别说明。

（一）资产负债表日后调整事项。

资产负债表日后调整事项是指对资产负债表日已经存在的情况提供了新的或进一步证据的事项。

资产负债表日及所属会计期间已经存在某种情况，但当时并不知道其存在或者不能知道确切结果，如果资产负债表日后至财务报告批准报出日之间发生的事项能够证实该情况的存在或者确切结果，那么该事项就属于资产负债表日后调整事项。之所以把这类事项称作“调整事项”，是因为这类事项在报告期财务报告对外批准报出之前，提供了与资产负债表日及其所属期间不一样的证据：要么说明某种原以为不存在的情况事实上存在，要么明确了某种原先不确切的结果。这就意味着原先在报告期财务报表中列示的数据需要根据新的或进一步的证据进行调整。

资产负债表日后调整事项的特征是：事由在资产负债表日及以前已经存在，资产负债表日后至财务报告批准报出日之间只是得到了新的或进一步的证据。

企业发生的资产负债表日后调整事项，通常包括下列几类：

1. 资产负债表日后诉讼案件结案，法院判决证实了被告企业在资产负债表日已经存在的现时义务，被告企业需要调整原先确认的与该诉讼案件相关的预计负债，或确认一项新负债。

【例 10－1】 甲公司因产品质量问题被消费者起诉。2016 年 12 月 31 日法院尚未判决，考虑到消费者胜诉的可能性较大，甲公司为此确认了 500 万元预计负债。2017 年 2 月 20 日，在甲公司 2016 年度财务报告对外报出之前，法院判决消费者胜诉，要求甲公司支付赔偿款 700 万元。

本例中，甲公司在 2016 年 12 月 31 日根据当时的判断已经确认了 500 万元预计负债。2017 年 2 月 20 日法院的判决结果为甲公司预计负债的存在提供了进一步的证据。此时，按照 2016 年 12 月 31 日存在状况编制的财务报表所提供的信息——500 万元的预计负债——已不能真实反映企业的实际情况，应据此对财务报表相关项目的数字进行调整，调整后的结果是“其他应付款 700 万元”。

2. 资产负债表日后取得确凿证据，表明某项资产在资产负债表日发生了减值或者需要调整该项资产原先确认的减值金额。需要注意的是，新的证据必须证明在资产负债表日某项资产发生减值了，或者减值的金额与资产负债日已经确认的金额不一致。如果只是证明在资产负债表日后发生了减值，不属于资产负债表日后调整事项。

【例 10—2】甲公司在 2017 年 3 月初得到确凿证据，2016 年度报表中反映的一笔应收账款，由于债务人乙公司在 2016 年圣诞节前发生了火灾，很可能有 10 万元无法收回。2016 年底，甲公司对该笔债权已经计提了 1 万元坏账准备。2017 年 3 月初，甲公司 2016 年度的财务报表尚未对外报出。

2016 年 12 月底，甲公司根据当时得到的证据，对乙公司的应收账款计提了 1 万元坏账准备。2017 年初得到的乙公司圣诞节发生火灾造成损失的证据表明，2016 年底对乙公司的债权应该计提 10 万元坏账准备。由于 2016 年度的财务报表尚未对外报出，于是需要修订原 2016 年度财务报表的数据，增加计提坏账准备 9 万元。此例中，如果乙公司的火灾发生在元宵节，火灾带来的损失并不改变 2016 年底甲公司对乙公司还款能力的判断，就不属于资产负债表日后调整事项，而属于当期事项。

3. 资产负债表日后进一步确定了资产负债表日前购入资产的成本或售出资产的收入。如果企业在资产负债表日前出售，在资产负债表日后客户退货，那么就需要调整报告期财务报表的收入金额。

【例 10—3】甲公司 2016 年 12 月销售 A 商品给乙公司。发票总金额为 234 万元，其中金额为 200 万元，税额为 34 万元。这批商品的成本为 160 万元。甲公司将商品发给乙公司以后，确认了营业收入，结转了营业成本。按照合同约定，款项在 2017 年 1 月收回。乙公司收到货物后认为该商品不符合合同要求，2017 年初提出退货。甲公司同意乙公司退货。双方于 2017 年 1 月 15 日办理完退货手续。这时甲公司 2016 年度的财务报表尚未对外报出。

2016 年 12 月，甲公司销售 A 商品给乙公司，并且确认了营业收入，结转了营业成本，于是在 2016 年度的财务报表中反映了这笔销售业务。但是在 2017 年 1 月发生了销售退回。这表明当时基于销售收入已经实现这一判断所进行的会计处理是错误的，由于此时 2016 年度报表尚未对外报出，就要在原 2016 年度财务报表中，冲销掉这笔销售业务带来的影响。

4. 资产负债表日后发现了财务报表舞弊或差错。

【例 10—4】甲公司在 2017 年 1 月初发现 2016 年度一项管理用固定资产多计提折旧 10 万元。此时 2016 年度的财务报表尚未对外报出。

2017年初，甲公司发现2016年度多计提折旧10万元，而此时2016年度财务报表尚未对外报出，于是就在原2016年度报表中，冲减折旧10万元。

(二)资产负债表日后非调整事项。

这是在资产负债表日后至财务报告批准报出日之前新发生的重大交易和事项。对这类交易事项在当期确认、计量、记录，并在当期的财务报告中列示，与报告期财务报表无关。从逻辑上看，在编制报告期财务报表时对这类交易和事项本不该理会。但是由于其性质重大，严重影响了外部信息使用者对企业财务状况和经营成果的预期，所以要及时告知外部人。告知的方式是在报告期财务报表附注中予以披露。

资产负债表日后非调整事项通常包括下列事项：

◇ 资产负债表日后发生重大诉讼、仲裁、承诺。

◇ 资产负债表日后资产价格、税收政策、外汇汇率发生重大变化。

◇ 资产负债表日后因自然灾害导致资产发生重大损失。

◇ 资产负债表日后发行股票和债券以及其他巨额举债。

◇ 资产负债表日后资本公积转增资本。

◇ 资产负债表日后发生巨额亏损。

◇ 资产负债表日后发生企业合并或处置子公司。

◇ 资产负债表日后，企业利润分配方案中拟分配的以及经审议批准宣告发放的股利或利润。

【例10—5】2017年2月27日，甲公司与银行签订了5 000万元的贷款合同用于生产项目的技术改造，贷款期限自2017年3月1日起至2019年12月31日止。此时2016年年度报告尚未对外报出。

本例中，甲公司向银行贷款的事项发生在2017年2月27日，与公司2016年度无关，不影响2016年度财务报表的金额。但是，由于该事项属于重要事项，对公司以后期间财务状况和经营成果将产生重大影响，因此，需要在报告期财务报表附注中披露，以提高会计信息的及时性。

(三)其它在资产负债表日后至财务报告批准报出之间新发生的交易和事项

此类事项包括资产负债表日后发生的工资支出、董事会经费、审计费等。因为这类事项既不属于有利事项，也不属于不利事项，并不会改变外部会计信息的使用者对企业未来财务状况和经营成果的预期，所以既不属于资产负债表日后调整事项，也不属于日后非调整事项。

此类事项发生时在当期加以记录，并在当期的财务报告中予以反映。

在以上三类交易和事项中，第一类"资产负债表日后调整事项"和第二类"资产负债表日后非调整事项"属于企业会计准则规定的"资产负债表日后事项"。

(四)上述三类事项的区别

要判断资产负债表日后发生的某一事项究竟属于上述三类事项中的哪一类，首先要判断该事项表明的情况在资产负债表日及其所属会计期间是否已经存在。若该情况在资产负债表日或之前已经存在，则属于调整事项；如果不存在，那么继续判断该交易或事项是否会对企业产生重大有利影响或者重大不利影响；如果产生重大有利或不利影响，就属于非调整事项，反之，就属于当期一般事项。

第二节　资产负债表日后调整事项的会计处理

一、资产负债表日后调整事项处理的一般原则

从资产负债表日到财务报告批准报出日这段时间，是财务报表的改错期、调整期。如果在这段时间内发生了资产负债表日后调整事项，说明原先记录在会计科目中用以编制报表的数据有问题——要么反映的内容与日后事项涵盖期间得到的新的证据不一致，要么有错误，于是就要加以调整或者予以改正，最终在财务报表中反映调整或改正后的数据。

调整事项的基本处理原则是：视同新的或更进一步的证据在资产负债表日或之前就已经取得一样。

二、资产负债表日后调整事项处理的程序

对调整事项要进行以下两方面的处理：

第一，调整报告期的财务报表。

调整财务报表相关项目的金额，包括(1)报告期资产负债表的期末数或期初数；(2)报告期利润表的当期数或者上期数；(3)报告期所有者权益变动表的当期数或者上期数。

第二，调整当期资产负债表账户。

发生调整事项后不仅需要调整报告期财务报表的数据，还需要调整当期的账簿，以避免报告期有问题的数据，持续影响以后会计期间。

由于报告期各账簿已经结账，所以只能调整当期数据。涉及损益的事项，不是通过一般损益科目来调整，而是通过"以前年度损益调整"科目来调整。调整完毕后，该科目余额转入"利润分配——未分配利润"科目。调整的结果是，好似该调整在报告期就已经完成一样，即调整了当期有关科目以后，这些科目的余额，与假设报告期就调整完毕持续到现在的余额一致。

上述调账和调表是两个彼此独立的过程，不存在先后关系。这与期末编制报表时一定要以分类账数据为基础不同。

三、资产负债表日后调整事项处理举例

以下分别说明各类资产负债表日后事项的处理。

为了简化所得税会计处理带来的一系列问题，本章以两个假设为前提：一是假设企业以利润总额为依据计算应交所得税；二是假设资产负债表日后调整事项发生时，报告期的所得税尚未汇算清缴。于是调整事项带来的损益变化，均影响报告期应交的所得税，不影响递延所得税资产或者递延所得税负债。另外假定所得税率为25%。

(一)资产负债表日后诉讼案件结案，法院判决证实了企业在资产负债表日已经存在现时义务，需要调整原先确认的与该诉讼案件相关的预计负债，或确认一项新负债

【例10－6】续例10－1。

2017年2月，甲司根据法院判决，确认其他应付款700万元，而此前甲公司就此事项确

认预计负债500万元。于是甲公司作为资产负债表日后调整事项来处理。

表10－1用会计等式模板描述了应调整的报告期财务报表项目和当期资产负债表科目。

表10－1

单位：万元

资产负债表要素	资产	＝	负　债			＋	所有者权益	
资产负债表项目	***	＝	预计负债	其他应付款	应交税费	＋	盈余公积	未分配利润
资产负债表科目	***	＝	预计负债	其他应付款	应交税费	＋	盈余公积	利润分配
资产负债表二级科目		＝	未决诉讼		应交所得税	＋	法定盈余分积	未分配利润
调整负债		＝	－500	＋700		＋		－200（营业外支出）
调整所得税		＝			－200×25％	＋		＋200×25％（所得税费用）
调整法定盈余公积		＝				＋	－200×75％×10％	＋200×75％×10％
合计调整数		＝	－500	＋700	－200×25％	＋	－200×75％×10％	－200×75％×90％

第一步：调整报告期2016年度的财务报表。

根据表10－1调整2016年度资产负债表期末数如下：调减“预计负债”项目500万元，调增“其他应付款”项目700万元，调减“应交税费”项目50万元，调减“盈余公积”项目15万元，调减“未分配利润”项目135万元。

根据表10－1调整2016年度利润表当年数如下：调增“营业外支出”200万元，调减“利润总额”200万元，调减“所得税费用”50万元，调减“净利润”150万元。

根据表10－1调整2016年度所有者权益变动表当期数如下：调减“综合收益总额”一行中的“未分配利润”列150万元；“提取盈余公积”一行，调减“盈余公积”列15万元，调增“未分配利润”列15万元；“期末余额”一行，调减“盈余公积”列15万元，调减“未分配利润”列135万元。

调整后，2016年度的资产负债表、所有者权益变动表和利润表之间的勾稽关系仍然保持。

实务中，以上调整在工作底稿中完成。“调整报告期资产负债表的工作底稿”见表10－2。

表10－2　调整报告期资产负债表的工作底稿

单位：万元

资　产	调整前	调整数	调整后	负债和股东权益	调整前	调整数	调整后
流动资产：				流动负债：			
货币资金	5 000		5 000	短期借款	2 500		2 500
交易性金融资产	1 000		1 000	交易性金融负债	300		300

续表

资　产	调整前	调整数	调整后	负债和股东权益	调整前	调整数	调整后
应收票据	500		500	应付票据	500		500
应收账款	7 600		7 600	应付账款	500		500
预付款项	100		100	预收款项	1 000		1 000
应收利息	100		100	应付职工薪酬	600		600
应收股利				应交税费	2 500	−50	2 450
其他应收款	200		200	应付利息			
存货	2 900		2 900	应付股利			
一年内到期的非流动资产	600		600	其他应付款	400	+700	1 100
其他流动资产				一年内到期的非流动负债			
流动资产合计	18 000		18 000	其他流动负债			
非流动资产：				流动负债合计	8 300		8 950
可供出售金融资产	2 000		2 000	非流动负债：			
持有至到期投资	1 000		1 000	长期借款	3 000		3 000
长期应收款	1 500		1 500	应付债券	2 000		2 000
长期股权投资	5 500		5 500	长期应付款	1 000		1 000
投资性房地产				专项应付款			
固定资产	6 000		6 000	预计负债	1 200	−500	700
在建工程	2 000		2 000	递延所得税负债			
工程物资				其他非流动负债			
固定资产清理				非流动负债合计	7 200		6 700
生产性生物资产				负债合计	15 500		15 650
油气资产				股东权益：			
无形资产	8 000		8 000	股本	20 000		20 000
开发支出	1 000		1 000	资本公积	5 000		5 000
商誉				减:库存股			
长期待摊费用				盈余公积	3 000	−15	2 985
递延所得税资产	500		500	未分配利润	2 000	−135	1 865
其他非流动资产				股东权益合计	30 000		29 850
非流动资产合计	27 500		27 500				
资产总计	45 500	0	45 500	负债和股东权益总计	45 500	0	45 500

会计主管：　　　　审核：　　　　制单：

根据表 10—2 的"调整后"数据就可以编制资产负债表。

通过编制"调整报告期利润表的工作底稿"和"调整报告期所有者权益变动表"工作底稿，得到调整后的利润表数据和所有者权益变动表数据。

调整完报告期财务报表后，尽管报告期对外报送的财务报表的数据是恰当的，但是由于报告期期末各资产负债表科目的余额成为当期期初各资产负债表科目余额，如果不调整资产负债表科目余额，就会使得报告期期末不当的资产负债表科目余额，持续影响当期及以后各期的期末余额。

第二步：根据表 10—1 调整 2017 年资产负债表科目余额。

调整当期资产负债表科目余额，要通过编制会计分录并过账来完成。在编制这类会计分录时，涉及到报告期损益的，因为期末都转到了"利润分配——未分配利润"科目，所以理应调整该科目。但是因为一笔日后调整事项通常会涉及多个损益项目，所以应设置一级科目——"以前年度损益调整"来记录被调整的损益，并根据被影响损益的项目，在此科目下设置二级科目。待损益调整事项在"以前年度损益调整"科目归集完毕后，再转入"利润分配——未分配利润"科目。

本例调整资产负债表科目余额的会计分录如下。

(1)调整预计负债，

借：以前年度损益调整——调整营业外支出　　2 000 000

　　预计负债　　5 000 000

　　贷：其他应付款　　7 000 000

(2)调整应交税费，

借：应交税费　　500 000

　　贷：以前年度损益调整——调整所得税　　500 000

(3)归集完损益以后，将以前年度损益调整转入"利润分配——未分配利润"。

借：利润分配——未分配利润　　1 500 000

　　以前年度损益调整——调整所得税　　500 000

　　贷：以前年度损益调整——调整营业外支出　　2 000 000

(4)调整法定盈余公积，

借：盈余公积——法定盈余公积　　150 000

　　贷：利润分配——未分配利润　　150 000

以上会计分录过账以后，所有的调整工作处理完毕。

上述调账和调表是两个彼此独立的过程，不存在先后关系。这与期末编制报表时一定要以分类账数据为基础不同。

(二)资产负债表日后取得确凿证据，表明某项资产在资产负债表日发生了减值或者需要调整该项资产原先确认的减值金额

这一事项是指在资产负债表日，根据当时的资料判断某项资产可能发生了损失或减值，因而按照当时的最佳估计金额反映在财务报表中。但在资产负债表日至财务报告批准报出日之间，所取得的确凿证据证明事实与原先估计有出入，则应对资产负债表日所作的估计予以修正。

【例 10—7】续例 10—2

甲公司在 2017 年初得到确凿证据证明应增加 2016 年的坏账准备 9 万元，由此增加了 2016 年的资产减值损失，进而影响到所得税的缴纳和盈余公积的提取，从而带来利润总额、净利润以及盈余公积等一系列变化。

表 10—3 用会计等式模板描述了甲公司应调整的报告期报表项目和当期资产负债表科目。

表 10—3

单位：万元

资产负债表要素	资产		=	负债	+	所有者权益	
资产负债表项目	应收账款		=	应交税费	+	盈余公积	未分配利润
资产负债表科目	应收账款	坏账准备	=	应交税费	+	盈余公积	利润分配
资产负债表二级科目			=	应交所得税	+	法定盈余公积	未分配利润
调整坏账准备		−9	=		+		−9（资产减值损失）
调整所得税			=	−9×25%	+		+9×25%（所得税费用）
调整法定盈余公积			=		+	−9×75%×10%	+9×75%×10%
合计调整数		−9	=	−9×25%	+	−9×75%×10%	−9×75%×90%

第一步：调整报告期 2016 年度的财务报表。

根据表 10—3 的“合计调整数”行，调整资产负债表期末数如下：调减“应收账款”项目 90 000 元，调减“应交税费”项目 22 500 元，调减“盈余公积”项目 6 750 元，调减“未分配利润”项目 60 750 元。

根据表 10—3 的“未分配利润”列，调整利润表当期数如下：调增“资产减值损失”90 000 元，调减“利润总额”90 000 元，调减“所得税费用”22 500 元，调减“净利润”67 500 元。

根据表 10—3，调整所有者权益变动表当期数如下：“综合收益总额”行的“未分配利润”列调减 67 500 元；“提取盈余公积”行，调减“盈余公积”列 6 750 元，调增“未分配利润”列 6 750 元；“期末余额”行，调减“盈余公积”列 6 750 万元”，调减“未分配利润”列 60 750 元。

调整报表通过编制工作底稿来完成。

调整后，资产负债表、所有者权益变动表和利润表之间的勾稽关系仍然保持。

第二步：调整当期 2017 年度的资产负债表科目余额。

根据表 10—3，编制调整会计分录如下。

(1)调整坏账准备，

借：以前年度损益调整——调整资产减值损失　　90 000

　贷：坏账准备　　90 000

(2)调整应交税费，

借：应交税费——应交所得税　　22 500

　贷：以前年度损益调整——调整所得税费用　　22 500

(3)归集完损益以后，将“以前年度损益调整”转入“利润分配——未分配利润”

借：以前年度损益调整——调整所得税费用　　22 500

　利润分配——未分配利润　　67 500

贷:以前年度损益调整——调整资产减值损失 90 000

(4)调整法定盈余公积,调整未分配利润

借:盈余公积——法定盈余公积 6 750

贷:利润分配——未分配利润 6 750

以上会计分录过账后,所有的调整工作完成。

(三)资产负债表日后进一步确定了资产负债表日前购入资产的成本或出售资产的收入

资产负债表所属期间或以前期间所售商品在资产负债表日后退回的,应作为资产负债表日后调整事项处理。

【例 10—8】续例 10—3。

甲公司 2017 年 1 月 15 日办理完退货手续以后,应调整 2016 年度财务报表和 2017 年度资产负债表科目期初余额。

表 10—4

单位:万元

资产负债表要素	资产		=	负债	+	所有者权益	
资产负债表项目	应收账款	存货	=	应交税费	+	盈余公积	未分配利润
资产负债表科目	应收账款	库存商品	=	应交税费	+	盈余公积	利润分配
资产负债表二级科目	乙公司	A 商品	=		+	法定盈余公积	未分配利润
调整营业收入	−234		=	−34	+		−200(营业收入)
调整营业成本		+160	=		+		+160(营业成本)
调整所得税			=	−40×25%	+		+40×25%(所得税费用)
调整盈余公积			=		+	−40×75%×10%	+40×75%×10%
合计调整数	−234	+160	=	−44	+	−40×75%×10%	−40×75%×90%

第一步:调整报告期 2016 年的财务报表。

根据表 10—4 的“合计调整数”行,调整资产负债表期末余额如下:调减“应收账款”项目 234 万元,调增“存货”项目 160 万元,调减“应交税费”项目 44 万元,调减“盈余公积”项目 3 万元,调减“未分配利润”项目 27 万元。

根据表 10—4 调整利润表当期数如下:调减“营业收入”项目 200 万元,调减“营业成本”项目 160 万元,调减“利润总额”项目 40 万元,调减“所得税费用”项目 10 万元,调减“净利润”项目 30 万元。

根据表 10—4 调整所有者权益变动表当期数如下:“综合收益总额”行的“未分配利润”列调减 30 万元;“提取盈余公积”行,调减“盈余公积”列 3 万元,调增“未分配利润”列 3 万元;“期末余额”行,调减“盈余公积”列 3 万元,调减“未分配利润”列 27 万元。

调整报表的工作通过工作底稿来完成。调整后资产负债表、所有者权益变动表和利润表之间的勾稽关系仍然存在。

第二步:根据表 10—4,调整当期的资产负债表科目余额。

(1)调减应收账款，

借:以前年度损益调整——调整营业收入 2 000 000

应交税费——应交增值税(销项税额) 340 000

贷:应收账款 2 340 000

(2)调增存货，

借:库存商品——A 商品 1 600 000

贷:以前年度损益调整——调整营业成本 1 600 000

(3)调整应交税费,调整未分配利润

借:应交税费——应交所得税 100 000

贷:以前年度损益调整——调整所得税费用 100 000

(4)将“以前年度损益调整”科目的余额转入“利润分配——未分配利润”

借:利润分配——未分配利润 300 000

以前年度损益调整——调整所得税费用 100 000

——调整营业成本 1 600 000

贷:以前年度损益调整——调整营业收入 2 000 000

(5)调整法定盈余公积,调整未分配利润

借:盈余公积——法定盈余公积 30 000

贷:利润分配——未分配利润 30 000

(四)资产负债表日后发现了财务报表舞弊或差错

这一事项是指资产负债表日后发现报告期或以前期间存在的财务报表舞弊或差错。企业发生这一事项后,应当将其作为资产负债表日后调整事项,调整报告期财务报告相关项目和当期资产负债表相关科目。

【例 10—9】续例 10—4

甲公司在 2017 年 1 月应调整尚未报出的 2016 年度财务报表,并调整 2017 年度资产负债表科目余额。

表 10—5 用会计等式描述了应调整的项目和科目。

表 10—5

单位:万元

资产负债表要素	资产		=	负债	+	所有者权益	
资产负债表项目	固定资产		=	应交税费	+	盈余公积	未分配利润
资产负债表科目	固定资产	累计折旧	=	应交税费	+	盈余公积	利润分配
资产负债表二级科目			=	应交所得税	+	法定盈余公积	未分配利润
调整折旧		+10	=		+		+10(管理费用)
调整所得税			=	+10×25%	+		−10×25%(所得税费用)
调整盈余公积			=		+	+10×75%×10%	−10×75%×10%
合计调整数		+10	=	+10×25%	+	+10×75%×10%	+10×75%×90%

第一步:调整 2016 年度财务报表项目

根据表 10—5,调整 2016 年资产负债表期末数如下:调增“固定资产”项目 100 000 元,调增“应交税费”项目 25 000 元,调增“盈余公积”项目 7 500 元,调增“未分配利润”项目 67 500 元。

根据表 10—5,调整 2016 年利润表当期数如下:调减“管理费用”项目 100 000 元、调增“利润总额”项目 100 000 元,调增“所得税费用”项目 25 000 元,调增“净利润”项目 75 000 元。

根据表 10—5,调整 2016 年度所有者权益变动表项目如下:“综合收益总额”行的“未分配利润”列调增 75 000 元;“提取盈余公积”行,调增“盈余公积”列 7 500 元,调减“未分配利润”列 7 500 元;“期末余额”行,调增“盈余公积”列 7 500 元,调增“未分配利润”列 67 500 元。

调整报表的工作通过工作底稿来完成。调整后资产负债表、所有者权益变动表和利润表之间的勾稽关系仍然存在。

第二步:根据表 10—5 调整 2017 年度资产负债表科目余额。

(1)调整折旧

借:累计折旧　　100 000

　贷:以前年度损益调整——调整管理费用　　100 000

(2)调整应交税费,

借:以前年度损益调整——调整所得税费用　　25 000

　贷:应交税费　　25 000

(3)将“以前年度损益调整”科目余额转入“利润分配——未分配利润”科目

借:以前年度损益调整——调整管理费用　　100 000

　贷:以前年度损益调整——调整所得税费用　　25 000

　　利润分配——未分配利润　　75 000

(4)调整法定盈余公积,调整未分配利润

借:利润分配——未分配利润　　7 500

　贷:盈余公积——法定盈余公积　　7 500

以上会计分录过账以后,调表、调账工作处理完毕。

第三节　资产负债表日后非调整事项的会计处理

资产负债表日后非调整事项是指在资产负债表日后至财务报告批准报出日之前发生的重大交易和事项,与资产负债表日状况无关。发生以后,对报告期财务报表不构成影响。

资产负债表日后非调整事项,需要在报告期财务报告的附注中披露。按照企业会计准则的要求,需要披露每项重要的资产负债表日后非调整事项的性质、内容,及其对财务状况和经营成果的影响。无法做出估计的,应当说明原因。

以下是大唐发电在 2015 年度报告的报表附注中披露的资产负债表日后非调整事项。

(1)利润分配情况

于 2016 年 3 月 29 日,本公司第八届董事会召开第三十三次会议,批准 2015 年度利润分配预案，分配现金股利人民币 2,262,706 千元。

(2)其他重要的资产负债表日后非调整事项

本公司于 2016 年 2 月 25 日完成了“大唐国际发电股份有限公司 2016 年度第一期超短期融资券”的发行。本期超短期融资券的发行额为 30 亿元人民币，期限为 180 天，单位面值为 100 元人民币，发行利率为 2.63%。本期超短期融资券由中国银行股份有限公司作为主承销商及簿记管理人，上海浦东发展银行股份有限公司作为联席主承销商。本期超短期融资券募集资金将用于公司偿还借款，优化融资结构，降低财务成本。本公司于 2016 年 3 月 15 日完成了“大唐国际发电股份有限公司 2016 年度第二期超短期融资券”的发行。本期超短期融资券的发行额为 30 亿元人民币，期限为 178 天，单位面值为 100 元人民币，发行利率为 2.42%。本期超短期融资券由中信银行股份有限公司作为主承销商及簿记管理人，中国光大银行股份有限公司作为联席主承销商。本期超短期融资券募集资金将用于公司偿还借款，优化融资结构，降低财务费用。2014 年 7 月 7 日，本公司与中国国新控股有限责任公司签署了重组框架协议，拟就本公司煤化工板块及相关项目进行重组。2016 年 3 月 29 日，本公司与中国国新控股有限责任公司签署了重组框架协议之终止协议。经双方协商，不再就重组框架协议约定事项继续履行。经与中国大唐协商，公司煤化工板块及相关项目重组事项将由中国大唐主导继续推进。

如果上市公司在财务报告批准报出日之后发生重大交易和事项，一方面要按照当期交易和事项处理，最终反映在当期的财务报表中，另一方面要按照证券监督管理委员会信息披露的要求，以文字说明方式及时予以公开披露。

本章小结

本章介绍了资产负债表日至财务报告批准报出日之间发生的交易和事项。这些交易和事项有的影响了报告期的报表，属于资产负债表日后调整事项；有的虽然不影响报告期的报表，但是对当期产生重大影响，对财务报表使用者进行决策意义重大，属于资产负债表日后非调整事项；有的是当期发生的非重大事项，按照通常会计处理程序处理即可。这三类交易和事项，前两类被《企业会计准则第 29 号——资产负债表日后事项》所规范。

本章重点讲述了资产负债表日后调整事项的会计处理。其会计处理的基本原则是：视同资产负债表日后事项所反映的事件在资产负债表日及之前就已经发生。一方面对已经生成的报告期财务报表相关项目进行调整，另一方面调整当期资产负债表相关科目的余额。

资产负债表日后非调整事项在财务报表附注中披露即可。

一、复习思考题

1. 什么是资产负债表日后事项？包括哪几类？
2. 资产负债表调整事项的会计处理原则是什么？如何进行调整？
3. 为什么资产负债表日后调整事项不会影响报告期的现金流量表？
4. 为什么在对资产负债表日后调整事项进行会计处理时，不涉及当期损益科目？

5. 如果发生资产负债表非调整事项，该如何处理？

6. 为什么对当期发生的正常业务，在资产负债表日后事项涵盖期间内不予以特别关注？

7. 如果在资产负债表日后发生了引发企业资产价值减损的事件，属于资产负债表日后调整事项吗？

8. 资产负债表日后调整事项与或有事项有关系吗？

二、练习题

（一）单项选择题

1. 甲公司 2017 年 1 月 10 日向乙公司销售一批商品并确认收入实现，2017 年 2 月 20 日，乙公司因产品质量原因将上述商品退货。甲公司 2016 年财务会计报告批准报出日为 2017 年 4 月 30 日。甲公司对此项退货业务正确的处理方法是（　　）。

A. 作为 2016 年资产负债表日后事项中的调整事项处理

B. 作为 2016 年资产负债表日后事项中的非调整事项处理

C. 冲减 2017 年 1 月份相关收入、成本和税金等相关项目

D. 冲减 2017 年 2 月份相关收入、成本和税金等相关项目

2. 2017 年 3 月 10 日，甲公司发现 2016 年一项重大会计差错，在 2016 年度财务会计报告批准报出前，甲公司应（　　）。

A. 不需调整，只将其作为 2017 年 3 月份的业务进行处理

B. 调整 2016 年会计报表期初数和上年数

C. 调整 2017 年会计报表期初数和上年数

D. 调整 2016 年会计报表期末数和本年数

3. 甲公司 2016 年 2 月 2 日应收 B 企业账款 500 万元，双方约定在当年的 12 月 2 日偿还，但 12 月 20 日 B 企业宣告破产无法偿付欠款，则在甲公司当年 12 月 31 日的资产负债表上，对这笔 500 万元款项（　　）。

A. 应作为非调整事项处理

B. 应作为调整事项处理

C. 不需要反映

D. 作为 2016 年发生的业务反映

4. 下列属于资产负债表日后事项中“调整事项”的是（　　）。

A. 资产负债表日后发生的销货并退回的事项

B. 在资产负债表日后事项期间，外汇汇率发生较大变动

C. 已确定将要支付赔偿额大于该赔偿在资产负债表日的估计金额

D. 发行债券

5. “以前年度损益调整”科目用来记录（　　）。

A. 本年度发现的以前年度非重大差错涉及损益调整的事项

B. 资产负债表日后事项中的非调整事项涉及损益调整的事项

C. 本年度发现的以前年度重大差错涉及损益调整的事项

D. 本年度发现的以前年度重大差错涉及利润分配调整的事项

6. 下列哪个项目，在“以前年度损益调整”科目的借方反映(　　)。

A. 调整以前年度损益而需调增的管理费用

B. 调整以前年度损益而相应减少的所得税费用

C. 调整以前年度损益而相应增加的主营业务收入

D. 调增本期管理费用

7. 下列各项资产负债表日后事项中，属于资产负债表日后调整事项的是(　　)。

A. 日后税收政策发生重大变化

B. 外汇汇率或税收政策发生重大变化

C. 日后发生巨额亏损

D. 了结资产负债表日已发生的诉讼事项

8. 某上市公司 2016 年度财务会计报告批准报出日为 2017 年 4 月 10 日。公司在 2017 年 1 月 1 日～4 月 10 日发生的下列事项中，属于资产负债表日后调整事项的是(　)。

A. 公司在一起历时半年的诉讼中败诉，支付赔偿金 50 万元，公司在上年末已确认预计负债 30 万元

B. 因遭受水灾上年购入的存货发生毁损 100 万元

C. 公司董事会提出 2016 年度利润分配方案为每 10 股送 3 股股票股利

D. 公司支付 2016 年度财务会计报告审计费 40 万元

9. 某企业 2016 年度的财务会计报告于 2017 年 4 月 10 日批准报出，2017 年 1 月 10 日，因产品质量原因，客户将 2016 年 12 月 10 日购入的一批大额商品退回。下列说法中正确的是(　　)。

A. 冲减 2017 年度会计报表主营业务收入等相关项目

B. 冲减 2016 年度会计报表主营业务收入等相关项目

C. 不做会计处理

D. 在 2017 年度财务会计报告报出时，冲减利润表中主营业务收入项目的上年数等相关项目

10. 资产负债表日至财务会计报告批准报出日之间发生的调整事项在进行调整处理时，下列不能调整的项目是(　　)。

A. 现金收支项目

B. 涉及利润分配的事项

C. 涉及应交税费的事项

D. 涉及损益调整的事项

二、多项选择题

1. 下列于年度资产负债表日至财务会计报告批准报出日之间发生的事项中，属于资产负债表日后事项的有(　　)。

A. 支付生产工人工资

B. 固定资产和投资发生严重减值。

C. 股票和债券的发行

D. 火灾造成重大损失

E. 外汇汇率发生重大变化

2. 下列资产负债表日后事项中，属于调整事项的有（　　）。

A. 在资产负债表日或以前提起的诉讼，以不同于资产负债表中登记的金额结案

B. 新的证据表明，在资产负债表日对在一段时间内履约的单项履约义务的履约进度的估计存在重大错误。

C. 对外巨额举债

D. 资产负债表日后出现的情况引起的固定资产或投资上的减值

E. 发生重大诉讼

三、计算及账务处理题

1. 甲公司为一般纳税企业，适用的增值税税率17%，适用的所得税税率25%，甲公司按净利润的10%提取法定盈余公积，甲公司2016年度的财务会计报告于2017年4月30日批准报出。自2017年1月1日至4月30日会计报表批准报出日前发生如下事项：

(1)1月30日接到通知，某一债务企业乙公司宣告破产，其所欠应收账款100万元确定只能收回60%。甲公司在2016年12月31日以前已被告知该债务企业资不抵债，面临破产，并已经计提坏账准备10万元。

(2)3月4日收到丙公司一批100万元退货的产品以及退回的增值税发票联、抵扣联，该产品系甲公司2016年12月销售给丙公司的产品，成本80万元，丙公司验收货物时发现不符合合同要求需要退货，甲公司收到丙公司的通知后希望再与丙公司协商，因此甲公司编制2016年12月31日资产负债表时，仍确认了收入，将此应收账款117万元(含增值税)列入资产负债应收账款科目，对此项未到期应收账款年末没有计提坏账准备。

(3)3月20日，甲公司发现在2016年12月31日计算A库存产品的可变现净值时发生差错，该库存产品的成本为1 500万元，预计可变现净值应为1 200万元。

2016年12月31日，甲公司误将A库存产品的可变现净值预计为1 000万元。

(4)甲公司与丁公司签订供销合同，合同规定甲公司在2016年11月供应给丁公司一批货物，由于甲公司未能按照合同发货，致使丁公司发生重大经济损失。丁公司通过法律要求甲公司赔偿经济损失100万元，该诉讼案在12月31日尚未判决，甲公司已确认预计负债40万元。2017年3月25日，经法院一审判决，甲公司需要赔偿丁公司经济损失60万元，甲公司不再上诉，并且赔偿款已经支付。

要求：

(1)指出上述事项中哪些属于资产负债表日后调整事项，哪些属于非调整事项，注明序号即可；

(2)对资产负债表日后调整事项，用会计等式描述受影响的报表项目和科目。

(3)指出需要调整的报告期报表项目及金额。

(4)编制调整当期资产负债表科目余额的会计分录。

三、财务报表题

“你的”公司报表中披露了哪些资产负债表日后非调整事项？

第十一章

会计政策、会计估计变更和差错更正

【学习目标】

通过学习本章，你应该：

1. 理解什么是会计政策，什么是会计政策变更；
2. 掌握会计政策变更的追溯调整法；
3. 掌握会计政策变更的未来适用法；
4. 理解什么是会计估计，什么是会计估计变更；
5. 掌握会计估计变更的未来适用法；
6. 理解什么是会计差错，掌握前期差错的更正方法。

小王从名牌大学会计专业毕业以后，就职于一家民营企业。该公司老板正在筹划将公司在创业板上市，要求公司内部业务流程和会计处理规范化。小王仔细研究了公司过去多年的财务报告和账簿记录，发现两年前公司漏提了一项重要的固定资产一年的折旧，金额巨大。小王在学校的时候就学习过，前期重要会计差错的更正程序是比较复杂的。为了确保会计处理正确，他又仔细研读了相关会计准则，与大学同学和会计部门的其他人员讨论之后才着手更正了这笔差错。小王研读的准则就是《企业会计准则第 28 号——会计政策、会计估计变更和差错更正》

第一节　会计政策与会计政策变更

一、会计政策概述

（一）会计政策的定义

《企业会计准则第 28 号——会计政策、会计估计变更和差错更正》（以下简称《会计政策、会计估计变更和差错更正准则》）规定，会计政策，是指企业在会计确认、计量和报告中所采用的原则、基础和会计处理方法。

确认、计量、记录和报告是企业编制财务报告的逻辑过程。其中确认、计量和报告由企业会计准则制定统一标准,企业遵照执行。

企业基本会计准则规定了资产、负债、收入和费用这四大报表要素确认的基本标准,各项具体会计准则规定了这些报表要素各具体项目的确认标准。比如基本会计准则规定了资产的确认标准为:资产所代表的经济利益能够流入;资产的成本能够可靠计量。《企业会计准则第 1 号——存货》作为具体会计准则明确了存货的定义,于是当确认一项资产为存货而非其他类别的资产时,就不仅要满足资产的定义,还要满足存货的定义。

企业基本会计准则规定了五种计量属性,包括历史成本、重置成本、可变现净值、现值和公允价值。各类具体会计准则明确了各个报表项目初始以及后续采用的计量属性。比如投资性房地产准则规定投资性房地产在初始计量时采用历史成本,在后续计量时采用成本模式或者公允价值模式。

企业基本会计准则和《企业会计准则第 30 号——财务报表列报》、《企业会计准则第 33 号——合并财务报表》两项具体会计准则规定了对外报送的基本原则、要求、报表种类、项目名称、项目内容等。

(二)会计政策的特点

第一,会计政策具有选择性。企业的会计政策是在会计准则允许的会计原则、计量基础和会计处理方法中做出具体选择。由于经济业务的复杂性和多样化,某些经济业务在符合会计原则和计量基础的要求下,可以有多种会计处理方法。例如,确定发出存货的实际成本时就有先进先出法、加权平均法、移动加权平均法和个别计价法。企业根据自己的具体情况从中选择合适的会计处理方法。

第二,会计政策具有强制性。在我国,基本会计准则和会计制度属于行政法规。会计政策所包括的具体会计原则、计量基础和具体会计处理方法由基本会计准则或会计制度规定,具有一定的强制性。企业必须在具体会计准则允许的范围内选择适合本企业实际情况的会计政策,即企业在发生某项经济业务时,必须从允许的会计原则、计量基础和会计处理方法中选择出适合本企业特点的会计政策,不能超越会计准则规定的范围,否则就属于会计差错。

第三,会计政策具有层次性。会计政策包括会计原则、计量基础和会计处理方法三个层次。其中,会计原则是指导企业会计处理的具体原则。例如,《企业会计准则第 13 号——或有事项》规定预计负债的确认条件是"该义务是企业承担的现实义务、履行该义务很可能导致经济利益流出企业、该义务的金额能够可靠地计量",这就是预计负债的具体确认原则。计量基础是将会计原则体现在会计核算上而采用的基础。例如,《企业会计准则第 3 号——投资性房地产》中涉及的公允价值就是计量基础。会计处理方法是按照会计原则和计量基础的要求,企业在会计处理中采用或者选择的、适合于本企业的具体会计处理方法。例如,某企业按照《企业会计准则第 1 号——存货》的规定,对发出存货采用了先进先出法。会计原则、计量基础和会计处理方法三者之间是一个具有逻辑性的、密不可分的整体。通过这个整体,会计政策得以应用和落实。

（三）与损益相关的会计政策

企业会计政策遍布各项具体会计准则。其中与损益相关的会计策主要包括以下方面：

（1）发出存货成本的计量，是指企业确定发出存货的成本时，采用先进先出法还是采用其他计量方法。

（2）长期股权投资的后续计量，是指企业取得长期股权投资后，对被投资单位的长期股权投资的计量采用成本法还是权益法。

（3）投资性房地产的后续计量，是指企业在资产负债表日对投资性房地产进行后续计量时，采用成本模式还是公允价值模式。

（4）固定资产的初始计量，是指对取得的固定资产进行计量时，以购买价款为基础，还是以购买价款的现值为基础。

（5）研发费是否资本化，是指企业因研发项目发生的支出究竟是资本化，计入长期资产的成本，还是费用化，计入当期损益。

（6）面向客户的收入的确认，是指面向客户销售商品提供劳务，在满足什么条件时确认收入。2017 年修订的收入准则规定，当企业与客户之间的合同如果同时满足下列条件时，企业应当在客户取得相关商品控制权时确认收入：①合同各方已批准该合同并承诺将履行各自义务；②该合同明确了合同各方与所转让商品或提供劳务相关的权利和义务；③该合同有明确的与所转让商品相关的支付条款；④该合同具有商业实质，即履行该合同将改变企业未来现金流量的风险、时间分布或金额；⑤企业因向客户转让商品而有权取得的对价很可能收回。

（7）政府补助的确认，是指企业得到政府补助时，是按照总额法确认因政府补助获得的收益，还是按照净额法冲减相关资产的成本或者费用。

（8）非货币性资产交换的计量，是指非货币性资产交换事项中对换入资产的计量，是以换出资产的公允价值为基础，还是以换出资产的账面价值为基础。

（9）借款费用的确认，是指发生的借款费用究竟资本化还是费用化。

（10）其他

二、会计政策更变

按照会计信息可比性要求，企业采用的会计政策，在每一会计期间和前后各期应当保持一致，不得随意变更。根据《会计政策、会计估计变更和差错更正准则》，满足下列条件之一的，可以变更会计政策：

第一，法律、行政法规或者国家统一的会计制度等要求变更。这种情况是指，按照法律、行政法规以及国家统一的会计制度的规定，要求企业采用新的会计政策，则企业应当按照法律、行政法规以及国家统一的会计制度的规定改变原会计政策，按照新的会计政策执行。比如，2017 年 7 月发布的收入准则，对 2006 年发布的收入和建造合同准则进行了统一修订。从 2018 年起，上市公司以及非上市公司就要分阶段遵照新的收入准则来处理面向客户的合同所产生的收入。

第二，会计政策变更能够提供更可靠、更相关的会计信息。由于经济环境、客观情况的改变，企业原采用的会计政策所提供的会计信息，已不能恰当地反映企业的财务状况、经营成果和现金流量等情况。在这种情况下，应改变原有会计政策，按变更后新的会计政策进行会计处理，以便对外提供更可靠、更相关的会计信息。例如，企业一直采用成本模式对投资性房地产进行后续计量，如果企业能够从房地产交易市场上持续地取得同类或类似房地产的市场价格及其他相关信息，从而能够对投资性房地产的公允价值作出合理的估计，此时，企业可以将投资性房地产的后续计量方法由成本模式变更为公允价值模式。

下列两种情况不属于会计政策变更：

第一，本期发生的交易或者事项与以前相比具有本质差别而采用新的会计政策。这是因为，会计政策是针对特定类型的交易或事项，如果发生的交易或事项与其他交易或事项有本质区别，那么，企业实际上是为新的交易或事项选择适当的会计政策，并没有改变原有的会计政策。例如，企业以往取得的股权作为长期股权投资采用成本法或者权益法进行核算，而企业当期取得的股票用于在证券市场上获取利得，那么新取得的股权期末以公允价值计量且公允价值变动计入当期损益，不属于会计政策变更。因为后一种资产属于交易性金融资产，不属于长期股权投资。

第二，对初次发生的或不重要的交易或者事项采用新的会计政策。对初次发生的某类交易或事项采用适当的会计政策，并未改变原有的会计政策。例如，在现行建造合同准则的规定下，企业以前没有建造合同业务，当年签订一项建造合同为另一企业建造三栋厂房，对该项建造合同采用完工百分比法确认收入，不是会计政策变更。而对不重要的交易或事项采用新的会计政策，不按会计政策变更处理，并不影响会计信息的可比性，所以也不作为会计政策变更。例如，企业原在生产经营过程中使用少量的低值易耗品，并且价值较低，故企业在领用低值易耗品时一次计入费用；该企业于近期投产新产品，所需低值易耗品比较多且价值较大，企业对领用的低值易耗品处理方法改为五五摊销法。该企业低值易耗品在企业生产经营中所占的费用比例并不大，改变低值易耗品处理方法后，对损益的影响也不大，属于不重要的事项，会计政策在这种情况下的改变不属于会计政策变更。

三、会计政策变更的处理方法

根据会计政策变更的原因和企业的具体情况，会计政策变更有两种可供选择的处理方法：追溯调整法和未来适用法

（一）追溯调整法

追溯调整法，是指对某项交易或事项变更会计政策，视同该项交易或事项初次发生时即采用变更后的会计政策，并以此对财务报表相关项目进行调整的方法。

1. 追溯调整法的工作目标

追溯调整法的工作目标有两个。

第一，调整会计政策变更日的资产负债表科目余额。调整的目的是保证从变更会计政策之日起，相关资产负债表科目的余额以变更后会计政策应有数为起点，从而保证后续资产负债表日相关科目的余额持续地以变更后会计政策应有余额反映。

第二，调整变更会计政策后对外报送的报表相关项目金额。

调整变更后会计政策对外报送的报表，既包括变更当期的报表，也包括变更日尚未对外报出的上期报表。调整的目的是将从以前期间对外报送的报表复制过来的原会计政策下的金额，调整为变更会计政策后的金额。

2. 追溯调整法的步骤

实施追溯调整法，要完成以下四个步骤。

第一步：计算会计政策变更的累积影响数。

第二步：调整会计政策变更日的资产负债表科目余额

第三步：调整会计政策变更后对外报送的财务报表相关期间相关项目金额

第四步：在报表附注中披露会计政策变更。

以下举例说明。

本章假设税法认定的应纳税所得额的标准与会计准则认定利润总额的标准一致，即凡影响损益的事项必然影响应纳税所得额，而且纳税义务的变化影响“应交税费”。

本章假设所得税率为25%，按照10%提取法定盈余公积。

【例11—1】甲企业2013年取得某投资性房地产，取得成本为1 000万元，采用成本模式进行后续计量，折旧年限为50年，预计净残值为0，采用直线法从2013年开始计提折旧。

2016年1月15日变更会计政策，将后续计量从成本模式改为公允价值模式。而此时2015年度报表尚未对外报出。2013年底、2014年底、2015年底该项投资性序地产的公允价值分别为1 010万、1 050万和980万。

甲企业于2016年1月15日变更会计政策，会计人员对此要完成两个任务，一是按照变更后的会计政策调整当日的资产负债表科目余额，使得后续各资产负债表科目余额以变更后的会计政策为起点；二是对即将报出的2015年度的财务报表进行调整。这两项工作需要通过以下四个步骤完成。

第一步：计算会计政策变更产生的累积差异。

对“会计政策变更产生的累计差异”，要从以下几个方面理解。

一是要计算会计政策变更产生的累积差异，必须明确在原会计政策下财务报表项目和会计科目如何受到影响，在新会计政策下这些报表项目和会计科目又如何受到影响，进而找到两者的差异。

二是根据复式记账原则，对某类交易或者事项变更会计政策，必然影响某个资产或者负债项目的金额，同时必然影响所有者权益中留存收益或者其他综合收益的金额。

三是会计政策变更产生的累积影响具有时点性质。不同时点会计政策变更产生的累积影响金额不同。为了满足调整资产负债表科目和财务报表项目的需要，我们应明确在以下这些时点会计政策变更所产生的累积影响：(1)报告期前期期初；(2)报告期前期期末；(3)报告期当期期末；(4)会计政策变更日。

表11—1用会计等式描述了例11—1用成本模式计量该投资性房地产的结果。

表 11—1　投资性房地产采用成本模式

单位:万元

资产负债表要素	资　产			=	负债	+	所有者权益
资产负债表项目	货币资金	投资性房地产		=		+	未分配利润
资产负债表科目	银行存款	投资性房地产	投资性房地产累计折旧或摊销	=		+	利润分配
资产负债表二级科目				=		+	未分配利润
2013 年初购入	−1 000	+1 000		=		+	
2013 年末计提折旧			−20	=		+	−20(营业成本)
2013 年末余额	−1 000	1 000	−20	=		+	−20
2014 年末计提折旧			−20	=		+	−20(营业成本)
2014 年末余额	−1 000	1 000	−40	=		+	−40
2015 年末计提折旧			−20	=		+	−20(营业成本)
2015 年末余额	−1 000	1 000	−60	=		+	−60
2016 年 1 月 15 日余额	−1 000	1 000	−60	=		+	−60

表 11—2 用会计等式描述了例 11—1 用公允价值模式计量该投资性房地产的结果。

表 11—2　投资性房地产采用公允价值模式

单位:万元

资产负债表要素	资　产			=	负债	+	所有者权益
资产负债表项目	货币资金	投资性房地产		=		+	未分配利润
资产负债表科目	银行存款	投资性房地产		=		+	利润分配
资产负债表二级科目		成本	公允价值变动	=		+	未分配利润
2013 年初购入	−1 000	+1 000		=		+	
2013 年末调整			+10	=		+	+10(公允价值变动损益)
2013 年末余额	−1 000	1 000	10	=		+	10
2014 年末调整			+40	=		+	+40(公允价值变动损益)
2014 年末余额	−1 000	1 000	50	=		+	50
2015 年末调整			−70	=		+	−70(公允价值变动损益)
2015 年末余额	−1 000	1 000	−20	=		+	−20
2016 年 1 月 15 日余额	−1 000	1 000	−20	=		+	−20

表 11—3 在表 11—1 和表 11—2 的基础上用会计等式模板描述了例 11—1 两种模式处理的差异。

表 11—3　投资性房地产采用两种模式的差异

单位：万元

资产负债表要素	资　　产			=	负债	+	所有者权益		
资产负债表项目	投资性房地产			=		+	未分配利润		
资产负债表科目	成本模式	公允价值模式	差异	=		+	成本模式	公允价值模式	差异
	投资性属地产累计折旧与摊销	投资性房地产							
		公允价值变动					利润分配	利润分配	
2013 年度差异	−20	+10	30	=		+	−20(营业成本)	+10(公允价值变动损益)	30
2013 年末累积差异	−20	10	30	=		+	−20	10	30
2014 年度新增差异	−20	+40	60	=		+	−20(营业成本)	+40(公允价值变动损益)	60
2014 年末累积差异	−40	50	90	=		+	−40	50	90
2015 年度新增差异	−20	−70	−50	=		+	−20(营业成本)	−70(公允价值变动损益)	−50
2015 年末累积差异	−60	−20	40	=		+	−60	−20	40
2016 年 1 月 15 日累积差异	−60	−20	40	=		+	−60	−20	40

会计政策变更影响损益，于是影响应交税费和利润分配。表 11—4 在表 11—3 的基础上，用会计等式模板描述了会计政策变更对投资性房地产、应交税费、盈余公积和未分配利润产生的累积差异。

表 11—4　会计政策变更的累积差异

单位：万元

资产负债表要素	资　　产		=	负债	+	所有者权益	
资产负债表项目	投资性房地产		=	应交税费	+	盈余公积	未分配利润
资产负债表科目	投资性房地产累计折旧与摊销	投资性房地产	=	应交税费	+	盈余公积	利润分配
资产负债表二级科目		公允价值变动	=		+		未分配利润
2013 年度的差异	−20	+10	=	30×25%	+	30×75%×10%	30×75%×90%
2013 年末累积差异	−20	10	=	30×25%	+	30×75%×10%	30×75%×90%
2014 年度新增差异	−20	+40	=	60×25%	+	60×75%×10%	60×75%×90%
2014 年末累积差异	−40	50	=	90×25%	+	90×75%×10%	90×75%×90%
2015 年度新增差异	−20	−70	=	−50×25%	+	−50×75%×10%	−50×75%×90%
2015 年末累积差异	−60	−20	=	40×25%	+	40×75%×10%	40×75%×90%
2016 年 1 月 15 日累积差异	−60	−20	=	40×25%	+	40×75%×10%	40×75%×90%

第二步:调整 2016 年 1 月 15 日资产负债表科目余额

对会计科目的调整,通过编制会计分录并过账来完成。参照表 11－4 的“2016 年 1 月 15 日累积差异”行,编制调整分录如下:

借:投资性房地产累计折旧与摊销　　　　60
　贷:投资性房地产——公允价值变动　　　　20
　　应交税费——应交所得税　　　　　　40×25%
　　盈余公积——法定盈余公积　　　　　40×75%×10%
　　利润分配——未分配利润　　　　　　40×75%×90%

调整以后相关资产负债表科目的余额,与 2013 年对投资性房地产采用公允价值模式进行后续计量,持续到 2016 年 1 月 15 日的余额一样。

第三步:调整 2015 年度财务报表

2015 年度的四张主要财务报表,除了现金流量表以外,其余的三张主要报表都要调整。

(1)调整 2015 年度资产负债表

2015 年资产负债表的期初数,来自于 2014 年末资产负债表的期末数,这是成本模式下的金额,需要调整。参照表 11－4 的“2014 年末余额”行,调整的项目有:“投资性房地产”调增 90 万元,“应交税费”调增 90×25%万元,“盈余公积”调增 90×75%×10%万元,“未分配利润”调增 90×75%×90%万元。

2015 年资产负债表的期末数,来自于 2015 年末各资产负债表科目的余额,这也是成本模式下的金额,需要调整。参照表 11－4 的“2015 年末余额”行,调整的项目有:“投资性房地产”项目调增 40 万元,“应交税费”项目调增 40×25%万元,“盈余公积”项目调增 40×75%×10%万元,“未分配利润”项目调增 40×75%×90%万元。

调整报表数据是通过工作底稿来完成的。调整 2015 年资产负债表的示意图见表11－5。

表 11－5　调整 2015 年资产负债表示意图

单位:万元

资产			=	负　债			+	所有者权益		
项目	期初余额	期末年末	=	项目	期初余额	期末余额	+	项目	期初余额	期末余额
投资性房地产	调增 90	调增 40	=	应缴税费	调增 90×25%	调增 40×25%	+	盈余公积	调增 90×75%×10%	调增 40×75%×10%
								未分配利润	调增 90×75%×90%	调增 40×75%×90%

外部人看到的是调整后的数据,所以如果对比 2015 年资产负债表的期初数和 2014 年资产负债表的期末数,会发现同一个时点本该一致的金额不一致了。

(2)调整 2015 年度利润表

2015 年度利润表的“上期发生额”列,数据来自于 2014 年度利润表的“本期发生额”列,这是成本模式下的数,需要调整。参照表 11－3“2014 年度的差异”行,调减“营业成本”项目 20 万元,调增“公允价值变动损益”项目 40 万元,调增“营业利润”项目 60 万元,调增“利润总额”项目 60 万元，调增“净利润”项目 60×75%万元。

2015 年度利润表的“本期发生额”列，数据来自于 2015 年度各利润表科目当期发生额，这是成本模式下的数，需要调整。参照表 11－3“2015 年度的差异”行，调减“营业成本”20 项目万元，调减“公允价值变动损益”项目 70 万元，调减“营业利润”项目 50 万元，调减“利润总额”项目 50 万元，调减“净利润”项目 50×75%万元。

表 11－6　调整 2015 年度利润表示意图

单位：万元

项　　目	上年发生数	本年发生数
减：营业成本	调减 20	调减 20
加：公允价值变动损益	调增 40	调减 70
营业利润	调增 60	调减 50
利润总额	调增 60	调减 50
减：所得税费用	调增 60×25%	调减 50×25%
净利润	调增 60×75%	调减 50×75%

外部人看到的是调整后的数据，如果对比 2015 年利润表的上年发生额和 2014 年利润表的本期发生额，会发现同一期间本该一致的金额不一致了。

(3)调整 2015 年度所有者权益变动表

由于外部人拿到的资产负债表和利润表，与上一个报告期的报表时间相重合的部分金额不一致，为了帮助外部人把前后报告期的报表数据进行对比，要在报表附注中分别说明会计政策变更对资产负债表和利润表的哪些项目做了怎样的调整。

《会计政策、会计估计变更和差错更正准则》在所有者权益变动表的“本年年初余额”行之前增加了三行，分别是“上年年末余额”、“会计政策变更”和“前期差错更正”。“上年年末余额”行填写的是上年报表的“本年年末余额”数，是变更会计政策前的数。“会计政策变更”行填写这个时点会计政策变更对留存收益的累积影响。于是“本年年初余额”行填写的就是变更会计政策后的本年年初余额。这样做的目的，是帮助外部人将以前期间报送的旧政策下的数据与现在报送的新政策下的数据连接起来，保证会计信息的可比性。《会计政策、会计估计变更和差错更正准则》中提到的“会计政策变更累积影响数”，也特指会计政策变更对留存收益造成的累积影响数。

所有者权益变动表的结构是四张报表中最复杂的：首先，既列报期初期末的余额，还列报当期的发生额；其次属于二维结构，既要关注行，也要关注列。比如“净利润”列报在“综合收益总额”行的“未分配利润”列；提取盈余公积列报在“提取盈余公积”行的“盈余公积”列和“未分配利润”列。所以会计政策变更后调整所有者权益变动表，要比调整其他报表复杂。

①调整 2015 年度所有者权益变动表的“上年金额”

“上年金额”的所有数据均来自于 2014 年度所有者权益变动表的“本年金额”，这是成本模式下的数。

首先“上年年末余额”(这是 2013 年末同时也是 2014 年初的数)仍然填列 2014 年“本年金额”的“本年年初余额”的数。这是成本模式下的数。

在“会计政策变更”行填列截止到 2014 年初会计政策变更对留存收益产生的累积影响。

根据表 11—4 的“2013 年末累积差异”行，“盈余公积”列填写 30×75%×10%（之所以“填写”而非“调增”或“调减”，是因为这一行原本是空的），“未分配利润”列填写 30×75%×90%。

在“本年年初余额”行，在原来成本模式的基础上，“盈余公积”列调增 30×75%×10%，“未分配利润”列调增 30×75%×90%。

在“综合收益总额”行、“未分配利润”列在原来数据基础上调增 60×75%（见表 11—4“2014 年度新增差异”行）。

在“提取盈余公积”行、“盈余公积”列调增 60×75%×10%，“未分配利润”列调减 60×75%×10%。

在“本年年末余额”行，“盈余公积”列调增 90×75%×10%，“未分配利润”列调增 90×75%×90%（见表 11—4 的“2014 年末累积差异”行）。

调整所有者权益变动上年金额的示意图见表 11—7。

表 11—7 所有者权益变动表

2015 年度 单位：万元

上年金额

项目	股本	资本公积	其他综合收益	盈余公积	未分配利润	所有者权益合计
一、上年年末余额						
会计政策变更				填写“30×75%×10%”	填写“30×75%×90%”	
前期差错更正						
二、本年年初余额				调增 30×75%×10%	调增 30×75%×90%	
三、本年度增减变动额						
（一）综合收益总额					调增 60×75%	
（二）所有者投入资本或减少资本						
（三）利润分配						
1. 提取盈余公积				调增 60×75%×10%	调减 60×75%×10%	
2. 对股东的分配						
（四）所有者权益内部结转						
1. 资本公积转增股本						
2. 盈余公积转增股本						
3. 分配股票股利						
4. 盈余公积补亏						
四、本年年末余额				调增 90×75%×10%	调增 90×75%×90%	

②调整 2015 年度所有者权益变动表的“本年金额”

“本年金额”的所有数据均来自于2015年度所有者权益科目的期初余额、本期发生额和期末余额，这些数据是成本模式下的，所以需要调整。

首先“上年年末余额”仍然拷贝2014年所有者权益变动表“本年金额”的“本年年末余额”的数。这是成本模式下的数。

在“会计政策变更”行填写截止到2015年初会计政策变更对留存收益产生的累积影响，“盈余公积”列填90×75%×10%，“未分配利润”列填90×75%×90%(见表11－4的“2014年末累积差异”行)。

在“本年年初余额”行，在原来成本模式的金额基础上，“盈余公积”列调增90×75%×10%，“未分配利润”列调增90×75%×90%。

“综合收益总额”行、“未分配利润”列在原来数据基础上调减50×75%(见表11－4“2015年度新增差异”行)。

“提取盈余公积”行、“盈余公积”列调减50×75%×10%，“未分配利润”列调增50×75%×10%。

在“本年年末余额”行，“盈余公积”列调增40×75%×10%，“未分配利润”列调增40×75%×90%(见表11－4的“2015年末累积差异”行)。

调整本年金额的示意图见表11－8

表11－8 所有者权益变动表

2015年度　　单位：万元

本年金额

项　目						
一、上年年末余额						
会计政策变更				填写 90×75%×10%	填写 90×75%×90%	
前期差错更正						
二、本年年初余额				调增90×75%×10%	调增90×75%×90%	
三、本年度增减变动额						
(一)综合收益总额					调减50×75%	
(二)所有者投入资本或减少资本						
(三)利润分配						
1. 提取盈余公积				调减50×75%×10%	调增50×75%×10%	
2. 对股东的分配						
(四)所有者权益内部结转						
1. 资本公积转增股本						
2. 盈余公积转增股本						
3. 分配股票股利						
4. 盈余公积补亏						
四、本年年末余额				调增40×75%×10%	调增40×75%×90%	

第四步：在 2015 年度财务报表附注中披露会计政策变更情况

在 2015 年度财务报表附注中披露变更会计政策的原因，变更会计政策对报告期损益产生的影响。

【例 11－2】甲公司和乙公司是两个独立的主体，不存在任何股权关系和其他管理与被管理关系。乙公司持有 P 公司的股权。2013 年 1 月 1 日，甲公司向乙公司支付 9 000 万元取得 P 公司 80％的股权，能对 P 公司实施控制，P 公司成为甲公司的子公司。2013 年 1 月 1 日，P 公司资产、负债的账面价值和公允价值如表 11－9 所示。

表 11－9　P 公司资产负债的账面价值和公允价值

单位：万元

项　目	账面价值	公允价值	项　目	账面价值	公允价值
资产：			负债：		
货币资金	450	450	短期借款	2 250	2 250
			应付账款	300	300
应收账款	2 000	2 000	其他负债	300	300
			负债合计	2 850	2 850
存货	4 250	4 250	所有者权益：		
			实收资本	2 500	2 500
固定资产	5 500	5 500	资本公积	6 845	6 845
			盈余公积	500	500
无形资产	1 500	1 500	未分配利润	1 005	1 005
			所有者权益合计	10 850	10 850
资产总计	13 700	13 700	负债和所有者权益合计	13 700	13 700

从 2013 年度开始，P 公司每年实现的净利润和派发的现金股利如表 11－10。

表 11－10

单位：万元

年　度	实现的净利润	派发的现金股利（每年 4、5 月份宣告派发，之后约一周实际派发）
2013	2 000	180
2014	2 100	200
2015	2 500	250
2016	2 800	280

2017 年 1 月份，甲公司出于战略需要出售了 P 公司一部分股份，剩余股权占 P 公司有表决权股份的 30％，能对 P 公司施加重大影响，P 公司成为甲公司的联营企业。此时，甲公司 2016 年度的财务报表尚未批准报出。

《企业会计准则第 2 号——长期股权投资》规定，投资方因处置部分权益性投资等原因丧失了对被投资单位的控制权的，在编制个别财务报表时，处置后的剩余股权能够对被投资单位实施共同控制或施加重大影响的，应当改按权益法核算，并对该剩余股权视同自取得时即采用权益法核算进行调整。

长期股权投资准则之所以如此规定，是因为投资企业从当初取得被投资企业具有控制权意义的股权开始，就对其并行地采用了两种迥异的会计处理方法：一方面，在母公司个别报表中采用成本法，用历史成本记录了被投资企业的股权以后，除非被投资企业后续宣告派发现金股利，否则账面上不做任何处理；另一方面采用高级权益法——编制合并报表来反映被投资企业的财务状况、经营成果和现金流量。投资企业处置了被投资企业的部分股权以后如果不再实施控制，那么被投资企业的股权就不再以合并报表的形式反映。如果投资企业因持有被投资企业剩余股权而仍然能实施共同控制或者施加重大影响，那么对剩余股权就应该采用权益法核算。由于母公司个别报表此前对该股权采用成本法核算，所以在变更为权益法之后，只有进行追溯调整，好像母公司个别报表从取得控制权意义的股权时就采用权益法一样，才能在会计政策变更后对外报送的财务报表中使当期数与列报前期数具有可比性。

第一步：计算会计政策变更对长期股权投资和留存收益产生的累积影响。

2013 年 1 月 1 日股权取得当日，甲公司按照成本法核算取得的 P 公司股权，P 公司股权的入账价值为付出对价的公允价值 9 000 万元。所以 2017 年 1 月份持有的剩于的 30%P 公司股权在 2013 年 1 月 1 日按照成本法的账面价值为 3 375(9 000×3/8)万元。

表 11－11 为 p 公司 30%的股权在成本法下从 2013 年 1 月 1 日股权取得日到 2017 年初变更会计政策时用会计等式描述的会计处理。

表 11－11　长期股权投资采用成本法

单位：万元

资产负债表要素	资　　产			=	负债	+	所有者权益
资产负债表项目	货币资金	应收股利	长期股权投资	=		+	未分配利润
资产负债表科目	银行存款	应收股利	长期股权投资	=		+	利润分配
资产负债表二级科目				=		+	未分配利润
2013 年取得投资时	－3 375		＋3 375	=		+	
2013 年 4、5 月份被投资企业宣告派发现金股利		＋54		=		+	＋54(投资收益)
之后取得现金股利	＋54	－54		=		+	
2013 年末余额	－3 375＋54	0	3 375	=		+	54
2014 年 4、5 月份被投资企业宣告派发现金股利		＋60		=		+	＋60(投资收益)
之后取得现金股利	＋60	－60		=		+	
2014 年末余额	－3 375＋114	0	3 375	=		+	114
2015 年 4、5 月份被投资企业宣告派发现金股利		＋75		=		+	＋75(投资收益)
之后取得现金股利	＋75	－75		=		+	
2015 年末余额	－3 375＋189	0	3 375	=		+	189
2016 年 4、5 月份被投资企业宣告派发现金股利		＋84		=		+	＋84(投资收益)
之后取得现金股利	＋84	－84		=		+	
2016 年末余额	－3 375＋273	0	3 375	=		+	273
2017 年初变更会计政策时余额	－3 375＋273	0	3 375	=		+	273

2013 年 1 月 1 日股权取得当日，P 公司可辨认净资产的公允价值为表 11－9 中列示的

10 850 万元，甲公司取得 P 公司 80%的股份，付出的对价为 9 000 万元。处置 P 公司部分股权后剩余的 30%股权追溯到 2013 年 1 月 1 日，如果按照权益法核算，甲公司持有的 P 公司股权的入账价值为 3 375(9 000×3/8)万元。同日 P 公司可辨认净资产的公允价值属于甲公司的份额为 3 255 万元，不用调整初始投资成本。

表 11－12 为剩余 30%股权在权益法下的处理。

表 11－12　长期股权投资采用权益法

单位：万元

资产负债表要素	资　产				＝	负债	＋	所有者权益
资产负债表项目	货币资金	应收股利	长期股权投资		＝		＋	未分配利润
资产负债表科目	银行存款	应收股利	长期股权投资		＝		＋	利润分配
资产负债表二级科目			成本	损益调整	＝		＋	未分配利润
2013 年取得投资时	－3 375		＋3 375		＝		＋	
2013 年 4、5 月份被投资企业宣告派发现金股利		＋54	－54		＝		＋	
之后取得现金股利	＋54	－54			＝		＋	
2013 年末获悉被投资企业盈利				＋600	＝		＋	＋600（投资收益）
2013 年末余额	－3 375＋54	0	＋3 375－54	600	＝		＋	600
2014 年 4、5 月份被投资企业宣告派发现金股利		＋60		－60	＝		＋	
之后取得现金股利	＋60	－60			＝		＋	
2014 年末获悉被投资企业盈利				＋630	＝		＋	＋630（投资收益）
2014 年末余额	－3 375＋114	0	＋3 375－54	1 170	＝		＋	1 230
2015 年 4、5 月份被投资企业宣告派发现金股利		＋75		－75	＝		＋	
之后取得现金股利	＋75	－75			＝		＋	
2015 年末获悉被投资企业盈利				＋750	＝		＋	＋750（投资收益）
2015 年末余额	－3 375＋189	0	＋3 375－54	1 845	＝		＋	1 980
2016 年 4、5 月份被投资企业宣告派发现金股利		＋84		－84	＝		＋	
之后取得现金股利	＋84	－84			＝		＋	
2016 年末获悉被投资企业盈利				＋840	＝		＋	＋840（投资收益）
2016 年末余额	－3 375＋273	0	＋3 375－54	2 601	＝		＋	2 820
2017 年初变更会计政策时余额	－3 375＋273	0	＋3 375－54	2 601	＝		＋	2 820

表 11—13 比对了成本法和权益法的差异。

表 11—13 长期股权投资成本法和权益法的差异

单位：万元

资产负债表要素	资产 =				负债	＋所有者权益		
资产负债表项目	长期股权投资					未分配利润		
资产负债表科目	长期股权投资					利润分配		
资产负债表二级科目	旧（成本法）	新（权益法）		差异		成本法	权益法	差异
		成本	损益调整					
2013 年购入股权	3 375	3 375		0				0
2013 年 4、5 月份被投资企业宣告派发现金股利	0	−54		−54		+54	0	−54
2013 年末获悉被投资企业盈利	0		+600	+600		0	+600	+600
2013 年末余额	3 375	3 375−54	600	+546		54	600	+546
2014 年 4、5 月份被投资企业宣告派发现金股利	0		−60	−60		+60	0	−60
2014 年末获悉被投资企业盈利			+630	+630	0		+630	+630
2014 年末余额	3 375	3 375−54	1 170	1 116		114	1 230	1 116
2015 年 4、5 月份被投资企业宣告派发现金股利	0		−75	−75		+75	0	−75
2015 年末获悉被投资企业盈利	0		+750	+750		0	+750	+750
2015 年末余额	3 375	3 375−54	1 845	1 791		189	1 980	1 791
2016 年 4、5 月份被投资企业宣告派发现金股利	0		−84	−84		+84	0	−84
2016 年末获悉被投资企业盈利	0		+840	+840		0	+840	+840
2016 年末余额	3 375	3 375−54	2 601	2 547		273	2 820	2 547
2017 年初变更会计政策时余额	3 375	3 375−54	2 601	2 547		273	2 820	2 547

表 11—14 在表 11—12、11—13 的基础上计算了各个时点和期间会计政策变更的影响。

表 11－14　会计政策变更的累积差异

单位：万元

资产负债表要素	资　产			=	负债	+	所有者权益	
资产负债表项目	长期股权投资			=	应交税费	+	盈余公积	未分配利润
资产负债表科目	长期股权投资	长期股权投资		=	应交税费	+	盈余公积	利润分配
资产负债表二级科目	成本法	权益法		=	应交所得税	+	法定盈余公积	未分配利润
	成本	成本	损益调整					
2013 年度的差异		－54	＋600	=	＋546×25％	+	＋546×75％×10％	＋546×75％×90％
2013 年末累积差异		－54	＋600	=	546×25％	+	546×75％×10％	546×75％×90％
2014 年度新增的差异			＋570	=	＋570×25％	+	＋570×75％×10％	＋570×75％×90％
2014 年末累积差异		－54	＋1 170	=	1 116×25％	+	1 116×75％×10％	1 116×75％×90％
2015 年度新增差异			＋675	=	＋675×25％	+	＋675×75％×10％	＋675×75％×90％
2015 年末累积差异		－54	1 845	=	1 791×25％	+	1 791×75％×10％	1 791×75％×90％
2016 年度新增差异			＋756	=	756×25％	+	756×75％×10％	756×75％×90％
2016 年末累积差异		－54	2 601	=	2 547×25％	+	2 547×75％×10％	2 547×75％×90％
2017 年初变更会计政策时累积差异		－54	2 601	=	2 547×25％	+	2 547×75％×10％	2 547×75％×90％

第二步：调整 2017 年初会计政策变更日资产负债表科目余额。

参照表 11－14，调整 2017 年年初“长期股权投资”科目余额。

编制调整会计分录如下：

借：长期股权投资——损益调整　　2 601
　贷：长期股权投资——成本　　54
　　应交税费——应交所得税　　2 547×25％
　　盈余公积　　2 547×75％×10％
　　利润分配——未分配利润　　2 547×75％×90％

第三步：调整报告期 2016 年度的财务报表

(1)参照表 11－14，调整 2016 年资产负债表。

根据表 11－14 的“2015 年末累积差异”行，在 2016 年资产负债表的期初余额中，“长期股权投资”项目调增 1 791 万元，“应交税费”项目调增 1 791×25％万元，“盈余公积”项目调增 1 791×75％×10％万元，“未分配利润”项目调增 1 791×75％×90％万元。

根据表 11－14 的“2016 年末累积差异”行在 2016 年资产负债表的期末余额中，“长期股权投资”项目调增 2 547 万元，“应交税费”项目调增 2 547×25％万元，“盈余公积”项目调增 2 547×75％×10％万元，“未分配利润”项目调增 2 547×75％×90％万元。

(2)参照表 11－13 和表 11－14,调整 2016 年利润表

调整 2016 年度利润表本年数,调高“投资收益”项目 756(840－84)万元,调高“营业利润”项目 756×25%万元,调高“利润总额”项目 756×25%万元,调高“所得税费用”项目 756×25%万元,调高“净利润”项目 756×75%万元。

调整 2016 年度利润表上年数,调高“投资收益”项目 675(750－75)万元,调高“营业利润”项目 675×25%万元,调高“利润总额”项目 675×25%万元,调高“所得税费用”项目 675×25%万元,调高“净利润”项目 675×75%万元。

(3)参照表 11－14,调整 2016 年度所有者权益变动表

①调整 2016 年度所有者权益变动表的“上年金额”。

在编制 2016 年度所有者权益变动表的“上年金额”时,数据来自 2015 年所有者权益变动表“本年金额”,而这是成本法下的数。至 2014 年末止,权益法相比成本法,留存收益的累积差额为 1 116×75%(见表 11－14“2014 年末累积差异”行)。调整 2016 年度所有者权益变动表的“上年金额”时,“上年年末余额”行保持不变;在“会计政策变更”行,“盈余公积”列填写 1 116×75%×10%,“未分配利润”列填写 1 116×75%×90%。在“本年年初余额”行,在原先数据基础上,“盈余公积”列调增 1 116×75%×10%,“未分配利润”列调增 1 116×75%×90%。

“综合收益总额”行、“未分配利润”列在原来数据基础上调增 675×75%(见表 11－14“2015 年度新增差异”行)。

“提取盈余公积”行、“盈余公积”列在原来数据基础上调增 675×75%×10%,“未分配利润”列在原来数据基础上调减 675×75%×10%。

在“本年年末余额”行,“盈余公积”列在原来数据基础上调增 1 791×75%×10%,“未分配利润”列在原来数据基础上调增 1 791×75%×90%。

②调整 2016 年度所有者权益变动表的“本年金额”。

所有者权益变动表的“本年金额”,数据是成本法下的数。调整时,“上年年末余额”行保持不变;在“会计政策变更”行,“盈余公积”列填 1 791%×75%×10%,“未分配利润”列填 1 791×75%×90%(见表 11－14“2015 年末累计差异”行)。在“本年年初余额”行,“盈余公积”列调增 1 791%×75%10%,“未分配利润”列调增 1 791%×75%×90%。

“综合收益总额”行、“未分配利润”列在原来数据基础上调增 756×75%(见表 11－14“2016 年度新增差异”行)。

“提取盈余公积”行、“盈余公积”列调增 756×75%×10%,“未分配利润”列调减 756×75%×10%。

在“本年年末余额”行,“盈余公积”列调增 2 547×75%×10%,“未分配利润”列调增 2 547×75%×90%。

第四步:在财务报表附注中披露。

在 2016 年度财务报表附注中披露变更会计政策的原因,变更会计政策对报告期损益产生的影响。

(二)未来适用法

未来适用法,是指将变更后的会计政策应用于变更日及以后发生的交易或者事项,或者

在会计估计变更当期和未来期间确认会计估计变更影响数的方法。

沿用例 11－1，企业在 2016 年初变更投资性房地产的会计政策，从成本模式变更为公允价值模式，假设采用未来适用法。那么 2016 年初成本模式的期初余额为 940 万元，2016 年末投资性房地产公允价值假设为 1 010 万，那么与 940 万元的差额 70 万元，就为 2016 年度的公允价值变动损益。

与追溯调整法相比较，采用未来适用法，2016 年度实现的公允价值变动损益不仅包含了当年度真正的公允价值变动数 30(1 010－980)万元，而且包含了会计政策变更累积影响数 40(980－940)万元。

会计政策变更未来适用法，处理方法简单，但是会计信息前后期的可比性差。

(三)会计政策变更处理方法的选择依据

变更会计政策以后，由于追溯调整法能够保证报告期报表在比较期内会计信息计算口径的前后一致，并且在所有者权益变动中列报了会计政策变更对留存收益产生的累积差异，能够帮助投资者将会计政策变更前后的报表数据对比分析，所以经过这种方法处理的会计信息质量比较高，也是会计准则规定的基准处理方法。

但是，下列情况例外。

第一，根据法律、行政法规或者国家统一的会计制度等要求变更会计政策的，应当按照国家相关会计规定执行。比如财政部 2014 年 2 月发布了修订后的《企业会计准则第 9 号——职工薪酬》，并规定，“对于本准则施行日存在的离职后福利计划、辞退福利、其他长期职工福利，除本准则三十一条规定外，应当按照《企业会计准则第 28 号——会计政策、会计估计变更和差错更正》的规定采用追溯调整法处理。”

第二，如果在当期期初确定会计政策变更对以前各期累积影响数不切实可行的，应当采用未来适用法处理。即如果无法确定以前各期的累积影响数，导致追溯调整不可行的，采用未来适用法。

比如某企业处置了部分对某子公司的长期股权投资，使得对该被投资企业不再具有控制权，只能对其施加重大影响，从而对剩余的长期股权投资从成本法改为权益法。由于发生了不可抗力，对该子公司的会计核算资料缺失，对剩余的长期股权投资按照从投资日起追溯采用权益法不切实可行，就只能采用未来适用法。

但是如果仅仅列报前期的累积影响数无法确定，而列报当期的累积影响数可以确定，那么就采用不完全追溯调整法，从可追溯调整的最早期间期初开始应用变更后的会计政策来计算会计政策变更累积影响数。比如，如果某企业生产某种商品已经多年，现在将该商品发出的计价方法从加权平均法变更为先进先出法。由于企业办公场所几次搬迁，资料不幸丢失，仅仅能获得最近一年该商品的明细数据，那么就从最近一年起计算会计政策变更产生的累积差异。

第二节　会计估计与会计估计变更

一、会计估计

会计估计，是指企业对结果不确定的交易或者事项以最近可利用的信息为基础所作的判断。

重要的会计估计包括以下方面：

(1)存货可变现净值的确定。

(2)采用公允价值模式下的投资性房地产公允价值的确定。

(3)固定资产的预计使用寿命、预计净残值和折旧方法的确定。

(4)使用寿命有限的无形资产的预计使用寿命、预计净残值和摊销方法的确定。

(5)长期资产现值的确定。

(6)合同完工进度的确定。

(7)债务人债务重组中转让的非现金资产的公允价值、由债务转成的股份的公允价值和修改其他债务条件后债务的公允价值的确定。

债权人债务重组中受让的非现金资产的公允价值、由债权转成的股份的公允价值和修改其他债务条件后债权的公允价值的确定。

(8)预计负债初始计量的最佳估计数的确定。

(9)其他。

会计估计具有如下特点：

第一，会计信息的及时性和谨慎性使得会计估计不可避免。

任何企业都在持续不断地经营，企业的外部人等不到企业清算，就要了解企业的财务状况、经营成果和现金流量。为了满足外部信息使用者对信息的及时性要求，必须人为假定在某个时点企业的经营告一段落，这就是会计分期假设。于是就不得不对企业持续进行的经营活动在某个特定时点的状况做一个估计。比如一台能用若干年的设备，到了年底究竟消耗了多少；一批正在加工的服装，到了期末只有部分完工，完工服装和未完工服装的成本各自为多少；一个正在实施的为期若干年的建造合同，到了期末究竟能带来多少合同收入；等等。会计估计是保证会计信息及时性所不得不开展的工作。

会计信息的谨慎性也使得会计估计不可避免。遵循会计信息谨慎原则，在发生不确定的交易和事项时，不得高估资产和低估负债，不得高估收入和低估费用。在资产负债表日，如果根据某种迹象表明某项资产未来带来的经济利益金额低于其历史成本，那么就要把资产的价值调低到与未来的经济利益等值的金额；如果根据某种迹象表明企业可能会流出经济利益，那么就要确认一项负债，即预计负债。可是资产未来带来的经济利益究竟是多少？预计负债将来又会流出多少经济利益？这些数据只能估计。

第二，会计估计只影响金额，不影响确认标准和计量属性

会计估计不同于会计政策。会计政策关乎财务报表项目的确认标准、资产负债采用的计量属性等财务报告的重大方面，而会计估计只解决结果不确定的交易和事项其金额的估计问题。

第三，进行会计估计，往往以最近可利用的信息或资料为基础。比如确定存货的可变现净值，要以存货的市场状况为依据，具体包括价格持续下跌，产品更新换代而原有库存原材料已不适应新产品的需要，消费者偏好发生改变等等。再比如确定固定资产折旧年限，要以当前资产的使用状况和所生产的产品的市场情况为依据。

二、会计估计变更

会计估计变更，是指由于资产和负债的当前状况及预期经济利益和义务发生了变化，从

而对资产或负债的账面价值或者资产的定期消耗金额进行调整。

会计估计依赖于最近可以利用的信息或资料。由于这些信息资料不断发生变化，所以会计估计也要不断变更。企业会计准则赋予了企业变更权。

比如，固定资产准则规定，企业至少应当于每年年度终了，对固定资产的使用寿命、预计净残值和折旧方法进行复核。使用寿命预计数与原先估计数有差异的，应当调整固定资产使用寿命。预计净残值预计数与原先估计数有差异的，应当调整预计净残值。与固定资产有关的经济利益预期实现方式有重大改变的，应当改变固定资产折旧方法。

再比如，或有事项准则规定，企业应当在资产负债表日对预计负债的账面价值进行复核。有确凿证据表明该账面价值不能真实反映当前最佳估计数的，应当按照当前最佳估计数对该账面价值进行调整。

遵照准则的规定，企业至少每年应进行一次会计估计。如果发现与原先估计不相符，就要进行变更，以反映最新情况。

会计估计变更，并不意味着以前期间会计估计是错误的，只是由于情况发生变化，或者掌握了新的信息，积累了更多的经验，使得变更会计估计能够更好地反映企业的财务状况和经营成果。

会计估计变更会影响变更期的损益，所以如果企业的所有权和经营权分离，那么经营者经营业绩不佳时，就有改变会计估计以美化利润表的动机。在经济处于下滑时期，某些重资产型企业就通过延长固定资产使用年限来粉饰利润表。

三、会计估计变更的处理方法

会计准则要求企业变更会计估计采用未来适用法，即仅在会计估计变更当期及以后期间采用新的会计估计，不以新的会计估计调整报告期前期的结果，同时要求在财务报表附注中披露会计估计变更对当期净利润的影响。

【例 11－3】甲公司 2014 年 12 月 20 日购入一台管理用设备，原始价值为 100 万元，原估计使用年限为 10 年，预计净残值为 4 万元，按双倍余额递减法计提折旧。该企业所得税率为 25％。

由于固定资产所含经济利益预期实现方式的改变和技术因素的原因，已不能继续按原定的折旧方法、折旧年限计提折旧。甲公司于 2017 年 1 月 1 日将设备的折旧方法改为年限平均法，将设备的折旧年限由原来的 10 年改为 8 年，预计净残值仍为 4 万元。

2015 年按照双倍余额递减法计提的折旧额＝100×20％　＝20 万元。

2016 年按照双倍余额递减法计提的折旧额＝(100－20)×20％　＝16 万元。

所以，2017 年 1 月 1 日设备的账面净值＝100－20－16＝64 万元。

2017 年调整了折旧年限和折旧方法，

按照新的会计估计计提的折旧额＝(64－4)÷(8－2)＝10 万元。

企业按照该折旧额进行账务处理，并在财务报表中报告：资产负债表的“固定资产”项目报告 54 万元，利润表的“管理费用”项目报告 10 万元。

相比旧的会行估计，采用新的会计估计当期增加了净利润 2.1 万元。企业还应该在

2017年的财务报表附注中披露当年会计估计变更对净利润的影响为2.1万元。

会计估计变更采用未来适用法，不对以前期间进行追溯调整，是因为会计估计原本就是根据最新资料对不确定交易或事项的结果所作的估计，新的会计估计追溯以前结果没有意义。会计估计变更对净利润的影响数应当在变更期财务报表附注中披露，这样可以帮助外部人对比企业当期和前期的经营成果，从而对当期经营成果改善或恶化的原因有清楚的认识。如果某些企业试图通过变更会计估计来粉饰业绩，那么准则要求其充分披露会计估计变更对当期净利润的影响，就可以帮助外部人识别企业的粉饰行为，从而在一定程度上遏制不恰当的会计估计变更。

四、应当正确划分会计政策变更和会计估计变更

企业应当正确划分会计政策变更和会计估计变更，并按不同的方法进行相关会计处理。如果难以判断会计政策变更和会计估计变更，应当将其作为会计估计变更处理。

第三节 会计差错更正

一、会计差错

会计差错是会计人员疏忽或者主观故意所犯的错误。

从会计差错发生的期间看，包括当期差错和前期差错。

（一）当期差错

当期差错是当期财务报表尚未对外报送前发现的差错。这些差错发生在编制记账凭证和登记分类账等环节。遵照《会计基础工作规范》，采用划线更正法、红字冲销法和补充登记法等方法予以更正。

（二）前期差错

《会计政策、会计估计变更和差错更正准则》规范的是前期差错。准则规定，前期差错是对前期财务报表造成省略漏或错报。造成错误的原因是没有或者错误运用两种信息，一是编报前期财务报表时预期能够取得并加以考虑的可靠信息；二是前期财务报告批准报出时能够取得的可靠信息。前期差错通常包括计算错误、运用会计科目错误、选择会计政策错误、疏忽或曲解事实、舞弊、存货和固定资产等资产的盘盈等。

前期差错具有以下特点。

第一，前期差错是前期财务报表的差错。

以前期间的会计差错，不仅反映在以前会计期间的记账凭证、分类账中，并且随着报表编制，体现在以前会计期间的财务报表中，而这些报表已经向外部人报告。这种错误的性质与当期差错不同。当期差错发现以后加以修订，不会体现在财务报表中。所以订正前期差错时，必须在发现错误的当期财务报表中予以重点列示和披露，以帮助外部人对比当期和前期数据。

第二，前期差错的犯错时间跨度以资产负债表日后事项涵盖期间结束为终点。

前期财务报表的差错，既包括发生错误的当年度没有正确进行会计处理造成的差错，还包括当年度结束后，在财务报告批准报出前的资产负债表日后事项涵盖期间内没有及时订正的差错。比如，某个前期的资产负债表日就某项未决诉讼确认了预计负债，依据当时取得的资料，这样进行会计处理符合会计准则的要求。如果在该期间财务报告批准报出前相关诉讼结案，那么应该将该预计负债调整为普通负债，同时根据结案金额调整负债金额。如果没有调整，就属于前期差错。换而言之，在资产负债表日后事项涵盖期间这个修正期，如果没有根据新的或进一步的证据修正有关报表项目或金额，也属于前期差错。

第三，重要资产的盘盈属于前期差错。

资产盘盈，说明取得资产时没有进行相应的会计处理，最终导致账实不符。

资产盘盈是一种特殊的前期差错。通常而言，前期差错发生错误的期间和发现错误的期间都很明确，而资产盘盈却无从了解究竟在哪个期间发生了差错。所以在颁布《企业会计准则 2006》之前资产盘盈的处理方法是，调高资产的同时增加当期损益。这种方式为操纵利润留下了很大空间。而《企业会计准则 2006》规定资产盘盈为前期差错，在调高资产的同时增加期初留存收益，不会影响当期损益。

二、前期会计差错的更正

前期会计差错的更正比较复杂。在处理前期会计差错时，首先判断是重要差错还是非重要差错。前期差错所影响的财务报表项目的金额和性质，是判断该前期差错是否具有重要性的决定性因素。一般来说，前期差错所影响的财务报表项目的金额越大、性质越严重，其重要性水平越高。

（一）前期非重要差错的更正

前期非重要差错，虽然导致前期财务报表出现差错，但是因为错误不重要，可以视同当期差错进行处理，不影响以前期间数据。

【例 11－4】 A 公司在 2017 年 12 月 31 日发现，管理部门在 2016 年漏提了一台空调的折旧，金额为 1 000 元。对该企业而言，此项差错为非重要差错。

2017 年 12 月 31 日，更正该项差错如下：

借：管理费用　　　　　　　　1 000

　贷：累计折旧　　　　　　　　　1 000

更正该项差错后，当期管理费用增加了 1 000 元。而这笔金额本应记在上一年度利润表中，因为金额不重要，所以就记在了当期损益中，影响当期利润表。

（二）前期重要差错的更正

前期重要差错的更正方法是追溯重述法。追溯重述法，是指在发现前期差错时，视同该项前期差错从未发生过，从而对财务报表相关项目进行更正的方法。

追溯重述法的工作目标与追溯调整法完全相同。既要调整发现差错以后对外报送的财务报表的前期项目和金额，又要调整发现差错时有关资产负债表科目余额。

【例 11－5】 B 公司 2017 年 7 月发现，某项固定资产 2015、2016 连续两年均漏提折旧，折旧额分别为 150 000 元和 120 000 元，此错误为重要错误。该公司适用所得税税率为 25%，按净利润的10%提取法定盈余公积。假定影响损益的事项均影响应交税费。

2017年7月发现差错时，2015、2016年度的报表均已对外报出，两笔差错都属于前期差错，累积金额为270 000元。B公司更正该差错的工作包括两部分，一是在2017年7月更正资产负债表账户余额，以保证之后相关资产负债表科目余额是正确的；二是在编制2017年度财务报表时，调整相关报表项目的前期数据。两项工作靠以下四个步骤来完成。

第一步：计算更正前期差错产生的累积影响。

本例中，在解释如何计算更正前期差错产生的累计影响前，先忽略了2016年的差错，用会计等式模描述了补提2015年度折旧15万元所产生的一系列影响，见表11—15。其目的是帮助读者理解本例中报表项目调整的方法，但这不是更正前期差错的必要操作。从表11—15看出，如果发现漏提15万元的差错发生在2016年初，那么要编制对外报送的2015年度报表时，应作如下调整：资产负债表的期末“固定资产”项目减少了15万元，“应交税费”项目减少了15×25%万元，“盈余公积”项目减少了15×75%×10%万元，“未分配利润”项目减少了15×75%×90%万元。在所有者权益变动表的“综合收益总额”行的“未分配利润”列，调减15×75%。在“提取盈余公积”行，“盈余公积”列调减15×75%×10%，“未分配利润”列调增15×75%×10%。在“本年年末余额”行，“盈余公积”列调减15×75%×10%，“未分配利润”列调减15×75%×90%。利润表的“管理费用”项目调增15万元，“营业利润”项目调减15万元，“所得税费用”项目调减15×25%，“净利润”项目调减15×75%。

表11—15

单位：万元

资产负债表要素	资产		=	负债	+	所有者权益	
资产负债表项目	固定资产		=	应交税费	+	盈余公积	未分配利润
资产负债表科目	固定资产	累计折旧	=	应交税费	+	盈余公积	利润分配
资产负债表二级科目			=		+		未分配利润
补提折旧		−15	=		+		−15(管理费用)
调整所得税			=	−15×25%	+		+15×25% (所得税费用·)
调整提取盈余公积			=		+	−15×75%×10%	+15×75%×10%
最终调整结果		−15	=	−15×25%	+	−15×75%×10%	−15×75%×90%

表11—16用会计等式模板描述了例11—6中从2015年度开始到2017年7月发现累计27万元的差错，各个时点和期间因为更正差错受到的影响。

表 11－16

单位：万元

资产负债表要素	资产		=	负债	+	所有者权益	
资产负债表项目	固定资产		=	应交税费	+	盈余公积	未分配利润
资产负债表科目	固定资产	累计折旧	=	应交税费	+	盈余公积	利润分配
资产负债表二级科目			=		+		未分配利润
对 2015 年度的影响		－15	=	－15×25％	+	－15×75％×10％	－15×75％×90％
对 2015 年末的影响		－15	=	－15×25％	+	－15×75％×10％	－15×75％×90％
对 2016 年度的影响		－12	=	－12×25％	+	－12×75％×10％	－12×75％×90％
对 2016 年末的影响		－27	=	－27×25％	+	－27×75％×10％	－27×75％×90％
对 2017 年 7 月的影响		－27	=	－27×25％	+	－27×75％×10％	－27×75％×90％

第二步：调整 2017 年 7 月发现差错时资产负债表有关科目余额。

参照表 11－16“对 2017 年 7 月的影响”行，编制会计分录如下：

借：应交税费　　　　　　　　　27×25％

　　盈余公积　　　　　　　　　27×75％×10％

　　利润分配——未分配利润　　　27×75％×90％

　贷：累计折旧　　　　　　　　　　　27

第三步：调整 2017 年度财务报表相关项目的前期金额

(1)调整 2017 年度资产负债表

由于 2017 年度发现了差错且在账面上予以更正，所以 2017 年末相应资产负债表科目的期末余额是更正后的数。以这个数填报 2017 年末资产负债表的期末数，这些数都是正确的，无需更正。

需要调整 2017 年资产负债表的期初数。该金额从 2016 年度资产负债表的期末数复制而来，所以其中与固定资产有关的数据是错误的。参照表 11－16“对 2016 年末的影响”行，调减“固定资产”项目 27 万元，调减“应交税费”项目 27×25％，调减“盈余公积”项目 27×75％×10％，调减“未分配利润”项目 27×75％×90％。

(2)调整 2017 年度利润表

2017 年度利润表的本期数是正确的，无需调整。

需要调整 2017 年度利润表的上期数。该金额从 2016 年利润表的本期数复制而来，所以其中与固定资产有关的数据是错误的。参照表 11－16“对 2016 年度的影响”行，调增“管理费用”项目 12 万元，调减“营业利润”项目 12 万元，调减“所得税费用”项目 12×25％，调减“净利润”项目 12×75％。

(3)调整 2017 年度所有者权益变动表

①调整所有者权益变动表的上期数。该金额是从 2016 年度所有者权益变动表的当期数复制而来，所以其中留存收益数据是错误的。参照表 11－16 的“对 2015 年末来的影响”

行，在所有者权益变动表的"前期差错更正"行，"盈余公积"列填写－15×75%×10%，"未分配利润"列填写－15×75%×90%。在"本年年初初余额"行，"盈余公积"列调减15×75%×10%，调减"未分配利润"列15×75%×90%。在"综合收益总额"行的"未分配利润"列，调减12×75%。在"提取盈余公积"行，"盈余公积"列调减12×75%×10%，"未分配利润"列调增12×75%×10%。在"本年年末余额"行，"盈余公积"列调减27×75%×10%，"未分配利润"列调减27×75%×90%。

②调整所有者权益变动表的当期数。在"前期差错更正"行的"盈余公积"列填写－27×75%×10%，"未分配利润"列填写－27×75%×90%。在"本年年初余额"行，"盈余公积"列调减27×75%×10%，"未分配利润"列调减27×75%×90%。

由于当期发生数都是正确的，所以其他行次无需调整。

第四步。在报表附注中披露。

企业应当在附注中披露与前期差错更正有关的下列信息：

➢ 前期差错的性质。

➢ 各个列报前期财务报表中受影响的项目名称和更正金额。

➢ 无法进行追溯重述的，说明该事实和原因以及对前期差错开始进行更正的时点、具体更正情况。

本章小结

本章阐述了会计政策变更、会计估计变更和会计差错更正的会计处理方法。

会计政策影响了确认、计量和报告等与财务报告有关的重大方面。会计政策变更的基准处理方法为追溯调整法，以保证会计信息前后期间的可比性。按照此方法，好似新的会计政策从一开始就在采用一样。具体做法是，一方面要调整会计政策变更当日的资产负债表科目余额，调整数为会计政策变更截止到当日的累积影响数；另一方面要调整变更会计政策之后对外报送的财务报表的前期金额，好像相关时点和期间的金额是采用新会计政策予以处理一样。如果会计政策变更的累积影响数无法取得，采用未来适用法。

会计估计是对企业发生的不确定的交易或者事项按照最近可以取得的资料所进行的估计。会计估计变更是不可避免的，采用未来适用法进行会计处理。

会计差错区分为当期差错和前期差错。前期差错又区分为重要差错和非重要差错。前期非重要差错视同当期差错，通过直接调整当期有关资产负债表科目和利润表科目金额来更正。对前期重要差错采用追溯重述法予以更正，对发现差错以后对外报送的财务报表的前期数据进行调整。

一、复习思考题

1. 什么是会计政策？什么是会计政策变更？会计政策变更的会计处理有哪两种方法？适用什么条件？

2. 什么是会计估计？什么是会计估计变更？对会计估计变更，如何进行会计处理？充分披露会计估计变更有什么意义？

3. 什么是前期重要差错？如何进行会计处理？

二、练习题

(一)单项选择题

1. 关于会计政策，下列说法中正确的是(　　)。
   A. 会计政策，是指企业在会计确认、计量和报告中所采用的原则、基础和会计处理方法
   B. 会计政策，是指企业在会计确认、计量中所采用的所有会计处理方法
   C. 企业采用的会计政策，在每一会计期间和前后各期必须保持一致，不得变更
   D. 企业必须对相同或者相似的交易或者事项采用相同的会计政策进行处理
2. 按照会计准则的规定，关于会计政策变更累积影响数，下列说法中正确的是(　　)。
   A. 是指按照变更后的会计政策对以前各期追溯计算的列报前期最早期初留存收益应有金额与现有金额的差额
   B. 是指按照变更后的会计政策对上期追溯计算的留存收益应有金额与现有金额之间的差额
   C. 是指按照变更后的会计政策对本期各期追溯计算的留存收益应有金额与现有金额之间的差额
   D. 是指按照变更后的会计政策对以前各期追溯计算的列报前期最早期初未分配利润应有金额与与现有金额之间的差额
3. 关于会计估计变更的会计处理方法，下列说法中正确的是(　　)。
   A. 企业对会计估计变更应当采用未来适用法处理
   B. 企业对会计估计变更应当采用追溯调整法处理
   C. 企业对会计估计变更，既可以采用追溯调整法处理，也可以采用未来适用法处理
   D. 企业对会计估计变更，既不能采用追溯调整法处理，也不能采用未来适用法处理
4. 下列各项中，不属于会计政策变更的是(　　)。
   A. 缩短固定资产预计可使用年限
   B. 所得税核算由应付税款法改为债务法
   C. 建造合同的收入确认由完成合同法改为完工百分比法
   D. 投资性房地产后续计量由成本计量模式改为公允价值计量模式
5. 在下列事项中，属于会计政策变更的是(　　)。
   A. 某一已使用机器设备的使用年限由 6 年改为 4 年
   B. 坏账准备的计提比例由应收账款余额的 5%改为 10%
   C. 某一固定资产改扩建后将其使用年限由 5 年延长至 8 年
   D. 投资性房地产后续计量由成本计量模式改为公允价值计量模式
6. 下列项目属于会计政策的是(　　)。
   A. 存货期末计价方法
   B. 无形资产的受益期限
   C. 坏账计提比例

D. 固定资产预计使用年限

7. 2012 年 12 月 31 日新增设备一台。其原值为 93 万元，预计使用年限为 5 年，预计净残值为 3 万元，采用双倍余额递减法计提折旧。从 2015 年起，该企业将该固定资产的折旧方法改为平均年限法，设备的预计使用年限由 5 年改为 4 年，设备的预计净残值由 3 万元改为 1.8 万元。该设备 2015 年的折旧额为(　　)万元。

A. 15.24　　B. 15.84　　C. 13.40　　D. 20.08

8. A 公司于 2012 年 12 月 1 日购入并使用一台机床。该机床入账价值为 84 000 元，估计使用年限为 8 年，预计净残值 4 000 元，按直线法计提折旧。2016 年初由于新技术发展，将原估计使用年限改为 5 年，净残值改为 2 000 元，所得税税率为 33%，则该估计变更对 2016 年利润总额的影响金额是(　　)元。

A. 10 720　　B. 16 000　　C. 10 720　　D. 16 000

9. 我国境内某上市公司发生的下列交易或事项中，属于会计政策变更的是(　　)。

A. 因固定资产改良将其折旧年限由 8 年延长至 10 年

B. 期末对原按业务发生时的汇率折算的外币长期借款余额按期末市场汇率进行调整

C. 年末根据当期发生的时间性差异所产生的递延税款贷项调整本期所得税费用

D. 投资性房地产后续计量由成本计量模式改为公允价值计量模式

10. 甲股份有限公司 2014 年实现净利润 500 万元。该公司 2014 年发生和发现的下列交易或事项中，会影响 2014 年资产负债表的期初未分配利润的是(　　)。

A. 发现 2013 年少计财务费用 300 万元

B. 发现 2013 年少提折旧费用 0.10 万元

C. 为 2013 年售出的设备提供售后服务发生支出 50 万元

D. 因客户资信状况明显改善将应收账款坏账准备计提比例由 20%改为 5%

11. 下列关于会计估计变更的说法中，不正确的是(　　)。

A. 会计估计变更应采用未来适用法

B. 如果会计估计的变更仅影响变更当期，有关估计变更的影响应于当期确认

C. 如果会计估计的变更既影响变更当期又影响未来期间，有关估计变更的影响在当期及以后期间确认

D. 会计估计变更应采用追溯调整法进行会计处理

12. 在采用追溯调整法时，下列不应考虑的因素是(　　)。

A. 会计政策变更后的法定盈余公积金

B. 会计政策变更后的资产、负债的变化

C. 会计政策变更导致损益变化而带来的所得税变动

D. 会计政策变更导致损益变化而应补分的利润或股利

13. 对本期发生的属于本期的会计差错，采取的会计处理方法是(　　)。

A. 不作任何调整

B. 调整前期相同的相关项目

C. 调整本期相关项目

D. 直接计入当期净损益项目

(二)多项选择题

1. 关于会计政策变更的会计处理方法,下列说法中正确的有( )。

A. 企业根据法律、行政法规或者国家统一的会计制度等要求变更会计政策的,应当按照国家相关会计规定执行

B. 会计政策变更能够提供更可靠、更相关的会计信息的,应当采用追溯调整法处理,将会计政策变更累积影响数调整列报前期最早期初留存收益,其他相关项目的期初余额和列报前期披露的其他比较数据也应当一并调整,但确定该项会计政策变更累积影响数不切实可行的除外

C. 在当期期初确定会计政策变更对以前各期累积影响数不切实可行的,应当采用未来适用法处理

D. 确定会计政策变更对列报前期影响数不切实可行的,只能采用未来适用法进行会计处理

E. 会计政策变更一定采用追溯调整法处理

2. 关于会计政策变更的追溯调整法和未来适用法,下列说法中正确的有( )。

A. 追溯调整法,是指对某项交易或事项变更会计政策,视同该项交易或事项初次发生时即采用变更后的会计政策,并以此对财务报表相关项目进行调整的方法

B. 未来适用法,是指将变更后的会计政策应用于变更日及以后发生的交易或者事项,或者在会计估计变更当期和未来期间确认会计估计变更影响数的方法

C. 采用追溯调整法,会计政策变更当期不受新旧政策变化的影响。

D. 未来适用法一定不会影响变更当期期初的留存收益

E. 追溯调整法,应对前期已经对外报出的财务报表数据进行调整

3. 关于会计政策及会计政策变更,下列说法中正确的有( )。

A. 企业采用的会计政策,在每一会计期间和前后各期应当保持一致,不得随意变更

B. 当法律、行政法规或者国家统一的会计制度等要求变更时,企业应当按要求变更会计政策

C. 当会计政策变更能够提供更可靠、更相关的会计信息时,企业可以变更会计政策

D. 企业采用的会计政策,可以根据企业的实际情况随意变更

E. 企业采用的会计政策永远不得变更

4. 关于会计估计变更,下列说法中正确的有( )。

A. 会计估计变更,是指由于资产和负债的当前状况及预期经济利益和义务发生了变化,从而对资产或负债的账面价值或者资产的定期消耗金额进行调整

B. 会计估计变更仅影响变更当期的,其影响数应当在变更当期予以确认

C. 会计估计变更既影响变更当期又影响未来期间的,其影响数应当在变更当期和未来期间予以确认

D. 会计估计变更既影响变更当期又影响未来期间的,其影响数应当在变更当期予以确认

E. 会计估计变更既影响变更当期又影响未来期间的,其影响数应当在变更当期期

初予以确认

5. 关于前期差错，下列说法中正确的有(　　)。

A. 企业应当采用追溯重述法更正重要的前期差错，但确定前期差错累积影响数不切实可行的除外

B. 企业应当采用追溯重述法更正所有的前期差错

C. 追溯重述法，是指在发现前期差错时，视同该项前期差错从未发生过，从而对财务报表相关项目进行更正的方法

D. 确定前期差错影响数不切实可行的，可以从可追溯重述的最早期间开始调整留存收益的期初余额，财务报表其他相关项目的期初余额也应当一并调整，也可以采用未来适用法

(三)账务处理题

1. 甲股份有限公司2017年度实现净利润100万元，适用的所得税税率为25%，按净利润的10%计提法定盈余公积。有关事项如下：

(1)由于技术进步，自2017年1月1日起将一套办公自动化设备的使用年限改为5年。该套设备系2013年末购入从2014年初开始计提折旧，原价为81万元，预计使用年限为8年，预计净残值为1万元，采用平均年限法计提折旧。

(2)2017年底发现如下差错：

①2017年2月份购入一批管理用低值易耗品，价款6 000元，误记为国定资产，至年底已提折旧600元计入管理费用。甲公司对低值易耗品采用领用时一次摊销的方法，至年底该批低值易耗品已被管理部门领用50%。

②2016年3月3日购入的一项专利权，价款15万元，摊销期为15年，每年1万元，但2017年未予摊销。

要求：

(1)计算2017年该套办公自动化设备应计提的折旧额，以及上述会计估计变更对2017年度所得税费用和净利润的影响额，并列出计算过程。

(2)编制上述会计差错更正相关的会计分录。

2. A公司原持有B公司60%的股权，其账面余额为6 000万元，未计提减值准备。2017年12月6日，A公司将其持有的对B公司长期股权投资中的1/3出售给某企业，出售取得价款3 600万元，当日被投资单位可辨认净资产公允价值总额为16 000万元。A公司原取得B公司60%股权时，B公司可辨认净资产公允价值总额为9 000万元(假定公允价值与账面价值相同)。自A公司取得对B公司长期股权投资后至部分处置投资前，B公司实现净利润5 000万元。假定B公司一直未进行利润分配。除所实现净损益外，B公司未发生计入其他综合收益的交易或事项。假定A公司按净利润的10%提取盈余公积。

在出售20%的股权后，A公司对B公司的持股比例为40%，在被投资单位董事会中派有代表，但不能对B公司生产经营决策实施控制。对B公司长期股权投资应由成本法改为权益法核算。

要求：

(1)编制出售20%长期股权投资的会计分录。

(2)用会计等式模板描述相关时点和期间会计政策变更的影响数，编制由成本法转为权益法的追溯调整分录，并说明如何调整 2017 年度财务报表的相关项目。

3. A 公司 2016 年度的财务会计报告于 2017 年 4 月 20 日批准报出。A 公司按净利润的 10％提取法定盈余公积。2017 年 3 月 20 日，A 公司发现 2015 年和 2016 年行政管理部门的固定资产分别少提折旧 200 万元和 100 万元(属于重要差错)。所得税率为 25％。

要求：

(1)用会计等式模板描述更正上述差错相关时点和期间的影响数，

(2)对更正上述差错进行账务处理，并说明如何调整 2016 年度财务报表的相关项目。

(四)财务报表题

查阅“你的”公司的财务报表附注，看最近一个会计年度是否发生会计政策变更？是否发现前期重要差错？是否发生会计估计变更？